JN079980

The
Belt and Road Initiative

一帯一路

多元的視点から読み解く
中国の共栄構想

岑 智偉／東郷和彦
編著

晃洋書房

巻　頭　言

　世界問題は激動の時期を続けている．京都産業大学世界問題研究所では，世界問題が激動の津波にさらされることを予感し，それに対する精神的・知的・学問的対応を考察したいと過去10年懸命の努力をしてきた．

　その最初の結晶は，2017年1月『日本発の「世界」思想——哲学／公共／外交——』（藤原書店，以下『「世界」思想』）として上梓することを得た．アメリカにおいて，トランプ大統領が「アメリカ第一」をもって大統領職に就いたのと同時である．中国では，2012年11月に共産党総書記に就任した習近平氏が「中華民族の偉大な復興」という「中国の夢」を正面から提起し，2013年3月に国家主席の地位に就いてからちょうど4年，第1期の成果が出そろい，習近平第2期に向かって備えを開始した時期だった．

　日本では同じ時期に安倍晋三氏が総理職に返り咲き，経済社会分野では「アベノミクス」，安保戦略分野では「安倍戦略」といってもよい外交安保政策を実現し，国内選挙において連戦連勝している時期であった．

＊

　ちょうどそれから5年近くの時間が過ぎた．この間に世界問題は，より安定した平和で豊かな方向に動き始めただろうか．現在答えが「否」であることは，世界中にコンセンサスがあると思う．

　この間に起きたさらなる変化要因としては，

① 2020年の初めから世界を新型コロナ・ウイルスが席巻し，ワクチンの登場後も鎮静化に至っていない．このパンデミックは人類社会に今，地球規模での格差や人間による自然破壊への反省をもたらしている．また各国が実施した社会の人流コントロール策は，私権制限をめぐってそれぞれの政治体制に深い問いを投げかけている．

② 2021年1月アメリカでトランプ政権が退場し，バイデン政権が登場．この交代劇の最中でのトランプ支持派による議会乱入事件はアメリカの国際的評価を酷く傷つけるものとなった．バイデン政権は，中国の

「人権抑圧」についてはより厳しい政策を内外に宣明．香港，ウイグル，さらにはその延長線上において捉えられる台湾問題等，米中間の緊張は，トランプ時代よりも先鋭化しているようにみえる．ICT をめぐる米中デカップリングもそこに拍車をかけている状況である．

③ 経済面では，2000年代はじめに喧伝されていたような中国経済崩壊論はほとんど下火となり，むしろ高度経済成長期から成熟期に入ろうとしている中国が，不動産市場バブルやシャドー・バンキング問題等に比較的冷静に対処しつつ諸改革を実施．安定的な経済の新常態を実現し，経済大国としての自負をさらに強めた．世界経済全体としては，世界の GDP と人口成長率は年々下がり，21世紀以降の世界はまさに「飽和」を示唆する世界規模の「限界成長性逓減」の段階に入っていることを窺わせる．

④ 確かに米中対立の本質をいうならば，地政学的対立からみれば，ユーラシア大陸を後背地として，太平洋の彼方のアメリカを遠くない将来超えていこうとする中国と，これを絶対に許さないとするアメリカとの覇権争いが激化している．2021年8月にはアフガニスタンというユーラシアの真ん中に，タリバン支配という予想を超える激震が走った．これに第5次から第6次産業革命といわれる科学技術の圧倒的進歩の中で，宇宙・サイバーを加えた新しい防衛・安全保障力で米中どちらが優位を得るかが未だみえていない．ここから生ずる「安全保障のジレンマ」が，国際社会を著しく不安定にしている．

⑤ その中での日本は，2020年9月安倍晋三政権が菅義偉政権に交替．トランプ政権に比べ「同盟国との提携重視」を明確に打ち出し，かつてない「日本重視」を主唱するバイデン政権との提携を軸としつつ，中国との距離をどうとっていくかを模索中という状況が始まっているのではなかろうか．

＊

さてそれでは，このような世界問題激動の中で，世界問題研究所はどのような政策を志向してきたのか．『「世界」思想』では，先ず分析の「根」を哲学に置き，「無からの包摂」をもって基底とし，分析の「幹」を公共政策とし，その特質を「間〈あわい〉としての公共」とし，分析の「枝」を外交として，そ

の特質を「和〈やわらぎ〉の外交」とした.

「和〈やわらぎ〉の外交」をどう理解するのか.『「世界」思想』巻頭言において私たちは,「外交の目的は,相手を完璧にやりこめることにあるのではない. 正しさと正しさがぶつかりあう哀しさを自覚したうえで,問題を生じさせている場それ自体を徹底的に考え抜き,双方を包摂する場をあらためて見出す」ことを提起した.

私たちは,この出発点は,正しい発想であると考えている. しかしながら,思想なり学問が有益たるためには,「総論」についての抽象的な施策だけではなく「各論」における徹底した冷徹な分析が必須である. このことの怖さを十二分に自覚したうえで,私たちは,さらに共同研究を続けた.

そして,幹（公共）の部分から2020年3月『公共論の再構築——時間／空間／主体——』（藤原書店）を上梓し,枝（外交）の部分から,複雑に錯綜する米中対立の「火中の栗」ともいうべき「一帯一路」をとりあげ,かつ,それを,私たちにとって最も大事な研究ネットワークの1つになっていた上海社会科学院との共同研究としてとりまとめることとした. 国際社会の中でも最も難しい「各論」にチャレンジすることによって,私たちの思考をさらに前に進めようとしたのである.

*

ここで1つお詫びを申し上げねばならない事態が発生した. 本書は本来2020年3月末までに上梓することを目指し,2019年末に大半の日中原稿をそろえることができた. しかし,コロナによる緊急事態を始めとする様々な事情で出版が1年半の長きにわたり遅れてしまったのである. その遅れに応じて各原稿をアップ・ツー・デートにする力は私たち編者にはなかった. 出版の遅れについて,深くお詫び申し上げる.

以上の次第で時間軸が錯綜した結果,本書がみている世界は,世界も日本も,過去1年半の国際関係における様々な緊張の激化がまだ起きる前の世界という結果になってしまったのである.

目前の状況が今ほど緊張していなかったということは,私たちの思考が少しだけ余裕をもち,より長い時間軸によって世界を捉え,より多様なものの見方を許容しようとしているということを意味する. それをもって「先見の明の欠如」という批判は当然に起きうるところであり,それに対しては謙虚に耳を傾

けたい.

　しかしながら今，本書出版の運びに至って筆を置くにあたり，私たちは，この1年半の時間的空白によって生じたなにがしかの余裕の中に，これからの私たちの研究と思考に対するヒントがあるかもしれないという視点をあえて提起したいと思う．それこそが，私たちが考えてきた「和〈やわらぎ〉の外交」の目指しているヒントかもしれないと思うからである.

　　　2021年8月20日

　　　　　　　　　　　　　　　　　　　　　　　　岑　　智偉
　　　　　　　　　　　　　　　　　　　　　　　　東郷和彦

序　　文

　「一帯一路」構想の提案は，中国が世界第2位の経済大国であることを示している．これは，各国の共同発展という責任と義務をさらに促進することを進んで引き受け，沿線諸国との貿易，投資，金融および科学技術や文化などあらゆる方面での協力の強化を通して，グローバルな自由貿易システムと開放型世界経済の善意を共同で維持するものである．構想が提案されてからの6年来，平等原則に従い，国家の大小や経済の強弱によって分け隔てないことを強調し，相互に尊重し，共同で参加・構築し，共に成果を享受する協力発展モデルは，沿線諸国からの普遍的な反応と積極的な支持を得てきた．

　2012年，上海社会科学院と京都産業大学の間で交流協定が正式に結ばれ，持続的で密接な学術協力交流が開始された．近年，「一帯一路」構想が着実に推進されるにつれて，双方はこれと関連して共に関心をもったテーマに交流の重点を集中させることとし，学際的で，多様な視点をもった，あらゆる方向からの追跡研究と議論を計画的に進めてきた．本書は，不足ない意見交換と各人のこれまでの研究に基づいた12編の研究論文を収めており，近年の両機関の優秀な研究者の研究成果に焦点を当てている．論文のテーマは世界経済，国際関係，国際法など多岐にわたり，各視点から「一帯一路」構想が地域諸国の政治関係，経済発展，国家安全保障にもたらす変化と機会を説明している．これは，中国国内で最初の25のトップレベルのシンクタンクの1つである上海社会科学院と，国際問題の研究に優れている京都産業大学世界問題研究所の研究レベルを十分に体現したものである．

　今後，「一帯一路」構想は中国と沿線地域の相互作用と接続性を向上させ，さらに，各国間の協力範囲を開拓し拡大するだろう．明らかにその影響は，沿線国と地域経済に関する要素を再配置することのみならず，中国と沿線諸国の間のより広範な政治，経済，社会の相互作用モデルに対して新たな変化をもたらすだろうし，とりわけ，さらに長期的な意義をもつ地域政治と経済パターン（秩序）の推移においてそうであろう．これと関連する諸問題に対し，我々は持続的に関心を寄せ，深みのある研究を行っていく必要がある．本書の出版は，長年に亘る上海社会科学院と京都産業大学の学術交流と協力の成果を体現して

いるだけでなく，両機関のさらに深く，さらに国際的な視野を備えた学術協力の基礎を固めるものでもある．両機関が将来，より一層豊かな研究成果を生み出すことを期待するばかりである．

　　2019年12月於上海

　　　　　　　　　　　　　　　　　　　　　　　　王　　　振

目　　次

翻 訳 凡 例

・原注は1），訳注は［1］，と表記している．

・中国語原文の参考文献に訳書が用いられている場合は，原文に則りまず中国語で表記し，括弧書きとして英語で著者名および文献を付している．この括弧書きは訳者によるものであり，必ずしも訳書の底本を指すわけではない．

・中国語原文の参考文献等で用いられている簡体字は，文字化け防止のため，可能な限り日本で用いられている漢字，あるいは，繁体字に改めた．

・翻訳（すなわち，第3章，第4章，第6章，第8章，第10章，第11章）の参考文献は，本文の登場順で掲載している．

序　章
等身大の「一帯一路」
——日中の認識の異同を解き明かす——

東 郷 和 彦

1　米中対立激化の下での「一帯一路」日中共同研究

　「一帯一路」構想を習近平国家主席が提起したのは，2013年の秋，すでに早く8年の歳月が流れている．この間，世界は，より平和で，より調和的で，より未来志向的な世界にかわってきたであろうか．そうは思えない．一方において，全世界が一緒に考えなくてはいけない課題がこの間さらに明確に浮上してきていると思う．温暖化・持続的成長の必要性・第4次産業革命下で起きているデジタル化など，人類が衆知を集めて対応しなくてはいけない課題がより先鋭化した形で浮上してきた．2020年以降世界を席巻しているコロナ問題はいうに及ばない．他方において，国際政治の舞台では，人類史上一度も経験したことのないスピードで中国が成長し，冷戦後独り勝ちで世界をリードしてきたアメリカとの間で，21世紀の前半をいろどる激しい覇権闘争が起き始めたようにみえる．従来我々が慣れ親しんできた目にみえる地政学的対立に，デジタル世界を中心とする技術の世界における覇権闘争が加重され，世界はかつてない形で二分化され始めている．

　中国の対外政策の要の1つとして浮上してきた「一帯一路」政策もその激化する国際情勢の焦点になっている．太平洋のかなたのアメリカを念頭に，ユーラシア大陸全体を自らの後背地として，投資と貿易による経済的権益をかため，終着地帯として，欧州とアフリカ大陸を押さえておこうというこの構想は，かつてない急速な成長をとげつつある中国にして生み出し，実施せんとする大構想にみえる．アメリカの反応は，様子見から急激な批判へと変わったようである．とりわけ，中国が巨額投資を行い，その返済の困難さを活用して「一帯一路」傘下の国々における戦略的な要所を押さえていくやり方を「債務の罠」と

して批判する論調が高まった.

　しかもこの構想では,「一帯」として陸地における勢力圏の構築だけではなく,「一路」としての海洋における勢力圏の構築が併行的に提示された. 世界の筆頭海洋国をもって任じるアメリカは神経をとがらせる結果となった. かくて, 海を勢力圏に収めようとする中国の動きに対して, アメリカは, 南シナ海における航行の自由の確保と中東とアフリカへのアクセスにとって枢要な意味を持つインド洋における「自由で開かれたインド太平洋」政策をもって, 自らのユーラシア海洋戦略を打ち出すに至った.

　しかしながら, デジタル覇権をめぐる世界の二分化現象, 世にいう Mutual Decoupling という未知の世界と比べると,「一帯一路」をめぐる米中対立は, 少なくともこれまで我々が慣れ親しんできた地政学的な対立として, よりわかりやすい気がする. そしてそのわかりやすい分だけ, 勢力圏の均衡と共通のルールをさぐる萌芽が生ずる可能性があるのかもしれない.

＊

　京都産業大学とその提携研究所である上海社会科学院との間で,「一帯一路」について共同研究をしようという話が持ち上がったのは, こういう, 大きな歴史のうねりが激化する少し前の2014年ごろからだった. 中国国内では, この構想のもつ意義と将来性について数多くの大学や研究所で集中的な取り組みが始まり, 上海社会科学院ももちろんその1つだった.

　他方, 京都産業大学世界問題研究所 (以下, 世界問題研究所) においても, 習近平政権がこの構想にかけた意味あいとその構想の雄大さと多面性は私たちの関心を引き, この構想の意義と限界を早い段階から勉強したいと考えた.

　さらに若干気になったのは, この構想が出てきたときの日本のメディア全般の冷たさであった. 中国が「頭を低くして実力をつける」という「韜光養晦」をやめたのではないかと広く議論されたのが胡錦涛政権下の2008年. 中国のGDPが日本を追い越して世界第2位となったのが2010年. しかし「主張する中国」が現実のイメージを持って現れたのは2012年の習近平政権の登場以降であり, しかも習近平政権の登場と尖閣列島領海への中国国境警備隊の恒常的侵入と重なったので, 日本全体のムードが中国に対し厳しくなっていた時代である. ある程度の冷たい反応は理解し得るところである.

　しかし, もう少しきちんとした勉強をしたうえで対応してもよいのではない

か．私たちはこの時代のムードに従って「一帯一路」構想の否定的側面だけからこの構想に接することには違和感があった．中国経済の急成長が世界にとっての大きな可能性ないしは問題性を持っていることは明らかだったし，これだけの構想が提起されたのだから，少なくとも，外側で用心深く見守るだけではなく，少しだけでも中に入ってその実相に迫りたいと思った次第である．

　そういうわけで，この共同プロジェクトは当初少し「肩に力を入れて」始まった．その雰囲気は，① 2015年11月に京都産業大学での最初の共同研究発表で始まり，② 2016年11月に内容を拡大した上海社会学院での2回目の共同研究へ継続された．

　ところが，日本外交の中での「一帯一路」へのアプローチが，2017年5月，明らかに変わったのである．それまで安倍晋三政権は「一帯一路」の外に立ちその限界を指摘するアプローチをとっていた．それが安倍総理，二階俊博幹事長の公の発言等により，何はともあれ，「経済面でのアプローチの中に日本としても生かせるものを探して一緒に考えていこう」というアプローチに変わったのである．

　③ 2017年12月に上海で行われた第7回世界中国学研究フォーラムで筆者は「『一帯一路』構想から見た中国」について発表し，日本政府が前向きに政策転換したことについて述べた．そして，同年11月のダナンでの安倍・習6月会談で「初めて習近平が笑った」写真を大写しにしてパワーポイントのプレゼンをしたところ，会場は爆笑し，あちこちでスマホを使って写真をとる人たちが現れた．中国側総括発言では全発表者の中で筆者が行った「安倍政権の政策転換」のみが言及される次第だった．

　筆者は，領土問題にしても歴史認識問題にしても対立の根が除去されてはいない中で，当時の日中関係の緊張緩和が始まっていたことの意義は軽くないと考えている．そしてこの関係改善の雰囲気は，2019年6月 G20での習近平来日，コロナによって実現されなかったが2020年4月の習近平単独来日の検討へとつながり，その背景には常に「一帯一路」協力があったのである．

＊

　もう1つ私たちの「肩から少し力をぬく」現象として，日本で刊行された研究書の中に，「一帯一路」の全体像の把握につとめ，少なくとも「批判一辺倒」ではない論考が現れ始めたことをあげておきたい．

　『一帯一路からユーラシア新世紀の道』(進藤榮一・周瑋生・一帯一路日本研究センター編，日本評論社，2018年12月)．日本及び日本に関係してきた中国の研究者の方々で，「一帯一路」の積極面を評価しようという「総合メッセージ」のような本である．筆者が様々な会合で一緒になった何名かの立派な先達が記事やコラムを執筆している．

　『中国「強国復権」の条件──「一帯一路」の大望とリスク──』(柯隆著，慶應義塾大学出版会，2018年4月)．柯隆氏は，若くして志をたてて日本に来られ，日本の大学で経済学を修め，各種の経済関係研究所で活躍しておられる．本書では，現代史において中国人が，毛沢東・鄧小平に続いて習近平と3回目の「中国の夢」をみる機会をもっていることの意義を，中国の歴史と文化に遡り詳しく説明し，その可能性と問題点をえぐり出している．中国を学ぼうという人にとって教えられる点が多い本だと思う．

　『中国の「一帯一路」構想の真相──海と陸の新シルクロード経済圏──』(トム・ミラー著／田口未和訳，原書房，2018年5月)．英国人アナリストの著作であり，地政学的戦略問題と現場で起きている様々な状況への密着取材を組み合わせた，熱度の高い本である．批判的な視点は各所に展開されているが，同時に大国たることを決心した中国の経済力がユーラシア大陸に向けられていることの不可避性を認識し，「再編成した地域安全保障の中に中国を受け入れる」(同書，268頁)メカニズムをアメリカと中国双方が考える必要性を持ってしめくくられている．興味深い結論である．

　現実の「一帯一路」においても，こういう研究の動きに呼応するような変化が生まれているようである．2019年4月の第2回「一帯一路」サミットにおける習近平演説では，「『一帯一路』全プロジェクトの資金的持続可能性を確保すること」が必要であり，参加国のWin-Winの状況を作っていくとの政策が表明され，このアプローチは，それまでの批判をも包摂し，参加国の国益との調和を目指すアプローチとして好ましい受け止め方をされているのである．

*

　このような動きと軌を一にして本件共同研究では，「日中同時出版」のアイディアが浮上し，④2018年11月に再び上海社会科学院で，同時出版の実現を念頭においた発表者による新たな議論が行われた．以後同時出版をめざす共同作業が進められたのである．

　それでは，本件共同研究において，私たちの思惑と中国側の思惑はうまく噛み合ったのだろうか．私たちの思惑といってもそう複雑なものがあったわけではない．この研究に参画した世界問題研究所の仲間の誰一人として「自分の専門の研究分野が『一帯一路』です」という人はいなかった．国際経済・外交・ロシア・国際法・国際機構と分かれるそれぞれの専門分野からの視点を生かして，そこに浮かび上がる「一帯一路」の実状をできるだけあるがままにながめる，――そこから私たちなりの等身大の「一帯一路」像に近づきたい，私たちはそう考えたといってよいと思う．

　逆にいえば，そういう「等身大のあるがままの『一帯一路』像を語ってほしい」ということが，中国側研究者への期待となった．もちろん，戦後中国が作ってきた社会と日本が今日まで作ってきた社会は決して同じではない．日本では自然なことに思われることでも，中国ではそうは思われないことがあり，逆もまた真である．私たちは，今の中国で可能な範囲でそれぞれの研究者の目の前に映ずる「一帯一路」像を語り合うことができたらと考え，そのことにより，上海社会科学院とのネットワークを強めることができたらとも考えたのである．

　世界問題研究所と上海社会科学院との間の接点となり，原稿の作成と相互翻訳の司令塔として粉骨砕身してきた上海出身の岑智偉京都産業大学経済学部教授の思いは，まさにこれらの点にあったに違いない．

2　本書における各章論旨の若干の道案内

　以上の本書研究内容についての若干の道案内として，本書に収録された日本側6つの論文と3つのコラム，中国側6つの論文の簡単な紹介をしておきたい．

　目次をご覧いただければ一目瞭然のように，「等身大の『一帯一路』像」を求めて，本書は，3部構成の切り口をとった．

　第Ⅰ部は「経済」であり，「一帯一路」の主要目的がユーラシア大陸における多様なインフラに対する投資と各般の貿易の推進，右を通ずる参加国の経済発展が目指されている以上，この切り口から入ろうとするのは，自然な選択であろう．

　コラムを含む日本側論文は，「一帯一路」がなぜ登場したのかということについて，マクロ的な視野に立ち，歴史的な展開過程を経済学的な必然性をもっ

て論じている．それに対して，中国側論文は，「一帯一路」という巨大なプロジェクトの登場について，経済学を駆使しながら，幅広い地域の実際の政策的ニーズから論じている．

　時間（歴史）と空間（地域）の中に，「一帯一路」を位置付ける試みがなされたといってよい．これは，相互補完的である一方で，日中それぞれの関心の違いが浮き彫りになった結果であるともいえよう．

　もちろん，現実世界との一致感，乖離感は読者1人ひとりの判断を待つほかはない．

　最初の論文は，第1章 岑智偉著「『歴史的中国経済周期』から読み解く『一帯一路』」である．

　筆者は紀元後の世界経済が「超」長期の「経済循環」をなし，経済発展の成長経路の大転換（「大分岐」）に伴い，世界経済を牽引する主役の交替，すなわち中国からアメリカへの「第1回の交替」（19世紀），アメリカを中心とするG7から中国とインドを中心とするBRICsへの「第2回の交替」（21世紀）と起きたことを詳細に分析している．次に，中国各時代の経済の繁栄と衰退はこの世界的経済循環に包摂される中国の自律的な内生的経済循環の現れであることを分析，具体的には，古代シルクロード経済が，中国において漢時代から始まる7回の経済周期の繁栄期によって大きく裨益してきたことを分析する．現代の「一帯一路」分析に，古代シルクロード経済に対する中国の歴史的経済周期分析を加えることによって，ユニークな厚みを与える意欲的な論考といえよう．

　2番目の論文は，第2章 岑智偉著「『一帯一路』を見る経済史的新視点──『世界的経済循環論』──」である．

　本章は，前章で述べられた，世界経済発展の2つの「大分岐」の性格の違いを「世界的経済循環論」としてえぐり出している．世界経済の成長経路を，①1800年以上のマルサス的停滞から19世紀に起きた現代成長への転換（「大分岐I」）と②21世紀に起きた高度成長（現代成長）から低成長への転換（「大分岐II」）とみる有力な経済分析がある．しかし，この②の転換を単なる停滞ではなく，「定常状態への転換」とみるならば，「世界的限界成長性低減」という段階における成長転換とみることができる．このようにみることによって，今私たちが生きている，経済発展主体が米欧から中印BRICsへ転換している時代の成長の性格についてより深い理解が得られるといえよう．

　3番目の論文は，第3章 張鵬飛・沈玉良著「『一帯一路』沿線国間の二国間

貿易及びバリューチェーン貿易の変化」である.

　本章は,二国間貿易及びグローバル・バリューチェーン貿易という視点から,中国と「一帯一路」沿線国の貿易関係を考察し,貿易協力が沿線国のグローバル・バリューチェーンにおける位置の向上をもたらすメカニズムを分析する.その上で,沿線国のバリューチェーンの向上のために3つの提言を行っている:第1に,既存の貿易協力機関を活用しつつ,地域経済貿易協力プラットフォームの構築を加速させること.第2に,沿線国でのインフラの共同建設を加速化し,沿線国の通関手続きの統合レベルを強化すること.第3に,中国が,物質資本のストックと技術の研究開発への投資レベルを向上すること.──いずれも,興味深い提言である.

　4番目の論文は,第4章　趙蓓文・金川著「『一帯一路』構想と中国の対外投資新戦略」である.

　「一帯一路」構想を中核とした中国の対外投資新戦略は,中国の従来からの対外開放戦略を推進させ,さらには,中国開放型経済の新構造における重要な構成部分ともなっている.「一帯一路」建設は,国内外投資の拡大と均衡を促し,中国自身の経済成長と国際投資における地位の安定に重要な役割を果たしている.そして,モンゴル,ロシア,中央アジア,南アジア,東南アジア,西アジア・中東地域,中欧・東欧の一部の国々を例として,それらの国家における産業構造,比較優位産業と中国の比較優位産業との相違性,相互補完性が説明される.中国と沿線国は,経済・貿易・投資の面で強い相互補完性を有し,貿易による経済発展の利益を共に享受する.中国が沿線国にもたらす雇用と対象国に納めた税金は「債務の罠」論に対する有力な回答になる.

　第Ⅰ部は,趙強著のコラム「『中国の周期性循環』論からみる『一帯一路』」でしめくくられる.

　中国経済には「歴史的中国経済周期」というべき現象が発生しており,例えば,唐,宋,明の時代の上昇期では,人口増加,労働生産性上昇,技術進歩と商業の繁栄という事実が確認され,とりわけ経済的余剰と運搬手段の発達がシルクロード経済を促進していた.このことは過去のシルクロード経済が約300年を周期として興亡を繰り返してきたことを示している.「一帯一路」が現代版のシルクロードだとすれば,過去のシルクロード経済がなぜ発展し,なぜ衰退したかを振り返ることにより,この発展と衰退の周期から抜けだす手がかりを得ることができるかもしれない.

*

　第Ⅱ部は，「地域」を軸とする分析を行う．第Ⅲ部が「国際秩序」の姿をマクロな形で描くものであるとすれば，第Ⅱ部は「一帯一路」に対する国家や地域の関係をミクロな視点から具体的に描くことを試みている．

　日本側論文では，日本と，ユーラシアを跨ぐロシアが論じられているが，やはりそこでは「一帯一路」に対する政治的な姿勢が大きな論点として取り上げられている．

　中国側論文は，RCEP と ASEAN という東アジアを舞台として展開されており，やはり関心の的が途上国との関係にあることを窺わせる．無論，これらの論考も政治的なところに関心を向けてはいる．しかし，一方で，その政治的対立を緩和させる方向として，「一帯一路」という枠組みに内在する理念，それを実施する具体的な手法，参加国の共通利益といったものをとりあげ，中国のアプローチにはこれまでの国際協力と共通のものがあることを強調している．

　このような「一帯一路」への思考のアプローチの違いが剔出された第Ⅱ部となった．

　最初の論文は，第5章 東郷和彦著「『一帯一路』構想と日本外交」である．

　2013年に「一帯一路」構想が発表されてしばらくの間日本では，総じてこれに対する関心が薄かった．本構想が，中国の目指す地域共同体をユーラシア大陸に置いたことの重要性への感度は鈍いものがあった．しかし，2017年5月を転機に安倍政権は，一定の国際ルールを掲げつつ，経済面での「一帯一路」との協力に向かって動き出した．この政策変更は中国側の歓迎するところとなった．かくて，2017年11月のダナンにおける安倍・習会談を出発点として，首脳レベルの対話が進展，2020年には習近平国家主席の公式訪日が予定されるところまで進んできた．米中対立激化の中で，経済面での「一帯一路」についての協力は，日中間の建設的協力推進のための入り口の役割を果たし続ける可能性がある．

　2番目の論文は，第6章 劉阿明著「『一帯一路』構想と RCEP の内在的関係」である．

　東アジア地域包括的経済連携（RCEP）は「ASEAN プラス6」を基礎に「一帯一路」構想の提唱とほとんど同時期に交渉のスタートを切っている．筆者は，

このことに象徴されるように，両者には一定の内在的な共通性があるとし，目標上の相互促進性，手段上の相互補完性及び理念上の相互「一体性」を提示する．筆者は，「一帯一路」とRCEPが，より開放的で大きな包容性を有し，総合的な手段を用いながらアメリカ以外の選択肢を提供すると指摘している．以上の両者の理念ないしビジョン上の共通性が，筆者が指摘するようにアメリカ以外の選択肢を現実の政策の実施において提供していくのか，興味深い方向で事態は推移しているといえよう．

　3番目の論文は，第7章　河原地英武著「『一帯一路』と日露の戦略」である．

　今日のロシアと中国はパートナーシップを深め，政治，経済，外交において極めて緊密な関係を維持している．中国の「一帯一路」構想に対しても，ロシアはいち早く参加を表明してきた．だが中露の思惑は完全には一致しない．中国の「一帯一路」とロシアの「ユーラシア連合」にはいくつかの差異が見出せる．さらにロシアは，シベリア・極東部を開発し，太平洋への出口を求めている．ロシアには中国の「一帯一路」と連動しつつも，日本との協力を進める形で中国への過度の依存度を抑制しようとの思惑がみられる．日露の協力はまた日本の国益と合致するといえよう．

　4番目の論文は，第8章　李開盛著「政治と経済の相互作用から見る『一帯一路』――東南アジアを例として――」である．

　中国が東南アジア諸国と「一帯一路」構想を推進しようとするにあたり，政治というベクトルでみると肯定的要因と否定的要因がともに存在する．中国発展モデルに共鳴し政治的連携を強めようとすることもあれば，逆に，現地の国内政治対立に「一帯一路」構想が巻き込まれ，中国が政治的対立要因になってしまうこともある．しかし純粋に経済的要因でみる限り，中国と東南アジア諸国との間では相互利益を生み出す可能性が十分にある．特に中国が，経済規律に符合し現地の人々の生活に貢献するような政策をとり，安定した高質なプロジェクトを推進し得るかが鍵となる．東南アジアという複雑にして多様な現実をふまえ，中国との協力の鍵を見出そうという興味深い論文である．

　第Ⅱ部は，滝田豪著のコラム「『一帯一路』をどう見るか」でしめくくられている．

　本コラムは，まず「一帯一路」に対する経済面でのプラス評価は「Win-Win」，マイナス評価は「不採算・債務の焦げ付き」であり，政治と安全保障面でのプラス評価は「新グローバルガバナンス」，マイナス評価は「米中対立」と喝破

する．現実の世界はこの4つのベクトルの間を様々に行き来し，特定の事態が先見的に成立するわけではない．しかし筆者は，その行き着く先が「米中対立」となる構造的な危険性をも指摘している．短いスペースの中で，何を選択することが最善の国益をもたらすかを考えさせる興味深い論考である．

＊

　第Ⅲ部は，「国際秩序」が対象である．経済プロジェクトに端を発し，地域の在り方に深い関係を持つ「一帯一路」構想は，その規模と性格をもってすれば，当然に，地域協力のビジョンから，現下のより大きな「国際秩序」にどうかかわるかの課題をもっている．

　一般的には，日本や欧米では，「一帯一路」は中国がアメリカに取って代わって覇権を握ろうとする，すなわち「国際秩序」の変動を生み出すものであると認識されているのではないだろうか．

　日本側論文では，国際法，国際社会におけるガバナンスといった大きな視点から，「一帯一路」構想が国際社会全体で受け入れられていくために，この構想の主唱者である中国がどのような政策をとるかに注目する視点をうちだしている．

　一方で，中国側論文は，「国際秩序」を脅かすテロリズムや，これまでの国際社会では十分に解決しきれていなかった途上国のインフラ問題などに焦点を当てた，課題解決志向のアプローチが執られている．

　第Ⅲ部の最初の論文は，第9章 岩本誠吾著「「一帯一路」と国際法——主権尊重と平等互恵の視点から——」である．

　中国は，「一帯一路」の建設理念として平和五原則を主張し，沿線国との関係を Win-Win の関係にすると主張する．そのために，中国は，対外的に平和五原則を要求すると同時に，「債務の罠」と非難されないように当該原則を自ら実践しなければならない．具体的に，「一帯一路」構想のために設立されたアジアインフラ投資銀行が，公正かつ中立的な国際開発金融機関として透明性を持って運営され，環境破壊や人権侵害を防止するための投融資審査の国際基準を遵守することが重要である．さらに，中国は，現在，国際商事紛争や国際投資紛争が発生した場合の紛争解決制度（国際法及び国内法）を構築しつつあるが，当該法制度を国際標準規則に合致させて構築することが，国際的信用性を高め，「一帯一路」構想を成功させるための不可欠な要素である．

　2番目の論文は，第10章 王震著「グローバル化，グローバル・ジハードと『一帯一路』構想」である．

　長期的にみると，「一帯一路」が提唱する協力理念と協力モデルは，かつてのグローバル化の過程で生じた欠点，例えば，グローバル・ジハードなどの過激主義を生み出す社会的土壌を排除することが可能である．しかし，短期的には，グローバル・ジハード組織はグローバリゼーションによって提供される輸送，通信，武器などの様々な施設とツールを利用して，主権国家によって攻撃を封じ込められ，制裁を与えられることを，効果的に回避する力を持っている．

　しかし，この長期と短期のパラドックスにもかかわらず，「一帯一路」構想の実施によって，真の開放，協力，共同建設，Win-Win を実現できれば，グローバル・ジハード主義勢力を徐々に排除し，国際社会における新しいグローバル化の発展の道と地域ガバナンスの協力モデルを探求することができる．

　3番目の論文は，第11章 呉澤林著「『一帯一路』構想の機能的論理」である．

　筆者は「一帯一路」構想を中国と沿線国の「機能的協力」（共同利益に基づき可能な限り国家間の協力を進める考え方）と捉え，中国と沿線国との協力を，生産能力の向上をめざす「伝統的なクラスター」からイノベーション能力の向上をめざす「イノベーション・クラスター」への発展形として分析する．近年，いくつかの沿線国も「一帯一路」と類似した地域の接続性を促進するイニシアティヴを提案している．筆者は，「一帯一路」建設における機能的アプローチは，あらゆる国家が受け入れることができる地域接続のイニシアティヴと併存することを示唆し，中国がこれらのイニシアティヴに関する注意深い追跡研究を行う必要性を強調するとともに，世界各国もまた，国際社会の接続と繁栄発展のために共同で取り組むべきと述べている．

　第Ⅲ部最後の論文は，第12章 中岡大記著「『一帯一路』は国際秩序への挑戦か？──『ガバナンス』を手がかりとして──」である．

　本章では，中国の「一帯一路」が，既存の援助枠組みに対する「挑戦」なのか，それとも既存の秩序を受け入れた上でのプレゼンスの向上を図るものなのかを，「ガバナンス」の分析を通じて検証している．

　まず，DAC諸国と中国との間で行われてきた「ガバナンス」論を検証し，その結果を「一帯一路」と比較検証した結果，「一帯一路」が持つ「ビジネス性」が，「アカウンタビリティ」や「コーポレート・ガバナンス」の遵守を後押しし，「一帯一路」政策は既存の秩序としてのDAC型の「ガバナンス」へ

と収斂していく可能性があるという興味深い結論をだしている．さらに，そのような中国の政策の舵取り要因をトランプ政権の登場に求めつつ，今後の実践的課題としては，「使える（usable な）」ガバナンスを構築していく必要性を提起している．

　第Ⅲ部は，玉木俊明著のコラム「歴史的観点からみた『一帯一路』」でしめくくられている．

　「一帯一路」構想による中国経済の対外関係の拡大は，鄧小平の先富論によって始まった2桁成長時代の延長線上にある．歴史に遡ると，宋の時代から明の永楽帝に至るまで中国の内外経済の急速な発展が進み，これがもはや対外進出を必要としない水準にまで到達した．現代の中国は，その後に訪れた物流軽視の時代から，「2桁成長──『一帯一路』構想」を通じて脱却する時代とみることができるようである．「一帯一路」構想の歴史的な重みを感じさせるコラムである．

　以上，全12章の論文と3つのコラムからなる本書では，各部の論考を通して，日本側論文と中国側論文の視点の違いがみえてくるような特徴を備えている．この序章では，その視点の違いを取り上げ，若干の道案内を施した．

　しかし，「違いがある」ということを裏返せば，それは「相互補完的となり得る」という可能性を持つことかもしれない．では，具体的にどのような点で補完し合い，またそこからどのような結論が導かれるのか．

　それを記したささやかな終章までの道のりを，楽しんでいただければ幸いである．

　付記　本書に収録されている諸論文の大部分は2019年末までに完成されており，この序章もそれにあわせてほぼ完成していたものである．本書の刊行にあたっては，微修正の手直しのみを行っている．

第Ⅰ部

経

済

第 1 章
「歴史的中国経済周期」から読み解く
「一帯一路」

岑　智偉

はじめに

　「一帯一路」構想または「一帯一路」経済 (以下では「一帯一路」とする) は経済史的現象として理解すべきか，それとも地政学的なパワーゲームとして見るべきか.

　「一帯一路」に関する議論の多くは全く異なる視点 (パラダイム) から，それぞれに「一帯一路」を論じており，それゆえに焦点が合わず，議論に大きな隔たりをうんでいる.「一帯一路」は古代中国文明の復興 (王義桅, 2016; 2017) あるいは新しい地域経済圏の形成 (趙, 2015; 王金波, 2016; 廖, 2017) という見方もあれば，中国の「経済外交」，または米中覇権争いための覇権獲得であるという捉え方 (Miller, 2017; 森川, 2019) もある. これらの議論に共通する点として，「21世紀世界的経済現象」(筆者定義) を認識しつつも，その起因を歴史的経済周期という視点から検証せず，まして「一帯一路」を経済史的現象として観ることをしていない点が挙げられる.「21世紀世界的経済現象」とは，19世紀から150年以上世界経済を牽引してきた欧米諸国の経済成長が世界経済趨勢と同様に「低迷」に入り，その一方，中国をはじめとする「新興国」の経済規模が大きくなり急速に欧米諸国に収斂するという現象である.

　Maddison (2008) の歴史的統計 (Maddison Historical Statistics : MHS) を用いれば，紀元後の世界経済において，2回の成長経路「大転換」(世界的経済変遷) と，世界経済成長を牽引する国々が時代とともに交替を繰り返していること(世界経済成長牽引役交替) を確認できる. 2回の成長経路「大転換」とは19世紀に起きたマルサス的停滞 (Malthusian Stagnation) から現代成長 (Modern Economic Growth) への「転換」と，21世紀に現れた高度成長 (現代成長) から低成長 (定

常状態：Steady State）への「転換」である．一方，２回の成長経路「大転換」と
同時期に世界経済成長牽引役交替も２回あったことは MHS によって確認され
る．２回の成長経路「大転換」を２回の「大分岐」（「大分岐 I」と「大分岐 II」）
とすれば，２回の大分岐および牽引役交替は中国経済と深く関わっており，い
ずれも中国の経済周期（「歴史的中国経済周期」）と重なっていることがわかる．「大
分岐 I」では，中国経済は長期衰退期に入り，「大分岐 II」においては，中国
は新たな経済周期が始まっている．「21世紀世界的経済現象」は「大分岐 II」
と新たな中国経済周期とが重なった時の世界的経済現象であると思われる．

　本章は世界経済成長牽引役交替を伴う世界的経済変遷を「世界的経済循環」
とした上で，第１節では「世界的経済循環」と「歴史的中国経済周期」の「包
摂」的関係について経済史的考察を行い，第２節では「世界的経済循環」に「包
摂」される「歴史的中国経済周期」という視点から「一帯一路」を読み解いて
いく．「おわりに」では中国が新たな経済周期の拡張期（繁栄期）に入ったこと
による，国際的インフラ投資を伴う現代版シルクロード経済が「一帯一路」で
あると考えられること．そして「一帯一路」の繁栄がもたらされるためには，
国際環境が整えられることが必要とされることについて考えていく．

　なお本書第２章では歴史的技術変化を伴うマルサスモデル（Malthusian Model
with Historical Technological Changes：MMHTC）を用いて，「世界的経済循環」を理
論的に解明する．第１章と本書第２章はそれぞれ実証面（経済史的考察）と理論
面（理論的考察）から，相互補完的に「歴史的中国経済周期」ないし「世界的経
済循環」による「一帯一路」の解読を行うものである．

1　世界的経済循環論

　この節は「世界的経済循環」及び「世界的経済循環」と「歴史的中国経済周
期」の「包摂」的関係について，MHS と関連経済統計を用いて経済史的考察
を行う．

1）　大分岐と世界的経済循環

紀元後の世界経済史における２回の成長経路「大転換」，すなわち，マルサ
ス的停滞から現代成長への「転換」と，現代成長から定常状態への「転換」を
「世界的経済循環」における２回の大分岐（それぞれ「大分岐 I」と「大分岐 II」）

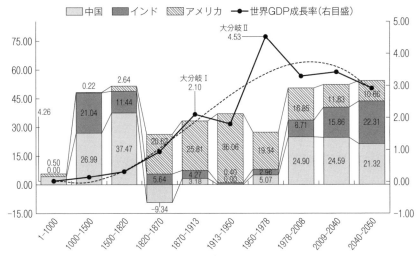

図1-1　紀元後の世界経済成長率と各国の寄与率

（注）　折れ線は世界 GDP 成長率，積み上げ棒はそれぞれの時期におけるアメリカ，中国，インドの世界 GDP
　　　成長率に対する寄与率を示す.

（出所）　Maddison（2008），PWC（2011）より筆者作成.

として，2回の大分岐はいずれも歴史的技術変化によってもたらされ，歴史的
技術変化はロジスティック的技術周期更新（完全代替型技術競争及び補完型技術競
争による技術周期更新）によって達成されると考えられる．これについては，本
章に続く本書第2章で歴史的技術変化を伴うマルサスモデル（MMHTC）を用
いて詳しく理論展開する．本項では，「世界的経済循環」における2回の大分
岐と，それに伴う2回の世界経済成長牽引役交替を統計的に検証する．図1-
1は紀元後における世界経済成長率と各国の寄与率の推移を示している.

　図1-1の折線は紀元後の世界経済（GDP）成長率（右目盛）を示し，積み上
げ棒（左目盛）は各国（アメリカ，中国とインド）の世界経済（GDP）成長率に対す
る寄与率を示している．図1-1より以下のことが読み取れる．（ⅰ）19世紀前
半まで，世界経済成長率は非常に低く1％未満であり，世界経済はマルサス的
停滞状態（Galor, 2005a；2005b）に陥っていたことがわかる．（ⅱ）19世紀後半か
ら世界経済はマルサス的停滞から現代成長への方向に変わり（「大分岐Ⅰ」），20
世紀の半ばにおいて，世界経済は4.5％という最も高い経済成長率を成し遂げ
た「黄金時代」（Maddison, 2006）を経験した．その後，（ⅲ）世界経済は高度成

長（現代成長）から低成長への方向に転じ（「大分岐Ⅱ」），21世紀以降，世界経済
成長率は 3 ％台という定常状態に入っている．（ⅳ）紀元後の世界経済成長に
寄与する国々は時代とともに交替を繰り返している．19世紀前半まで，中国と
インドが世界経済成長の主要な牽引役であったが，19世紀後半から21世紀まで，
近代工業化に成功したアメリカをはじめとする欧米諸国が世界経済成長を牽引
し，この時期のアメリカの世界経済成長率への寄与率は20％以上を占めていた．
一方，21世紀以降，中国とインドは再び世界経済成長の牽引役となり，両国の
世界経済成長率に対する寄与率は40％以上を占めている．図 1 - 1 は正に「世
界的経済循環」（世界経済成長牽引役の交替を伴う世界的経済変遷）を統計的に示して
いる．以下では，MHS を用いてより詳細に「世界的経済循環」における 2 回
の「大分岐」及び世界経済成長牽引役交替について検証を行う．

　　まず，統計的に「大分岐」をどう見るべきかについて考えてみる．Galor（2005
a）は「統合成長論（Unified Growth Theory）」[2]を用いて「大分岐Ⅰ」を解析して
いる．Galor（2005a）は紀元後の世界経済史を 3 つの時代に区分している．す
なわち，(a) マルサス時代（Malthusian Epoch），(b) ポストマルサス時代（Post-
Malthusian Regime）と (c) 現代成長時代（Modern Growth Regime）である．Y を
GDP，L を人口（＝労働），A を教育水準または技術進歩，$\bar{y}$（$\equiv Y/AL$）を効率
的労働（Effective Amount of Labor）当たり GDP，y（$\equiv Y/L$）を 1 人当たり GDP
とすれば，Galor（2005a）の 3 つの時代は以下の GDP 成長率分解式により統計
的に確認できる[3]．

$$G_Y = G_y + G_L = (G_A + G_{\bar{y}}) + G_L \tag{1}$$

　　ここで，$G_x \equiv \Delta x/x$ は各変数（$x = Y, y, L, A, \bar{y}$）の成長率を表し，G_Y，G_y，G_L，
G_A と $G_{\bar{y}}$ はそれぞれ GDP 成長率，1 人当たり GDP 成長率，人口成長率，技術
進歩率と「効率的労働」当たり GDP 成長率を表す．Galor（2005a；2005b；2011）
は 3 つの時代を次のように定義している．すなわち，(a) は G_Y，G_L，G_y の値
がいずれも非常に低いというマルサス的停滞時代であり，(b) は G_Y，G_L，G_y
の値が徐々に大きくなる，一部の地域（国）の経済水準（1 人当たり GDP）がマ
ルサス的停滞から現代成長に向かってテークオフ（take-off）する時代である．(c)
は人口転換（demographic transition）[4]を伴う現代成長時代，すなわち，人口成長
率（G_L）の低下につれて，1 人当たり GDP 成長率（$G_y = G_A + G_{\bar{y}}$）がより重要とな
り，G_y が GDP 成長率（$G_Y = G_y + G_L$）の主要な成長源泉となる右上がりの経済成

表1-1　世界と各国の経済成長率　　　　　（単位：%）

時代	世界		G7		西欧		西洋の分家		BRICs		中国		インド		米国		英国		日本	
	(A)	(B)	(A)	(B)	(A)	(B)	(A)	(B)	(A)	(B)	(A)	(B)	(A)	(B)	(A)	(B)	(A)	(B)	(A)	(B)
(1) 1000-1500	0.14	0.04	0.27	0.10	0.30	0.13	0.08	0.00	0.14	0.05	0.16	0.05	0.12	0.04	0.09	0.00	0.25	0.12	0.18	0.03
(2) 1500-1820	0.32	0.05	0.41	0.14	0.41	0.14	0.78	0.34	0.33	0.01	0.41	0.00	0.19	-0.01	0.86	0.36	0.80	0.27	0.31	0.09
(3) 1820-1870	0.94	0.53	1.98	1.10	1.74	1.04	4.22	1.40	0.17	0.00	-0.37	-0.25	0.38	0.00	4.12	1.33	2.03	1.25	0.40	0.19
(4) 1870-1913	2.10	1.30	2.69	1.59	2.12	1.33	3.85	1.79	1.21	0.60	0.56	0.10	0.96	0.54	3.86	1.80	1.88	1.01	2.41	1.47
(5) 1913-1950	1.81	0.88	1.94	1.18	1.15	0.83	2.79	1.55	1.15	0.57	0.04	-0.57	0.23	-0.22	2.80	1.59	1.18	0.93	2.19	0.88
(6) 1950-1978	4.53	2.64	4.33	3.33	4.12	3.51	3.77	2.33	4.56	2.58	4.78	2.79	3.70	1.59	3.69	2.33	2.60	2.19	7.84	6.71
(7) 1978-2008	3.30	1.81	2.43	1.82	1.99	1.70	2.81	1.76	4.73	3.41	7.51	6.43	5.66	3.75	2.80	1.76	2.32	2.05	2.32	1.98
(8) 2009-2040	3.43	2.49	2.14	1.84	—	—	—	—	4.99	4.47	5.06	4.91	6.18	5.22	2.45	1.82	2.21	1.70	1.54	1.90
(9) 2040-2050	2.93	2.32	2.06	1.96	—	—	—	—	3.56	3.49	3.05	3.39	4.84	4.41	2.22	1.83	2.27	1.93	1.37	1.95

（注）　1）（A）と（B）はそれぞれGDP成長率（G_Y）と1人当たりGDP成長率（G_y）を表す.
　　　　2）西欧は「西欧12カ国」のデータを用いている.
（出所）　Maddison (2008)，PWC (2011)，United Nations (2019) より筆者作成.

長時代である．1人当たりGDP成長の始動は教育水準向上等による技術進歩率の上昇によってもたらされるものだと考えれば，GDP成長率に占める1人当たりGDP成長率の割合（$G_y/G_Y=(G_A+G_y)/G_Y$）が高いほど，その地域（国）が（c）時代に入っている可能性が高いと思われる（Galor, 2005a）．よって，G_yとG_y/G_Yはその地域（国）が（b）時代と（c）時代に入っているか否かを見極める2つの「閾値」として考えられる．Galor（2011）は1人当たりGDP成長率（G_y）や人口成長率（G_L）等の歴史統計を用いて，世界各国が（b）時代と（c）時代に入った歴史的時期にばらつきがあることを指摘した上，西欧と西洋の分家（Western Offshoots）[5]の国々は19世紀の初めに（b）時代に入り，19世紀後半からは（c）時代に入ったと分析している．以下では，MHS及び関連経済統計を用いて，Galor（2011）の分析結果を確認しながら，「大分岐」の統計的見方と，世界各国の「大分岐Ⅰ」及び「大分岐Ⅱ」に到達した歴史的時期について考察する．**表1-1**は紀元後の「歴史的時期」を（1）～（9）に区分し，紀元後～2050年における世界と各国のGDP成長率と1人当たりGDP成長率の推移をまとめている[6]．

　表1-1で示されているように，19世紀の初期から（b）時代に入ったとされている西欧（イギリス，ドイツ，フランス等）と西洋の分家（アメリカ等）の国々は，1820～1870年において1人当たりGDP成長率（G_y）が1％を超えており，日本は1870年～1913年，中国及びインドは1950～1978年において，それぞれG_yが1％を超えている．G_yが1％を超えた国々は同時期に1人当たりGDP水準が1000ドルを超えていたことはMHSによって確認される[7]．Kahn and Wie-

表 1-2　1 人当たり GDP 成長率対 GDP 成長率比　　　　　（単位：%）

時代		世界	G7	西欧	西洋の分家	BRICs	中国	インド	米国	英国	日本	独	仏	葡	蘭	西
(1)	1000-1500	31.02	38.67	41.32	0.00	31.89	31.21	34.38	0.00	46.07	18.41	29.58	39.12	40.99	33.57	42.02
(2)	1500-1820	15.74	34.16	33.54	44.20	2.98	0.00	—	41.60	34.08	29.39	38.03	37.73	26.07	49.53	41.90
(3)	1820-1870	56.89	55.91	59.93	33.13	-1.77		0.03	32.29	61.56	48.07	54.08	70.81	16.80	48.15	38.89
(4)	1870-1913	62.24	58.95	62.80	46.64	49.71	17.10	55.98	46.62	53.66	60.88	57.52	89.11	43.56	41.80	70.41
(5)	1913-1950	48.64	61.08	71.78	55.41	50.01	—	—	57.02	78.60	40.25	55.45	94.06	59.66	44.23	16.18
(6)	1950-1978	58.35	76.87	85.19	61.83	56.56	58.28	42.95	63.24	84.38	85.62	90.37	80.15	90.07	73.24	83.85
(7)	1978-2008	54.92	74.60	85.36	62.41	71.97	85.53	66.30	82.66	88.29	85.33	89.03	87.56	75.17		89.27
(8)	2009-2040	72.66	86.33	—	—	89.50	97.15	84.51	74.20	76.98	123.62	108.68	83.48	—		
(9)	2040-2050	79.18	94.90	—	—	98.11	111.17	91.14	82.18	85.02	142.14	122.36	92.67	—		

（注）　米国＝アメリカ，英国＝イギリス，独＝ドイツ，仏＝フランス，葡＝ポルトガル，蘭＝オランダ，西＝スペイン．
（出所）　Maddison（2008），PWC（2011），United Nations（2019）より筆者作成．

ner（1967）は紀元後の世界経済史を 5 つの段階に分け，近代工業化段階にある国々の 1 人当たり GDP 水準は600ドル～15000ドルであると推測している．1000ドルの達成をマルサス的停滞から現代成長へのテークオフとして見るならば，「$G_y \geq 1\%$」はその地域（国）が（b）時代に入ったか否かを判別する 1 つの「閾値」となる．

　一方，前述のように，（c）時代の特徴は人口成長率の低下と同時に 1 人当たり GDP 成長率が GDP 成長率の主要な成長源泉となることである．よって，1 人当たり GDP 成長率対 GDP 成長率比（G_y/G_Y）は（c）時代に到達しているか否かを判別するもう 1 つの「閾値」となる．表 1-2 は紀元後における世界と各国の 1 人当たり GDP 成長率対 GDP 成長率比の推移を示している．

　表 1-2 でわかるように，西欧（イギリス，ドイツ，フランス等）は1820～1870年において G_y/G_Y が50%を超えており，[8] 日本は1870年～1913年，西洋の分家（アメリカ等）は1913～1950年においてその値が50%を超えていた．[9] 中国は1950年～1978年，インドは1978～2008年において，それぞれ G_y/G_Y が50%を超えている．1 人当たり GDP 成長率対 GDP 成長率比（G_y/G_Y）が50%を超えたことは，1 人当たり GDP 成長率（G_y）が人口成長率（G_L）を上回り，「人口転換」を伴う「現代成長」が始まっていることを意味する（Galor, 2005a ; 2011）．

　よって，「$G_y \geq 1\%$」と「$G_y/G_Y \geq 50\%$」は，それぞれその地域（国）が（b）時代と（c）時代に入ったか否かを判別する「閾値」として見なされる．それによれば，西欧（イギリス，ドイツ，フランス等）は1820～1870年，日本は1870～1913年，中国は1950～1978年において同時期に（b）時代と（c）時代に入り，西洋の分家（アメリカ等）は1820～1870年と1913～1950年，インドは1950～1978

表1-3　世界各国の「大分岐Ⅰ」と「大分岐Ⅱ」を達成した歴史的時期

	世界	G7	西欧	西洋の分家	BRICs	中国	インド	米国	英国	日本	独	仏	葡	蘭	西
$G_y \geq 1\%$	(4)	(3)	(3)	(3)	(6)	(6)	(6)	(3)	(3)	(4)	(3)	(3)	(5)	(5)	(4)
$G_y/G_Y \geq 50\%$	(3)	(3)	(3)	(5)	(5)	(6)	(7)	(4)	(3)	(4)	(3)	(3)	(5)	(6)	(4)
変曲点1	(4)	(3)	(3)	(3)	(4)	(4)	(4)	(3)	(3)	(4)	(3)	(3)	(6)	(5)	(4)
変曲点2	(6)	(6)	(6)	(6)	(6)	(7)	(7)	(6)	(6)	(6)	(6)	(6)	(6)	(6)	(6)

(注)　1）G_Y は GDP 成長率，G_y は1人当たり GDP 成長率を表す．
　　　2）「$G_y \geq 1\%$」と「$G_y/G_Y \geq 50\%$」の対応数字（例えば(3)）はそれぞれ世界各国が b) 時代と c) 時代（Galor, 2005a）を達成した歴史的時期を表し，「変曲点1」と「変曲点2」の対応数字は2つの変曲点（表1-3による試算）が出現した歴史的時期を表す．
　　　3）米国＝アメリカ，英国＝イギリス，独＝ドイツ，仏＝フランス，葡＝ポルトガル，蘭＝オランダ，西＝スペイン．
（出所）　表1-2，表1-3より筆者作成．

年と1978〜2008年においてそれぞれ（b）時代と（c）時代に入ったことがわかる．

　一方，MHS を用いれば，世界各国の紀元後における長期的限界経済成長性（各歴史的時期における1人当たり GDP 成長率の対前時期の偏差）を試算できる．世界各国の長期的限界経済成長性軌跡（推移）において2つの変曲点（逆 V 字型偏差の最大値）が確認されている．長期的限界経済成長性軌跡における2つの変曲点は紀元後の世界成長経路の2回の「大転換」として見ることができる．表1-3は世界各国の「$G_y \geq 1\%$」と「$G_y/G_Y \geq 50\%$」を達成した歴史的時期（表1-1と表1-2）と，長期的限界経済成長性軌跡における2つの変曲点が出現した歴史的時期を変曲点1と変曲点2としてまとめている．

　以上を踏まえ，「大分岐」の統計的見方について検討してみよう．「大分岐Ⅰ」は（ⅰ）「世界的経済循環」における第1回目の成長経路「転換」として見るのか，それとも（ⅱ）「人口転換」を伴う持続的「現代成長」の始まりとして考えるのかにより，「大分岐Ⅰ」に対する統計的見方は少し異なる．（ⅰ）と（ⅱ）はそれぞれ Galor（2005a）が定義した（b）時代と（c）時代に該当するが，「大分岐Ⅰ」を「世界的経済循環」における「マルサス的停滞」から「現代成長」への成長経路「転換」，または長期的限界経済成長性軌跡における第1回目の変曲点（変曲点1）として考えるならば，（ⅰ）または変曲点1を「大分岐Ⅰ」として見るのが妥当である．一方，「現代成長」から「定常状態」への成長経路「転換」を「世界的経済循環」における第2回目の成長経路「転換」とするならば，長期的限界経済成長性軌跡における第2回目の変曲点（変曲点2）は

「大分岐Ⅱ」として考えられる.（ⅱ）を「大分岐Ⅰ」から「大分岐Ⅱ」までの「超」長期における世界経済成長の上昇期として解釈するならば，変曲点2（「大分岐Ⅱ」）の出現は（c）時代の終了を意味する.

表1-3を見ると，中国とインドを除き，欧米諸国と日本は（b）時代に入った時期（$G_y \geq 1\%$）が「変曲点1」出現の歴史的時期と重なり，西欧（イギリス，ドイツ，フランス等）と西洋の分家（アメリカ等）は1820〜1870年，日本は1870〜1913年において「大分岐Ⅰ」を成し遂げたことがわかる.中国とインドは1870〜1913年において「変曲点1」が見られたものの，その時期における1人当たりGDP成長率が非常に低く1%以下であったため，中国とインドの「大分岐Ⅰ」を達成した歴史的時期は（b）時代に入った1950〜1978年であると思われる.一方，日本と欧米諸国は1950〜1978年において変曲点2（「大分岐Ⅱ」）を迎え，中国とインドは1978〜2008年において変曲点2（「大分岐Ⅱ」）を迎えていることがわかる.

以上をまとめると，西欧と西洋の分家の国々は1820〜1870年，日本は1870〜1913年に「大分岐Ⅰ」を成し遂げ，1950〜1978年において「大分岐Ⅱ」を迎えたことがわかる.一方，中国とインドは1950〜1978年に「大分岐Ⅰ」を実現し，1978〜2008年において「大分岐Ⅱ」を迎えていることが判明する.世界は1870〜1913年において「大分岐Ⅰ」を達成し，1950〜1978年において「大分岐Ⅱ」を迎えていた（表1-3）.世界経済成長は世界各国の寄与（貢献）によって達成されており，図1-1で示されているように，世界経済成長に寄与する国々は時代とともに交替を繰り返している.表1-4は紀元後における各国の世界GDP成長率に対する寄与率の推移をまとめている.

表1-4により「世界的経済循環」における2回の「大分岐」（「大分岐Ⅰ」と「大分岐Ⅱ」）が起きた歴史的時期とほぼ同時期に，2回の世界経済成長牽引役交替があったことを確認できる.19世紀前半まで，中国とインドの世界経済成長に対する寄与率（貢献度）は最も高く40%以上を占めており，19世紀前半まで中国とインドは世界経済成長の主要な牽引役であったことがわかる.一方，19世紀後半から21世紀まで，逸早く近代工業化（「大分岐Ⅰ」）を成し遂げたアメリカをはじめとする欧米諸国は世界経済成長を牽引し，この時期の西欧（イギリス，ドイツ，フランス等）及び西洋の分家（アメリカ等）の世界経済成長率に対する寄与率は40〜60%以上であった（第1回交替）.しかし，「大分岐Ⅱ」を迎えた後，21世紀以降から欧米諸国の世界経済成長率に対する寄与率は20%程度にま

表1-4　各国の世界GDP成長率に対する寄与率 (単位：%)

時代	世界	G7	西欧	西洋の分家	BRICs	中国	インド	米国	英国	日本	独	仏	葡	蘭	西
(1) 1000-1500	0.14	24.48	23.65	0.29	52.77	26.99	21.04	0.22	1.59	3.55	5.37	6.41	0.28	0.47	2.12
(2) 1500-1820	0.32	25.37	23.13	2.78	56.03	37.47	11.44	2.64	7.51	2.93	4.17	5.52	0.55	0.80	1.75
(3) 1820-1870	0.94	62.79	47.17	23.55	8.32	-9.34	5.64	20.62	15.37	10.89	8.80		0.28	1.36	1.74
(4) 1870-1913	2.10	56.02	30.97	29.04	17.37	3.18	4.27	25.81	7.66	2.85	10.17	4.46	0.20	0.92	1.36
(5) 1913-1950	1.81	53.48	17.14	40.44	14.20	0.14	0.69	36.06	4.73	3.43	1.08	2.92	0.39	1.37	0.76
(6) 1950-1978	4.53	47.15	20.48	22.51	20.25	5.07	2.96	19.34	2.74	9.44	5.76	4.09	0.39	1.03	1.99
(7) 1978-2008	3.30	30.70	10.39	19.47	37.49	24.90	8.71	16.85	2.27	4.55	2.07	2.02	0.26	0.66	1.45
(8) 2009-2040	3.43	18.99	—	—	46.80	24.59	16.36	11.83	1.62	1.84	—	—	—	—	—
(9) 2040-2050	2.93	17.31	—	—	48.92	21.32	22.31	10.66	1.60	1.37	—	—	—	—	—

(注)　米国＝アメリカ，英国＝イギリス，独＝ドイツ，仏＝フランス，葡＝ポルトガル，蘭＝オランダ，西＝ス
　　　ペイン.
(出所)　Maddison (2008)，PWC (2011) より筆者作成.

で下がり，それと同時に，中国とインドの世界経済成長率に対する寄与率は40％
以上を占め，中国とインドは再び世界経済成長の主要な牽引役となった（第2
回交替）.

　世界経済成長牽引役交替をもたらすものは何であろうか．「世界的経済循環
論」はこれらを解明する1つの手がかりとなる．「世界的経済循環論」には3
つの経済史的要素（事実）がある．すなわち，紀元後の世界的経済変遷におい
て，(F1) 2回の成長経路「大転換」をもたらす2回の「大分岐」及び；(F2)
「大分岐」に伴い2回の世界経済成長牽引役の交替があったこと；(F3) 15世
紀頃から今日までの欧米諸国の「国家周期」と中国の「歴史的経済周期」とが
2回重なっている（世界的経済循環に「包摂」される歴史的中国経済周期）ことであ
る．F3はF2をもたらす主な経済史的起因であると思われる.

2)　世界的経済循環に「包摂」される歴史的中国経済周期

　Morris (2010) は紀元前1万4000年から現在までの世界史の中で，90％以上
の歴史的時期において西洋（欧米諸国）は他の地域（国）を凌駕し，東洋（中国）
が世界経済を牽引していたのは550～1775年の時期（中国：南北朝～清／乾隆）の
みであったと分析している．Morris (2010) は上記の「経済史的要素」を全く
視野に入れておらず，よって，「大分岐Ⅱ」及び「21世紀世界的経済現象」を
解明できない．本項では，中国と世界の経済的関わりを両者の「包摂」的関係
（西田哲学の包含関係）として，「世界的経済循環に「包摂」される歴史的中国経
済周期」（経済史的命題）について経済史的考察を行う．図1-2は「世界的経済
循環」と「歴史的中国経済周期」，及び両者の「包摂」的関係を概念図として

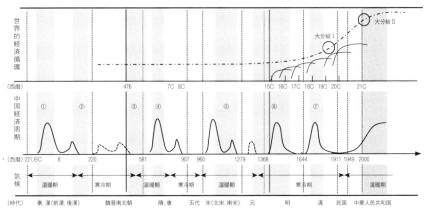

図1-2　世界的経済循環に「包摂」される歴史的中国経済周期

（注）　1）「世界的経済循環」については，McNeill（1980），Maddison（2006），Rondo and Neal（2002），
　　　　南川（2013），宮崎（2017）を参照している．
　　　　2）「中国経済周期」については，王（2000），趙（2002a；2002b；2002c），杜（2014），劉（2008），万他
　　　　（2018），侯（2019a；2019b），範（2020），葛（2011），尹他（2014）を参照している．
　　　　3）「気候」については，葛（2011）を参照している．
　　　　4）①～⑦は7回の古代シルクロード経済周期を表すが，本章の表1-6と図1-5を参照している．
（出所）　筆者作成．

表したものである.[10]

　図1-2の「世界的経済循環」の部分は紀元前（ローマ帝国時代）から21世紀
までの，欧米を中心とする世界的経済変遷を概念図として描いている．西ロー
マ帝国の終焉（476年）は西欧が中世の経済停滞期に入ったことを意味する．宮
崎（2017）は7世紀以降から15世紀半ばの時代を「遊牧民の爆発の時代」とし，
その時代は世界秩序が崩れていく変動期であったと指摘している.[11] 図1-2は，
Maddison（2008）の歴史的統計（MHS）に基づき，中世から15世紀までは世界
経済はマルサス的停滞状態にあった事を示している．一方，15世紀以降の大航
海時代から，ポルトガル，スペイン，オランダとイギリス等の海外進出により，
巨大な経済的利益をもたらした大西洋貿易（Atlantic Trade）は「大分岐Ⅰ」を
もたらす大きな起因となり，1500～1850年に台頭してきた西欧諸国はその貿易
と深く関わっている（Acemoglu et.al. 2005）．Galor and Weil（2000），Galor and
Omer（2000；2002）と Galor（2005a；2011）は19世紀から欧米で始まった「大分
岐Ⅰ」の主な起因は，人的資本需要の変化による人口転換であると分析してい
る．その中で，貿易は大きな役割を果たしている（Galor and Mountford, 2006；

¹²⁾
2008）.

　大航海による大西洋貿易はその後の世界経済を大きく変貌させた. Kindle-berger (1996) はロジスティック的な国家周期 (National Cycle) を想定しながら, 国家周期と経済覇権 (Economic Primacy) の動学的関係を政治経済学という視点から捉え, [13] 大航海時代以降, 欧米諸国の国家周期 (拡張と衰退) の変遷により, 世界的経済覇権はポルトガル, オランダ, イギリスとアメリカの順に移り変わっていたと指摘した. [14] 図1-2の「世界的経済循環」における15世紀以降の世界的経済変遷は以上のような経済史的事実を概念図として描いている. すなわち, 15世紀は「世界的経済循環」の始まりであり, 大航海時代後の大西洋貿易, そして18世紀と19世紀の欧米を中心とする産業革命により「大分岐Ⅰ」がもたらされ, 世界経済は20世紀の「黄金時代」(1950〜70年代) を経験した後に, 21世紀から「大分岐Ⅱ」後の「世界的限界経済成長性逓減」という段階に入っている. 世界各国の近代工業化 (「大分岐Ⅰ」) は歴史的技術変化 (完全代替型技術周期更新) によって実現され (本書第2章を参照), 歴史的技術変化をもたらす主な経済史的起因は巨大な経済的利益であることはいうまでもない.

　一方, 図1-2の「中国経済周期」及び「気候」の部分は紀元前 (秦漢時代) から21世紀までの中国歴史的経済変遷を概念図として描いている. 世界経済が閉ざされていた15世紀まで, 中国では秦漢時代, 隋唐時代, 宋明時代といった「歴史型経済周期」が繰り返されていた. これは中国の自律的な歴史型経済周期, すなわち「中国王朝型経済周期」であると考えられる. 各時代の繁栄と衰退をもたらした歴史的起因はそれぞれであるが, 共通しているのは, 統一は各時代の繁栄をもたらし, 腐敗や戦乱等は衰退をもたらすことである. 中国各時代の経済興亡 (経済周期) は約300年である. 漢 (前202〜220年), 唐 (618〜907年), 宋 (960〜1279年), 明 (1368〜1644年) と清 (1644〜1911年) の経済周期はそれぞれ422年, 289年, 319年, 276年と267年である. 各時代における拡張期 (繁栄期) は約100年 (漢：193年；唐：105年；宋：97年；明：93年；清：117年) である (表1-5を参照). 葛 (2011) と尹他 (2014) はこれまでの中国王朝型経済周期は歴史的要因の他に, 気候変動にも大きく影響されていたことを指摘している. 中国歴史の中で, 温暖期においては経済安定期が長く, 寒冷期においては経済安定期が短い. 図1-2の「歴史的中国経済周期」と「気候」の関係に示されているように, 明清時代の中国は長い寒冷期に入り, 清の繁栄期である「康乾盛世」(1723〜1840年) [15] 以降は, 中国は約100年という長い衰退期 (1840〜1949年) に入ってい

る．この時期に日本及び欧米諸国は産業革命により「大分岐Ⅰ」を経験してい
た．

　一方，20世紀80年代以降，これまでの王朝型経済周期と異なる新たな中国経
済周期が始まり，それと同時に長期的世界経済周期（世界的経済循環）という視
点から見れば，欧米諸国は Kindleberger（1996）がいう国家周期における下降
期に入っており，21世紀以降の世界経済は「大分岐Ⅱ」後の「世界的限界経済
成長性逓減」段階に転じていると思われる．「21世紀世界的経済現象」は「大
分岐Ⅱ」と新たな中国経済周期とが重なった時の世界的経済現象である（図1-
2）．よって，紀元後の世界的経済循環における2回の「大分岐」はいずれも
歴史的中国経済周期が関わっていることがわかる．「大分岐Ⅰ」では，中国経
済は長期衰退期に入り，「大分岐Ⅱ」においては，中国は新たな経済周期が始
まっている．

2　歴史的中国経済周期から読み解く「一帯一路」

　中国王朝型経済周期と20世紀以降に始まった新たな中国経済周期を合わせ
て，秦時代から現在までの中国経済周期を「歴史的中国経済周期」として考え
ることができる．次の第2節の1）では「歴史的中国経済周期」を MHS 及び
中国経済史料で明らかにし，つづく第2節の2）では「歴史的中国経済周期」
という視点から「一帯一路」を解読する．

1）中国王朝型経済周期と歴史的中国経済周期

　林（1999）は中国の地質学者李四光（Dr. J. S. Lee）のある歴史周期の研究論文
（Lee, 1931）に注目し，その研究論文を次のように解説している（以下では，林(1999)
を李・林〔1931〕とする）．秦時代から現代（1931年）までの中国において3回の大
きな歴史周期があり，それぞれ（第1回目）前221（秦）〜588年（南北朝末期），（第
2回目）581（隋）〜1367年（元末期）と（第3回目）1368（明）〜1931年（現代）で
ある．第3回目を除き，各歴史周期の継続年数は約800年である．3回の歴史
周期には驚くほど類似する規則性がある．すなわち，各歴史周期は統一から始
まり，その後で約400〜500年の平和時代が続き，それを過ぎると戦禍等により
その周期が終わる．第1回目と第2回目の歴史周期は秦（前221年）と隋（581年）
から始まり，それぞれ426年（漢：前206〜220年）と509年（唐〜北宋：618〜1127年）

表1-5　中国王朝型経済周期（秦～民国）

	王朝/国名	歴史型経済周期(継続年数)[1]		経済拡張期(繁栄期年数)[2]	歴史出来事	戦闘数[3]	気候[4]
I-1	秦	前221～前207 (14)			中央集権国家形成, 文字や度量衡の統一	—	温暖期
I-2	前漢	前202～前8 (210)	802	前179～前49 (130)	文景之治, 漢武盛世, 昭宣中興	—	温暖期
I-3	後漢	25～220 (195)		25～88 (63)	光武中興, 明章之治	303	温暖期, 寒冷期
I-4	魏晋南北朝	220～581 (361)		280/289, 424/453, 483/493, 502/519 (65)	太康盛世, 元嘉之治, 永明之治, 天監之治	529	寒冷期
II-1	隋	581～618 (37)		588～604 (16)	開皇之治	74	温暖期
II-2	唐	618～907 (289)	379	627/655, 712/756, 806/820, 841/860 (105)	貞観/永徽之治, 開元盛世, 大中之治	152	温暖期, 寒冷期
II-3	五代	907～960 (53)		—	—	73	寒冷期, 温暖期
III-1	北宋	960～1127 (167)		998～1048 (50)	咸平之治, 仁宗盛世, 靖康之難	177	温暖期
III-2	南宋	1127～1279 (152)	407	1161～1208 (47)	乾淳之治	261	温暖期
III-3	元	1271～1367 (96)		—	—	190	温暖期, 寒冷期
IV-1	明	1368～1644 (276)		1368/1435, 1488/1505, 1573/1582 (93)	洪武之治, 永楽盛世, 仁宣之治, 万暦中興	484	寒冷期
IV-2	清	1644～1911 (267)	581	1723～1840 (117)	康乾盛世, キャフタ条約, アヘン戦争	326	寒冷期
IV-3	民国	1911～1949 (38)		—	—	—	寒冷期, 温暖期

（注）　1）の時代区分は万他（2018）に基づいている.
　　　　2）の各時代の拡張期（繁栄期）は趙（2002a～2002i），葛（2011），尹他（2014），杜（2014）と方・蘇（2014）
　　　　　を参照しているが，清と魏晋南北の拡張期はそれぞれ葛（2011）と尹他（2014）に基づいている.
　　　　3）の戦闘数は葛（2011）の表5.3に基づいている.
　　　　4）の気候は葛（2011）と尹他（2014）を参照している.
（出所）　筆者作成.

という長い平和時代が続いた後に，北方の侵入や戦禍等により次の周期が訪れるまで混乱期（第1回目：368年；第2回目：240年）が長く続いていた．一方，明（1368年）から始まった第3回目の歴史周期は，1851年の「太平天国の乱」を境に483年に続いた明清の「平和時代」に終止符が打たれ，現代（1931年）に至るまで混乱期が続いている．李・林〔1931〕は鋭い観察で中国歴史周期の一面を浮き彫りにしたものの，当時の社会環境に制約されていたため，中国歴史周期を解読するのに最も重要な「経済史的要素」を全く考慮に入れず，分析方法が単純すぎるがゆえに，20世紀以降の中国歴史を誤読している可能性がある．**表1-5**は「経済史的要素」を考慮しつつ，中国王朝型経済周期を歴史順にまとめている.

　表1-5は「中国王朝型経済周期」における各時代の王朝型経済周期＝歴史型経済周期（年数），経済拡張期（繁栄期年数），歴史型経済周期に影響を与えると思われる気候や歴史出来事を整理しまとめている．李・林〔1931〕を比べ合わせるため，**表1-5**は「中国王朝型経済周期」（前221～1949年）を4つの歴史的時期に区分し，ⅠとⅣは李・林〔1931〕の第1回目と第3回目の歴史周期，Ⅱ／Ⅲは李・林〔1931〕の第2回目の歴史周期に該当する．**表1-5**は以下のようにまとめられる．（ⅰ）「中国王朝型経済周期」において，4回の歴史型経済大周期（Ⅰ～Ⅳ：以下では「大周期Ⅰ～Ⅳ」とする）があり，各大周期においてさ

らに 3 〜 4 回の歴史型経済周期がある．大周期 I の継続年数は最も長く802年
であったのに対し，大周期 II 〜 IV の継続年数は約300〜500年である．（ ii ）李・
林〔1931〕がいうように，各大周期は統一から始まり，約300〜500年（秦漢：
441年；隋唐：326年；宋：319年；明清：543年）という比較的「安定的」な歴史型経済
周期が続いた後に，外来侵攻や戦乱等により混乱期に入り，混乱期はその大周
期が終了するまで続く．各混乱期の継続年数（大周期 I：361年；大周期 II ／ III：53
年／96年；大周期 IV：38年）と混乱期をもたらす要因はそれぞれであるが，共通す
る点として，いずれも「寒冷期」に起きたものである[19]．（ iii ）各大周期におけ
る経済拡張期（繁栄期）を経済安定期とすれば，各歴史型経済周期における経
済安定期（繁栄期）は約100年であり，各大周期における繁栄期の合計年数は約
200年である．大周期 I は193年，大周期 II ／ III は121年／97年（合計：218年），
大周期 IV は210年である．これらはいずれも李・林〔1931〕が定義した「平和
時代」より短いものである．（ iv ）「安定的」な歴史型経済周期においても戦乱
があり[20]，そのため，各歴史型経済周期における経済安定期は連続せず，歴史型
経済周期において更なる小周期（短い経済周期）がある．例えば，明と清におい
てそれぞれ 4 回と 3 回の小周期があり，その中で明の最盛期（1410〜1490年）と
清の最盛期（1700〜1840年）において，それぞれ1.12％（0.34％）と1.27％（0.70％）
という期間最高（期間平均）経済成長率が達成された（MHS による試算）．（ v ）各
大周期における下降期と戦乱期を合わせて大周期の「衰退期」とすれば，大周
期 I，大周期 II ／ III と大周期 IV の「衰退期」それぞれ493年（132年＋361年），100
年（47年＋53年）／167年（71年＋96年）と109年（71年＋38年）である．

　以上をまとめると，中国王朝型経済周期は以下のように特徴づけられる．前
221〜1949年の「中国王朝型経済周期」において， 4 回の歴史型経済大周期が
あり，大周期 I（継続年数：802年）を除き，大周期 II 〜 IV の継続年数は約300〜
500年である．各大周期における経済安定期（繁栄期）の合計年数は約200年で
あり，下降期と戦乱期を合わせた各大周期の「衰退期」は約100〜400年である．

　1950年代以降，これまでの中国王朝型経済周期と異なる新たな中国経済周期
が始まる．両経済周期の最も違う点は経済発展の度合を示す 1 人当たり GDP
水準の動的変化である．すでに述べたように中国王朝型経済周期と新たな中国
経済周期を合わせたものが「歴史的中国経済周期」である．図 1 - 4 は MHS
に基づき，「歴史的中国経済周期」における両周期の違いを統計的に示してい
る．図 1 - 3 はその違いを理論的に解析している．

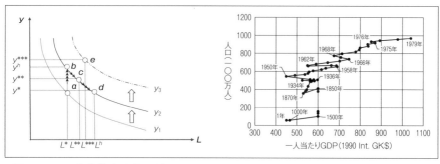

図 1-3　歴史的技術変化を伴うマルサスモデル

（注）　縦軸は 1 人当たり GDP 水準（y），横軸は労働人口（L）を表す．y^*，y^{**}とy^{***}はそれぞれマルサス的均衡，「大分岐 I」均衡と「大分岐 II」 II 均衡の 1 人当たり GDP 水準を表す．

（出所）　本書第 2 章図 2-1-1 より筆者作成．

図 1-4　紀元後の中国マルサス的技術曲線（1〜1980）

（注）　縦軸は人口，横軸は 1 人当たり GDP を表す．
（出所）　Maddison（2008）より筆者作成．

　図 1-3 は本書第 2 章の MMHTC を簡略化したものであり，図 1-4 は MMHTC に基づく中国の「マルサス的技術曲線」（以下では「技術曲線」とする）[21] を統計的に示している．「技術曲線」とはマルサス的経済を前提としながら，技術変化（技術進歩）による 1 人当たり GDP 及び人口の変化を動学的に捉えるものである．まず，図 1-3 と「技術曲線」について説明する．y_i（$i=1,2,3$）は各歴史的時期における 1 人当たり GDP 水準を表す．y_iは技術水準（A_i）と労働人口（L_i）に依存し，y_iの変化（上方シフト）は技術変化によってもたらされるとする．y_iと L_i の関係を示す右下がりの曲線はマルサス的経済を想定した場合の「労働限界生産性逓減」を表している．図 1-3 で示されているように，1 人当たり GDP の変化（例えば，y_1からy_2へのシフト）は，（ i ）一時的な技術変化（例えば，A_1からA_1+a への変化）によるものか，それとも（ ii ）「歴史的技術変化」（例えば，A_1からA_2への変化）[22] によるものかにより，技術変化後の人口規模と 1 人当たり GDP 均衡水準は異なる．（ i ）の場合，1 人当たり GDP 均衡水準の一時的な上昇（$y^* \rightarrow y^h$）により，人口増加がもたらされるが（$L^* \cdots \rightarrow L^h$），1 人当たり GDP 均衡水準は再びマルサス的均衡に戻ってしまう（$y^h \rightarrow y^*$）．よって，その変化は人口増加だけの変化（技術曲線：$a \rightarrow b \rightarrow d$）となる．[23] （ ii ）の場合，人口規模も 1 人当たり GDP 均衡水準もマルサス的均衡から「大分岐 I」

均衡（技術曲線：$a \to c$），さらに「大分岐Ⅱ」均衡（技術曲線：$c \to e$）にシフトする．「技術曲線」はその地域（国）の経済発展段階を統計的に示すものである．図1‒3を理論的背景として，図1‒4は紀元後における中国「技術曲線」推移を統計的に示している．

　図1‒4の横軸は1人当たり GDP，縦軸は人口を表している．図1‒4より，以下のことが明らかにされた．（ア）1（前漢）〜1000年（北宋／咸平）における1人当たり GDP 水準と人口はほとんど変わらなかったが，1000（北宋／咸平）〜1500年（明／弘治）において，人口は5900万人から1億300万人に拡大し，1人当たり GDP 水準は466ドルから600ドル[24]に上昇した．Maddison（2007：table 1.3）は960〜1300年における中国1人当たり GDP 水準は欧州諸国より高いものであったことを示している．960〜1300年は宋（北宋と南宋）時代であり，宋時代において戦乱（戦闘数：438回）が多く，歴史型経済周期（継続年数：319年）における経済安定期（繁栄期合計年数：97年）は相対的に短かった．しかし，中国王朝型経済周期における多くの中国古代科学技術（例えば，水工学，火薬，航海用羅針盤，鋳鉄，造船技術等）はこの時代に洗練されていたものである（Needham, 1956；Hobson, 2004）．Needham（1956）は中国古代シルクロード経済活動により，西洋に伝わっていた宋時代のものを含め数多くの中国古代科学技術は当時の西洋技術水準より遥かに高く，中国と西洋の技術距離は約200年（航海用羅針盤等）〜1000年（鋳鉄や造船技術等）であったと指摘している（Needham, 1956：table 8）．よって，1000〜1500年の中国「技術曲線」は上記の（ⅱ）に該当する．しかし，経済基盤が農業であったその時代では，その変化は「大分岐Ⅰ」均衡までの程遠い変化（技術曲線：$a \to \cdots c$）となった．（イ）1500（明／弘治）〜1850年（清／道光）において，中国1人当たり GDP 水準は全く変わらなかったが，人口規模は4倍に増えた[25]．この時代は明らかに「マルサスの罠」（技術曲線：$a \to b \to d$）に陥っていた時代だと思われる．この時代は1200〜1800年のイングランドとよく似ている（Clark, 2007：Chap. 3）．1500〜1850年の中国「技術曲線」は上記の（ⅰ）に該当する．（ウ）1850年〜1950年は中国王朝型経済周期における最後の長期衰退期に当たり，この時代において，人口規模は増加したものの，1人当たり GDP 水準は徐々に下がり，1950年における中国1人当たり GDP 水準は紀元1年の450ドルより低く448ドルであった（Maddison, 2008）．（エ）1950年以降，中国の人口規模と1人当たり GDP 水準は上昇傾向に変わり，1950〜1980年における中国1人当たり GDP は448ドルから1061ドル（2.4倍）に上昇し，それと同時に，中

国人口規模も5.47億人から9.81億人 (1.8倍) に拡大した (図1-2). 1950～1980
年の中国「技術曲線」は上記の (ⅱ) に該当する. 本章第1節の1) で示した
ように, 1950～1978年において中国は「大分岐Ⅰ」 (近代工業化) を成し遂げ (技
術曲線：$a \rightarrow c$), 1978～2008年には「大分岐Ⅱ」を迎えている (技術曲線：$c \rightarrow d$).
1980年代以降, 中国は「世界工場」と呼ばれるほど, 本格的に工業大国の道へ
歩み始めた. Maddison (2007) の予測通り, 20世紀90年代以降, これまでの王
朝型経済周期と全く異なる, 技術変化 (技術革新) を伴う新たな中国経済周期
が始まっている.[26)]

　葛 (2005) は唐宋明時代において高度な農業生産技術が開発され, 都市化や
商業と海外貿易等も進められていたが, 漢唐と宋明の経済は本質的に「小農経
済」または「高度な農業経済」であると分析している. 蘇 (2016) は清までの
中国は「農耕経済」から脱することができなかったと指摘している. 1949年ま
での中国は農業経済を経済基盤とする農業大国であることは否定できない
(Maddison, 2007).[27)] 農業経済の基礎は土地である.[28)] 2000年以上の農業大国を工業
大国に転じさせた主な要因は, 2000年以上続いた中国王朝型経済を根底から変
えた1949年 (中華人民共和国) 以降の土地改革や, 教育と (国家主導) 工業化といっ
た政策であり, これらの政策のいずれも中国をマルサス的停滞から脱出させる
ための長期的政治経済政策であると思われる.

2)　歴史的中国経済周期から読み解く「一帯一路」

　周 (2017) は前139 (前漢) ～1850年 (清) において, 中国古代シルクロード経
済周期が7回あったことを示し, 鄭 (2016) は南北朝時代から始まった朝貢貿
易を始め中国古代海上シルクロード経済周期を詳細に解説している. 中国古代
シルクロード経済周期のほとんどは中国王朝型経済周期の拡張期 (繁栄期) に
起きたことは明らかである. 表1-6は中国古代シルクロード経済周期 (鄭, 2016；
周, 2017) と中国王朝型経済周期 (表1-5) を照らし合わせてまとめている.

　表1-6より, 古代シルクロード経済周期と中国王朝型経済周期の関係は以
下のようにまとめられる. (ⅰ) 前139 (前漢／建元) ～1850年 (清／道光) におい
て, 中国古代シルクロード経済周期 (以下では「SR周期」とする) は7回 (①～⑦)[29)]
あり, 各「SR周期」の継続年数は約200～300年である. 7回の「SR周期」は
以下の通りである. ①：前139 (前漢／建元) ～16年 (新／天鳳)；②：97 (後漢／
永元) ～217年 (後漢／建安)；③：455 (北魏／太安) ～618年 (隋／義寧)；④：639

表1-6　中国王朝型経済周期と古代シルクロード経済周期

	SR 経済期間（年数）	時代（年号）	拡張期（繁栄期年数）	歴史出来事
①	（陸）前139～16年（155年）	前漢（建元）～新（天鳳）	前179～前49（130）	文景之治，漢武盛世，昭宣中興，張騫の西征
②	（陸）97～217年（120年）	後漢（永元）～建安	25～88（63）	光武中興，明章之治，班超の西域都護，丁酉大疫
③	（海）413/420～502年（89年）	東晋（義熙）～南朝（天監）	280/289，424/453，483/493，502/519(65)	太康盛世，元嘉之治，永明之治，天監之治
	（陸）455～618年（163年）	北魏（太安）～隋（義寧）	588～604（16）	開皇之治
④	（陸）639～755年（117年）	唐（貞観）～天宝	627/655，712/756，806/820，841/860(105)	貞観/永徽之治，開元盛世，元和/会昌中興，大中之治
	（海）630～894(264)	唐（貞観）～景福		遣唐使
⑤	（海）1087～1259年(172年)	北宋（元祐）～南宋（開慶）	998～1048（50），1161～1208（47）	元豊市舶条，モンゴル・南宋戦争
⑥	（海）1279～1618年(339年)	元（至元）～明（万暦）	1368/1435，1488/1505，1573/1582（92）	洪武之治，永楽盛世，仁宣之治，万暦中興
	（陸）1405～1431(26)	明（永楽）～明（宣徳）		鄭和の南海遠征
⑦	（陸）1728～1850年(122年)	清（雍正）～道光	1723～1840（117）	康乾盛世，キャフタ条約，アヘン戦争

（注）　1）7回（①～⑦）のシルクロード（Silk Road：SR）経済周期（年数）は周（2017）を参照している.
　　　　2）③の413～502（朝貢貿易），④の630～894年（遣唐使）と⑤の1405～1431年（和南海遠征は鄭）は鄭（2016）を参照している.
　　　　3）各時代の年号は万他（2018）を参照している.
　　　　4）拡張期（繁栄期年数）は表1-5を参照している.
　　　　5）〔陸〕と〔海〕はそれぞれ「陸上シルクロード」と「海上シルクロード」を表す.
（出所）　筆者作成.

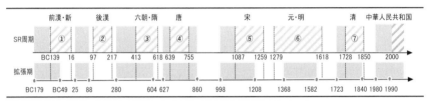

図1-5　各時代のシルクロード経済周期と経済拡張期の関係

（注）　この図は表1-6を図示したものであり，塗り潰しの部分は各時代の経済拡張期（繁栄期）を表し，斜線部分（①～⑦）は各時代のシルクロード周期を表している．①～⑦のシルクロード経済周期は図1-2にも対応している.
（出所）　筆者作成.

（唐／貞観）～755年（唐／天宝）；⑤：1087（北宋／元祐）～1259年（南宋／開慶）；⑥：1279（元／至元）～1618年（明／万暦）；⑦：1728（清／雍正）～1850年（清／道光）（ⅱ）中国古代海上シルクロード経済周期（以下では「海上 SR 周期」とする）は秦漢時代から始まったと思われる（鐘, 2015；鄭, 2016）[30]．六朝時代以降，日本（413～502年）や東南アジア（420～502年）との朝貢貿易より，「海上 SR 周期」は本格化され，唐時代（630～894年）における「遣唐使」（日中文化経済交流）と明時代（1405～1431年）における「鄭和の南海遠征」は「海上 SR 周期済」の「最盛期」を迎えた象徴となった（鄭, 2016）．李（2015）は宋時代の「市舶司」（政府の海上貿易管理機構）が設立された以降，「海上 SR 周期」がより盛んになり，明時代の「鄭和の南海遠征」は中国と世界貿易の海路をインド洋からペルシャ湾やアフリカ

までに広げ，15世紀以降は「大西洋貿易」にも大きな役割を果たしたと分析している．Needham（1956）と Hobson（2004）は古代シルクロード経済が中国と世界各国の貿易を促すとともに，その経済活動により航海技術をはじめとする中国古代科学技術を西洋社会に伝播し，19世紀の産業革命に大きな影響を与えていたことを示している．（iii）古代シルクロード経済周期は中国王朝型経済周期の拡張期（繁栄期）前後に起きていたことがわかる図1-5は表1-6の各歴史型経済周期と古代シルクロード経済周期の関係を概念図として描いている[31]．

鐘（2015）は「海上 SR 周期」は「秦漢（初期）→ 六朝時代（発展期）→ 隋唐（繁栄期）→ 宋元（最盛期）→ 明清（衰退期）」のように興亡してきたと分析しているが，図1-5でわかるように，「SR 周期」と「海上 SR 周期」のいずれも各歴史型経済周期の拡張期（繁栄期）前後に起きたものである．例えば，第4回目の「SR 周期」（639〜755年）は唐時代の繁栄期（627〜860年）に起きていたことが明らかである．他の時代の歴史型経済周期と「SR 周期」及び「海上 SR 周期」の関係についても同じである．周（2017）は各古代シルクロード経済周期における上昇期は下降期より長く（周，2017：命題2），古代シルクロード経済周期の興亡は中国国内の歴史的周期とその時代の国際環境の総合的要因によるものである（周，2017：命題5）と分析している．

以上を踏まえ，「一帯一路」は古代シルクロード経済と類似する，新たな中国経済周期における国際的インフラ投資を伴う現代版シルクロード経済であると考えられる．

お わ り に

本章は MMHTC（本書第2章で詳述）を理論的背景として，歴史的統計（MHS）及び関連経済統計を用いて，「世界的経済循環」及び「世界の経済循環」と「歴史的中国経済周期」の「包摂」的関係を経済史的に考察した上，「歴史的中国経済周期」から「一帯一路」の分析を試みた．本章の主な結論は以下の通りである．

第1に，世界各国の「大分岐Ⅰ」と「大分岐Ⅱ」を達成した歴史的時期として，西欧と西洋の分家は1820〜1870年，日本は1870〜1913年に「大分岐Ⅰ」を成し遂げ，1950〜1978年において「大分岐Ⅱ」を迎えており，中国とインドは

1950〜1978年に「大分岐 I」を実現し，1978〜2008年において「大分岐 II」を迎えている．

　第 2 に，「世界的経済循環論」における 3 つの経済史的要素（F 1〜F 3）はMHS によって立証された．F 3 は「世界的経済循環」と「歴史的中国経済周期」の「包摂」的関係を示唆するものであり，F 2 をもたらす主な経済史的起因は F 3 であると考えられる．

　第 3 に，前221〜1949年の「中国王朝型経済周期」において，4 回の歴史型経済大周期があり，大周期 I （継続年数：802年）を除き，大周期 II〜IV の継続年数は約300〜500年である．各大周期における経済安定期（繁栄期）の合計年数は約200年であり，下降期と戦乱期を合わせた各大周期の「衰退期」は約100〜400年である．

　第 4 に，中国王朝型経済周期と新たな中国経済周期を合わせて考えたものは「歴史的中国経済周期」であるが，両経済周期の最も違う点は経済発展の度合を示す 1 人当たり GDP 水準の動的変化である．1 人当たり GDP 水準の動的変化を統計的に示すものは「マルサス的技術曲線」である．中国の「マルサス的技術曲線」推移は以下の通りである．1〜1000年（前漢〜北宋）では中国の 1 人当たり GDP 水準と人口はほとんど変化せず，1000〜1500年（北宋〜明）においては，人口規模も 1 人当たり GDP 水準も上昇した．しかし，農業を経済基盤とした宋時代（960〜1300年）では，その変化は「大分岐 I」均衡までの程遠いものであった．1500〜1850年（明〜清）において，中国経済は「マルサスの罠」に陥っていたことが解明された．一方，1950年以降，中国の人口規模と 1 人当たり GDP 水準は上昇傾向に変わり，20世紀90年代より，これまでの王朝型経済周期と全く異なる技術変化（技術革新）を伴う新たな中国経済周期が始まっている．

　第 5 に，前139（前漢）〜1850年（清）において，中国古代シルクロード経済周期は 7 回あり，いずれも各歴史型経済周期における経済拡張期（繁栄期）前後に起きたものである．

　第 6 に，本章の最も重要な経済史的命題である「世界的経済循環に「包摂」される歴史的中国経済周期」は以下のように推論される．すなわち，紀元前のローマ帝国時代から19世紀後半まで，欧米諸国は中世の経済停滞期（マルサス的停滞），大航海時代（大西洋貿易）及び「大分岐 I」（産業革命を伴う近代工業化）を経験した．同時期の中国では秦漢時代，隋唐時代，宋時代，明清時代といっ

た中国歴史型経済周期（王朝型経済周期）が繰り返されていた．清時代の繁栄期である「康乾盛世」以降，中国は約100年という長い衰退期に入っていたが，この時期に日本及び欧米諸国は産業革命による近代工業化（「大分岐Ｉ」）が成功を収め，近代の世界経済成長を牽引してきた．一方，1980年代以降，欧米諸国は経済の「黄金時代」(Maddison, 2006) を経験した後，Kindleberger (1996) がいう国家周期における下降期に入り，それと同時にこれまでの王朝型経済周期と異なる新たな中国経済周期が始まり，中国は再び世界経済成長の主要な牽引役となった．「超」長期経済成長という視点から見れば，21世紀以降の世界経済は「低迷」（長期停滞）に陥っているのではなく，「大分岐Ⅱ」後の「世界的限界経済成長性逓減」段階に転じていると理解するのがより正確であり，「21世紀世界的経済現象」は正に「大分岐Ⅱ」と新たな中国経済周期とが重なった時の世界的経済現象であると思われる．

　以上に鑑みれば，「一帯一路」は新たな中国経済周期における中国古代シルクロード経済と類似する経済史的現象であると見ることができる．すなわち，漢時代から始まった古代シルクロード経済は中国各時代の拡張期における経済史的現象であると考えれば，「一帯一路」も古代シルクロード経済と類似する，新たな中国経済周期における国際的インフラ投資を伴う現代版シルクロード経済であると理解できる．しかし，「一帯一路」による繁栄がもたらされるためには，信頼関係に立った国際環境が整えられることこそ必要であることは間違いないであろう．

　付記　本章の作成に当たり，京都産業大学世界問題研究所の中谷真憲教授から大変有益なコメントを頂き，ここに記して感謝を申し上げる．有り得べき誤りに対する責任はすべて筆者にある．

注
1）「マルサス的停滞」と「現代成長」の定義については Galor (2005a) を参照．
2）　人口動態と経済成長を統合的に考える新しい経済成長理論である．
3）　$\hat{y} \equiv Y/AL = (Y/L)A \equiv y/A$ を変形すれば，$y = A\hat{y}$ となる．$y = A\hat{y}$ を時間微分すれば，諸成長率の関係は $G_y = G_Y - G_L = G_A + G_{\hat{y}}$ となる．この式を整理すれば，GDP 成長率分解式（式(1)）が得られる．G_A を第 2 章の技術変化率（歴史的技術変化）に当て嵌めれば，この節の統計的検証は本書第 2 章の理論分析を立証することになる．
4）　産業革命や learning-by-doing 等による技術進歩の加速が産業の人的資本に対する需

　要を喚起させると同時に，教育投資＝人的資本形成を促し，それらによる労働者スキ
ル向上がさらに技術進歩を加速させるという好循環となるような人口構造の転換であ
る．この時代では，G_y（$= G_A + G_y$）の役割が最も大きくなる．Galor（2005a；2011）
の統合成長論では人口転換こそが世界経済をマルサス的停滞から現代成長（持続的高
成長）に導いた大きな要因であると考えている．

5 ）　西洋の分家とはアメリカ，カナダ，オーストラリア，ニュージーランドの 4 カ国の
　　ことである．

6 ）　**表 1 - 1 ～表 1 - 4** は Maddison（2008）の歴史的統計（MHS）を用いて計算したも
　　のである．各表の国表記は MHS に基づいている．

7 ）　 1 人当たり GDP 水準が1,000ドルを超えた世界各国の歴史的時期は以下の通りであ
　　る．オランダは1600年，イギリスは1700年，西欧（ドイツ，フランス，スペイン等）
　　と西洋の分家（アメリカ等）は1820年，日本は1890年であった．BRICs，中国とイン
　　ドはそれぞれ1952年，1979年と1983年であった（Maddison, 2008）．

8 ）　G_y/G_Y は「$G_y/G_Y × 100\%$」という「％表示」として使用している．

9 ）　1871年において，西洋の分家（アメリカ等）の G_y/G_Y は57.18％（52.74％）であり，
　　50％を超えていたが，1870～1913年まで，西洋の分家の国々は平均的に人口成長率（G_L）
　　が 1 人当たり GDP 成長率（G_y）を上回っており，1913～1950年以降から G_y/G_Y が50％
　　を超えるようになった．

10）　図の波線は概念図としての「世界的経済循環」と「歴史的中国経済周期」における
　　経済波動（拡張と後退）を表している．

11）　McNeill（1980）と Rondo and Neal（2002）は中世においても欧州では技術進歩や
　　安定的経済発展があったと見ている．

12）　Galor（2012）はイギリスとインドの貿易における人的資本需要の違いにより，両国
　　の所得格差がさらに拡大していたことを示している．

13）　Berry（1991）は「超長期」的視点から世界経済変遷を統計的に分析している．Kindle-
　　berger（1996）は Berry（1991）の分析結果を用いて15世紀以降の経済覇権更迭を示
　　している．

14）　Kindleberger（1996 : Figure 3. 2）を参照．

15）　葛（2011）を参照．

16）　李四光の歴史周期の研究論文は1931年に掲載されたもの（Lee, 1931）であり，林
　　（1999）は Lin（1935）の翻訳であるため，李・林〔1931〕がいう「現代」とは1931年
　　または1935年のことであると思われる．

17）　李・林〔1931〕の時代は「中国王朝型経済周期」における最後の長期衰退期であっ
　　たため，中国歴史周期についての見方はその時代の社会環境に影響され，やや「悲観
　　的」であると思われる．

18）　**図 1 - 2** の「中国経済周期」部分は**表 1 - 5** に基づいている．

19）　葛（2011）は前221～2000年において，中国では温暖期と寒冷期が繰り返され， 7 回

の気候変動があったことを示している．7 回の気候変動は以下の通りである．すなわ
ち，前221〜180年（温暖期），181〜540年（寒冷期），541〜810年（温暖期），811〜930
年（寒冷期），931〜1320年（温暖期），1321〜1920年（寒冷期），1921〜2000年（温暖
期）である．温暖期では経済安定期が長く，寒冷期では戦乱が多いのである．戦乱が
最も多いとされる魏晋南北朝，唐と元の末期，明清はいずれも寒冷期に入っていた時
代である．

20)　歴史型経済周期における戦闘数を年平均計算（戦闘数／周期年数）すると，元，明
と南宋の年平均戦闘数が最も多く，それぞれ1.98回，1.75回と1.72回であった．繁栄
期が長かった明清でも年平均戦闘数は1.49回であった．葛（2011）は各時代の戦乱は
その時代の気候に大いに影響されていると分析している．明清時代の「寒冷期」が最
も長く543年であった（葛，2011）．

21)　Clark（2007：Chap. 2）は 1 人当たり GDP の変化は技術変化（技術進歩）によるも
のとして，技術進歩と 1 人当たり GDP 及び人口の総合的関係を「技術曲線」と呼ん
でいる．MMHTC に基づく本章は，そのような関係を「マルサス的技術曲線」と呼ぶ
ことにする．

22)　本書第 2 章第 1 節の 3 ）を参照．

23)　Galor（2011：Chap. 3）を参照．

24)　図 1 - 4 及び関連議論の 1 人当たり GDP は Maddison（2008）歴史的統計（MHS）
を使用している．Maddison（2008）は「1990 Int. GK＄」という国際比較のための独
自の通貨単位を用いて世界各国の 1 人当たり GDP を推計している．

25)　葛（2011）は1481〜1910年において中国の人口増加が最も速い時代であり，1630年
と1851年の人口規模はそれぞれ1.9億人と4.36億人に達したことを示している．

26)　MHS を用いた試算によれば，1954〜2007年の中国において，11回の経済小周期があ
り，1970年代から経済変動の振幅（期間平均成長率の標準偏差）が小さくなり，期間
平均成長率は1.6％から8.1％に上昇し，中国経済は順調に高度成長期に入ったことが
わかる．劉（1996）と劉・張・張（2005）も同様な結果を示している．

27)　Maddison（2007）は1820〜1949年の中国は王朝型経済衰退期であったことを指摘し
た上で，1890年と1952年における中国の農業（工業）対 GDP 比はそれぞれ68.5％
（8.1％）と57.9％（8.3％）であり，1950年代初期までの中国は農業国であったことを
示している（Maddison, 2007：Table 3.2）．

28)　黄（2002）は19世紀の産業革命が中国で起きなかった要因の 1 つは中国経済におけ
る「内巻（中国語）」，すなわち，インボリューション（Involution）がもたらす土地に
よる労働限界生産性逓減という制約が長年続いたことであると指摘している．

29)　Frisch（2019）は紀元前200〜1400年（約1600年）における中国古代シルクロード歴
史を前200〜200年，700〜900年，1200〜1400年の 3 つの歴史的時期に区分し，その中
で700〜900年は「シルクロード最盛期」であると分析している．

30)　六朝とは魏晋南北朝時代における三国（呉），東晋，南朝（宋，斉，梁，陳）のこと

である（鄭，2016）．

31） 図1-2の7回の古代シルクロード経済周期（①〜⑦）は表1-6と図1-5を参照している．

参考文献

（英語，日本語）

Acemoglu, Daron, Simon Johnson, and James Robinson（2005）"The Rise of Europe : Atlantic Trade, Institutional Change, and Economic Growth," *American Economic Review*, 95（3）, pp. 546–579.

Berry, Brian Joe Lobley（1991）*Long-Wave Rhythms in Economic Development and Political Behavior*, Johns Hopkins University Press.

Christian, David, Cynthia Brown, and Craig Benjamin（2014）*Big History : Between Nothing and Everything*, McGraw-Hill Education.

Clark, Gregory（2007）*A Farewell to Alms : A Brief Economic History of the World*, Princeton Press（G. クラーク『10万年の世界経済史（上，下）』久保恵美子訳，日経BP，2009）．

Frisch, Hermann-Josef（2019）*The World Along the Silk Road*（Chinese Edition）, International Culture Publishing Corporation.

Galor, Oded（2005a）"From Stagnation to Growth : Unified Growth Theory," In Aghion, Philippe and Steven N. Durlauf（eds.）, *Handbook of Economic Growth*. Amsterdam : North-Holland, pp. 171–293.

Galor, Oded（2005b）"Unified Growth Theory," *ResearchGate*〈https://www.researchgate.net/publication/23742458_Unified_Growth_Theory〉，2018年10月25日閲覧．

Galor, Oded（2011）*Unified Growth Theory*, Princeton University Press.

Galor, Oded（2012）"The Demographic Transition : Causes and Consequences," *Cliometrica*, 6（1）, pp. 1–28.

Galor, Oded and Omer Moav（2000）"From Physical to Human Capital Accumulation : Inequality and the Process of Development," *The Review of Economic Studies* 71（4）, pp. 1001–1026.

Galor, Oded and Omer Moav（2002）"Natural Selection and the Origin of Economic Growth," *The Quarterly Journal of Economics*, 117（4）, pp. 1133–1191.

Galor, Oded and David N. Weil（2000）"Population, Technology, and Growth : From Malthusian Stagnation to the Demographic Transition and Beyond," *American Economic Review*, 90（4）, pp. 806–828.

Galor, Oded and Andrew Mountford（2006）"Trade and the Great Divergence : The Family Connection," *American Economic Review*, 96（2）, pp. 299–303.

Galor, Oded and Andrew Mountford（2008）"Trading Population for Productivity : Theory and Evidence," *Review of Economic Studies*, 75（4）, pp. 1143-1179.

Kahn, Herman and Anthony J. Wiener（1967）"The Next Thirty-Three Years : A Framework for Speculation," *Daedalus*, 96（3）, pp. 705-732.

Hobson, John M.（2004）*The Eastern Origins of Western Civilisation*, Cambridge University Press.

Kindleberger, Charles P.（1996）*World Economic Primacy : 1500-1990*, Oxford University Press.

Lee, S.（1931）"The Periodic Recurrence of Internecine Wars in China, "*The China Journal of Science and Art.*

Lin Yutang（1935）*My Country My People*, Reynal & Hitchcock,.

Maddison, Angus（2006）*The World Economy*（Volume 1 and Volume 2）, OECD.

Maddison, Angus（2007）*Chinese Economic Performance in the Long Run, 960-2030 AD*（Second Edition）, OECD.

Maddison, Angus（2008）Historical Statistics of the World Economy : 1-2008 AD〈http ://www.ggdc.net/maddison/oriindex.htm ; Last changed on :September 3th, 2008〉, 2018年10月25日閲覧.

McNeill, William H.（1980）*A World History*, Oxford University Press.

Miller, Tom（2017）*China's Asian Dream : Empire Building along the New Silk Road*, Zed Books（トム・ミラー『中国の「一帯一路」構想の真相──陸と海の新シルクロード経済圏──』田口未和訳, 原書房, 2018）.

Morris, Ian（2010）*Why The West Rules-For Now : The Patterns of History and what they reveal about the Future*, Profile Books.

Needham, Joseph（1956）*Science and Civilisation in China*（Volume 1, Introductory Orientations）, Cambridge University Press.

PWC（2011）PwC main scenario model projections for 2010-50〈https://www.theguardian.com/data〉（January 2011 update）, 2018年10月25日閲覧.

Rondo, Cameron and Larry Neal（2002）*A Concise Economic History of the World : From Paleolithic Times to the Present*, Oxford Univ Press.

United Nations（2019）Population Division World Population Prospects 2019〈https://population.un.org/wpp/Download/Standard/Population/〉, 2018年10月25日閲覧.

林語堂（1999）『中国＝文化と思想』鋤柄治郎訳, 講談社.

南川高志（2013）『新・ローマ帝国衰亡史』岩波書店〔岩波新書〕.

宮崎正勝（2017）『世界〈経済〉全史』日本実業出版社.

森川央（2019）「一帯一路への警戒を高める米国」（公財）国際通貨研究所 *News Letter* No. 1.

（中国語）

杜友龍（2014）『太平盛世』現代出版社.

範文瀾（2020）『中国通史簡編』天津人民出版社.

方修琦・蘇筠（2014）「西漢至五代中国盛世及朝代更替的気候変化和農業豊歉背景」『地球環境学報』6：400-409.

葛金芳（2005）「宋代経済──従伝統向現代転変的首次啓動──」『中国経済史研究』1：149-176.

葛全勝編著（2011）『中国歴朝気候変化』科学出版社.

侯楊方（2019a）『盛世──西漢──』中信出版集団.

侯楊方（2019b）『盛世──康乾──』中信出版集団.

黄宗智（2002）「発展還是内巻？　十八世紀英国与中国」『新東方』1：10-15.

李金明（2015）「中国古代海上絲綢之路的発展与変遷」『経済研究』4：78-86.

劉徳増（2008）「中国王朝興亡的周期律」『山東教育学院学報』6：41-45.

劉樹成（1996）「論中国経済周期波動的新階段」『経済研究』11：3-10.

劉樹成・張暁晶・張平（2005）「実現経済周期波動的在適度高位的平滑化」『経済研究』11：10-21.

廖峥嶸（2017）『"一帯一路"，中国与世界』中国社会科学院和平発展研究所.

蘇小和（2016）『百年経済史筆記』東方出版社.

屠啓宇（2014）『絲路城市走廊』社会科学出版社.

万国鼎・万斯年・陳夢家（2018）『中国歴史紀年表』中華書局.

王金波（2016）『"一帯一路"経済走廊与区域経済一体化』社会科学文献出版社.

王毓銓編著（2000）『中国経済通史──明代経済巻──（上，下）』経済日報出版社.

王義桅（2016）『世界是通的──"一帯一路"的邏輯──』商務印書館.

王義桅（2017）『再造中国──領導型国家的文明担当──』上海人民出版社.

尹君・羅玉洪・方修琦・蘇筠（2014）「西漢至五代中国盛世及朝代更替的気候変化和農業豊歉背景」『地球環境学報』6：400-409.

趙徳馨編著（2002a）『中国経済通史・第二巻』（秦漢／範伝賢等）湖南人民出版社.

趙徳馨編著（2002b）『中国経済通史・第三巻』（魏晋南北朝／何德章）湖南人民出版社.

趙徳馨編著（2002c）『中国経済通史・第四巻』（隋唐／鄭学檬等）湖南人民出版社.

趙徳馨編著（2002d）『中国経済通史・第五巻』（宋／葛金芳）湖南人民出版社.

趙徳馨編著（2002e）『中国経済通史・第六巻』（元／李幹等）湖南人民出版社.

趙徳馨編著（2002f）『中国経済通史・第七巻』（明／呉量愷）湖南人民出版社.

趙徳馨編著（2002g）『中国経済通史・第八巻（上）』（清／陳鋒等）湖南人民出版社.

趙徳馨編著（2002h）『中国経済通史・第八巻（下）』（清／馬敏等）湖南人民出版社.

趙徳馨編著（2002i）『中国経済通史・第九巻』（民国／王方中）湖南人民出版社.

趙磊（2015）『一帯一路──中国的文明型崛起──』中信出版集団股份有限公司.

鄭彭年（2016）『絲綢之路全史』天津人民出版社.

鐘海（2015）「古代海上絲綢之路的興与衰」『珠江水運』19期.

周陽明（2017）「伝統絲綢之路興衰歴史周期研究」『河南社会科学』25巻第10期.

（2021年 7 月25日脱稿）

第2章
「一帯一路」を見る経済史的新視点
——「世界的経済循環論」——

岑　智偉

は じ め に

　本書第1章は「世界的経済循環に『包摂』される歴史的中国経済周期」を経済史的命題として，「歴史的中国経済周期」による「一帯一路」の経済史的考察を行った．本書第1章の分析は「世界的経済循環論」を理論的根拠としている．「世界的経済循環論」には3つの経済史的要素がある（本書第1章第1節の1）を参照）．すなわち，15世紀以降の世界的経済変遷において，（F1）2回の成長経路「大転換」をもたらす2回の「大分岐」及び；（F2）「大分岐」に伴い2回の世界経済成長牽引役の交替があったこと；（F3）欧米諸国の「国家周期」と中国の「歴史的経済周期」とが2回重なっている（世界的経済循環に「包摂」される歴史的中国経済周期）ことである．本書第1章では「世界経済成長牽引役交替（F2）を伴う世界的経済変遷（F1）」を「世界的経済循環」（理論的命題）とした上で，「世界的経済循環」について経済史的考察を行い，F3を経済史的命題として推論している．

　「世界的経済循環論」は2つの命題，すなわち理論的命題（F1及びF2）と経済史的命題（F3）によって構成される．経済史的命題は理論的命題（「世界的経済循環」）に含まれる（論理的包含関係）と考えられるならば（本章第1章第1節を参照），「世界的経済循環論」と「世界的経済循環」は「同値命題」となり，「世界的経済循環」が理論的に立証されることは「世界的経済循環論」が成立するための必要十分条件となる．よって，「世界的経済循環論」が理論的に成立し「一帯一路」を見る経済史的新視点となるには，「世界的経済循環」の理論的解明が必要である．「世界的経済循環」が理論的に解明されれば，「世界的経済循環論」も明らかになる．

　本章は以下で展開する歴史的技術変化を伴うマルサスモデル（Malthusian Model with Historical Technological Changes：MMHTC）を用いて，「世界的経済循環」（「世界的経済循環論」）を理論的に明らかにする．本章は以下のように構成される．第1節は基本モデル（MMHTC）を示し，第2節は MMHTC による「世界的経済循環」の理論的考察を行う．「おわりに」では本章の結論をまとめる．

1　歴史的技術変化を伴うマルサスモデル（MMHTC）

　まず，紀元後における2回の成長経路「大転換」を2回の「大分岐」とする経済史的根拠について再確認しよう．紀元後の世界経済史において，2回の成長経路「転換」が見られた．すなわち，（ⅰ）19世紀に起きたマルサス的停滞（Malthusian Stagnation）から現代成長（Modern Economic Growth）への「転換」と[2]，（ⅱ）21世紀に現れた現代成長（高度成長）から低成長への「転換」である．Pomeranz（2000）等は第1回目の成長経路「転換」を世界経済史における「大分岐（The Great Divergence）」とし，Kremer（1993）や Galor and Weil（2000）らはその「大分岐」を理論モデルで解明しようとしている．一方，第2回目の成長経路「転換」について，多くの研究はそれを21世紀型長期停滞として解釈している（福田，2018）．19世紀から20世紀1970年代まで，世界経済は確かにマルサス的停滞から現代成長の方向に変わり，日本と欧米諸国は Maddison（2006）がいう「黄金時代（Golden Age）」という高度成長期を経験した．しかし，その後，世界経済成長は緩やかとなり，19世紀から21世紀までの約200年の世界的経済変遷を総観すれば，世界経済は収穫逓増的成長ではなくロジスティック的成長経路に辿り着いてきたことは明らかである．経済成長論では定常状態（Steady State）という考え方があるが，「超」長期的な視点から見れば，第2回目の成長経路「転換」を長期における世界経済の定常状態への「転換」だと理解するのがより正確ではないかと思われる．

　大分岐（The Great Divergence）という術語には，拡散（所得格差の拡大）と分岐（成長経路の転換）という2つの意味が含まれているが，Pomeranz（2000）や Galor and Weil（2000）らがいう「大分岐」は後者の方に焦点を当てているものだと思われる．19世紀に起きた第1回の成長経路「転換」を「大分岐」として捉えるなら，21世紀の現代成長から定常状態への成長経路「転換」も「大分岐」として考えることができる．よって，19世紀の成長経路「転換」を「大分岐Ⅰ」

とし，21世紀の成長経路「転換」を「大分岐Ⅱ」として定義することができる．「大分岐Ⅰ」は1800年以上の停滞経済から経済成長ないし高度成長への「分岐」であり，「大分岐Ⅱ」は現代成長から定常状態への「分岐」である．2つの「大分岐」と前述のロジスティック的な世界経済成長を合わせて考えれば，21世紀以降の世界経済は「長期停滞」に陥っているのではなく，「大分岐Ⅱ」後の「世界的限界経済成長性逓減」という段階に転じていると考えられる（本書第1章第1節を参照）．

　以上を踏まえ，この節は歴史的技術変化を伴うマルサスモデル（MMHTC；本章が提示する基本モデル）を用いて，「世界的経済循環」（「世界的経済循環論」）を理論的に解明する．MMHTCはマルサス的停滞から現代成長へ，そして現代成長から定常状態へという紀元後の世界経済史における2回の大きな成長経路「転換」を2回の大分岐（それぞれ「大分岐Ⅰ」及び「大分岐Ⅱ」）として，これらの大分岐の経済史的起因を理論的に説明するものである．マルサス的停滞とは，19世紀までの世界的経済現象，すなわち，GDPと人口が変動しながら1人当たりGDP水準はほとんど変わらないという歴史的経済現象である（Malthus, 1798；Galor, 2011）．

1）基本モデル

　まず，基本モデルを示しておこう．経済は式（1-1）のように，農業（または未熟練労働集約型産業）部門と製造業（または熟練労働集約型産業）部門からなるとする．ただし，Y，Y_aとY_mは経済全体，農業部門と製造業部門の産出（＝所得＝GDP）を表し，L，L_aとL_mは経済全体，農業と製造業の労働人口（＝人口）を表す．総労働人口に占める農業と製造業の人口はそれぞれ$L_a = (1-\theta)L$，$L_m = \theta L$であるとする．

$$Y = Y_m + Y_a \ ; \ L = L_m + L_a \hspace{3cm} （1-1）$$

　農業部門と製造業部門の生産技術は以下の式（1-2）の通り，コブ＝ダグラス型の生産関数であるとする．農業部門は一般的なマルサスモデルと同様に，未熟練労働L_aと土地X_aを生産投入とし，製造業部門の生産投入は熟練労働L_mと土地以外の物的投入X_mであるとする．A_aとA_mはそれぞれ農業部門と製造業部門の技術水準（$A_a < A_m$）を表す．モデルを単純化するため，2つの生産関数の労働弾力性およびX_aとX_mの弾力性は同じであり，$X_a = X_m = 1$とする．[3]

$$Y_m = A_m X_m^{\,\varepsilon} L_m^{\,1-\varepsilon} \equiv A_m L_m^{\,1-\varepsilon} \; ; \; Y_a = A_a X_a^{\,\varepsilon} L_a^{\,1-\varepsilon} \equiv A_a L_a^{\,1-\varepsilon} \qquad (1-2)$$

ただし，$0 < \varepsilon < 1$ である．2 つの部門と経済全体の 1 人当たり GDP は以下のように定義される．

$$y_m \equiv \frac{Y_m}{L_m} = A_m L_m^{\,-\varepsilon} \; ; \; y_a \equiv \frac{Y_a}{L_a} = A_a L_a^{\,-\varepsilon}$$

$$y \equiv \frac{Y}{L} = \frac{A_m L_m^{\,1-\varepsilon} + A_a L_a^{\,1-\varepsilon}}{L} = \frac{(A_m \theta^{1-\varepsilon} + A_a (1-\theta)^{1-\varepsilon}) L^{1-\varepsilon}}{L} \equiv A L^{-\varepsilon}$$
$$(1-3)$$

よって，経済全体の 1 人当たり GDP の成長率は式（1-3）についての時間微分より求められる．

$$\frac{\dot{y}}{y} = \frac{\dot{A}}{A} - \varepsilon \frac{\dot{L}}{L} = \alpha \left(\frac{\dot{A}_m}{A_m} - \frac{\theta}{\alpha} \varepsilon \frac{\dot{L}_m}{L_m} \right) + \beta \left(\frac{\dot{A}_a}{A_a} - \frac{1-\theta}{\beta} \varepsilon \frac{\dot{L}_a}{L_a} \right)$$

$$= \alpha \left(\left(\frac{\dot{A}_m}{A_m} - \frac{\dot{A}_a}{A_a} \right) - \frac{\theta}{\alpha} \varepsilon \left(\frac{\dot{L}_m}{L_m} - \frac{\dot{L}_a}{L_a} \right) + \frac{1}{\alpha} \left(\frac{\dot{A}_a}{A_a} - \varepsilon \frac{\dot{L}_a}{L_a} \right) \right) \quad (1-4)$$

経済全体の技術変化率 $\dot{A}/A$ と労働増加率 $\dot{L}/L$（＝人口成長率）は以下のように計算される．

$$\frac{\dot{A}}{A} = \frac{\theta^{1-\varepsilon} \dot{A}_m}{A} + \frac{(1-\theta)^{1-\varepsilon} \dot{A}_a}{A} = \frac{\theta^{1-\varepsilon} A_m}{A} \frac{\dot{A}_m}{A_m} + \frac{(1-\theta)^{1-\varepsilon} A_a}{A} \frac{\dot{A}_a}{A_a} \equiv \alpha \frac{\dot{A}_m}{A_m} + \beta \frac{\dot{A}_a}{A_a}$$

$$\frac{\dot{L}}{L} = \frac{\dot{L}_m}{L} + \frac{\dot{L}_a}{L} = \frac{L_m}{L} \frac{\dot{L}_m}{L_m} + \frac{L_a}{L} \frac{\dot{L}_a}{L_a} = \frac{\theta L}{L} \frac{\dot{L}_m}{L_m} + \frac{(1-\theta) L}{L} \frac{\dot{L}_a}{L_a} = \theta \frac{\dot{L}_m}{L_m} + (1-\theta) \frac{\dot{L}_a}{L_a}$$
$$(1-5)$$

ただし，$\alpha + \beta \equiv [\theta^{1-\varepsilon} \cdot A_m]/A + [(1-\theta)^{1-\varepsilon} \cdot A_a]/A = [A_m \theta^{1-\varepsilon} + A_a (1-\theta)^{1-\varepsilon}]/A = 1$ である．式（1-4）より，経済全体の 1 人当たり GDP の成長可能性は以下の式によって判別される．

$$\frac{\dot{y}}{y} \gtrless 0 \; \Leftrightarrow \; \frac{\dot{A}}{A} \gtrless \varepsilon \frac{\dot{L}}{L} \; \Leftrightarrow \; \frac{\dot{A}_m}{A_m} \gtrless \frac{\dot{A}_a}{A_a} + \frac{\theta}{\alpha} \varepsilon \left(\frac{\dot{L}_m}{L_m} - \frac{\dot{L}_a}{L_a} \right) - \frac{1}{\alpha} \left(\frac{\dot{A}_a}{A_a} - \varepsilon \frac{\dot{L}_a}{L_a} \right) \; (\alpha > \theta)$$
$$(1-6)$$

2） マルサス的均衡（マルサス的停滞）

19世紀までの世界的なマルサス的停滞経済の特徴は，GDP と人口が変動しながら，1 人当たり GDP 水準はまったく変わらないことである．Kremer (1993) と Aghion and Howitt (2009) はマルサス的停滞経済を以下の理論モデルで示している[4]．Kremer (1993) は人口成長率を 1 人当たり GDP の増加関数とするモデルを考案し，Aghion and Howitt (2009) はそのモデルをさらに簡略化し，マルサス的停滞経済を式（1-7）のように表現している．式（1-3）を考慮し，$n(=\dot{L}/L)$を人口成長率とすれば，人口成長率と 1 人当たり GDP の関係は $n=n(y)=n(AL^{-\varepsilon})$と式（1-7）で示される．図 2-1-1 の $n(y)$ 曲線は式[5]（1-7）を図示したものである．

$$n'(y)>0 ; \; n'(0)=n^{min}<0 ; \; n'(\infty)=n^{max}>0 ; \qquad (1-7)$$

式（1-7）の右の 2 つの式は「1 人当たり GDP 水準が低くなりゼロに近づくと，人口成長率はある負の値（$n^{min}<0$）に収斂し，1 人当たり GDP 水準が無限に大きくなると，人口成長率はある正の境界値（$n^{max}>0$）に収束する」ことを意味する．図 2-1-1 の $n(y)$ 曲線はそれを反映している．マルサス的均衡は $n(y^*)=0$ で示される．式（1-3）を考慮すれば，マルサス的均衡における 1 人当たり GDP は $y^*=A(L^*)^{-\varepsilon}$（図 2-1-1）のように求められる．

マルサス的停滞経済の技術水準を A_1 とし，産業革命以降の技術水準を，A_2, A_3 とすれば[6]，式（1-6），式（1-7）[7]，図 2-1 を用いれば，マルサス的均衡が動学的な意味で安定的であることを確認できる[8]．技術水準が A_1 である限り，マルサス的均衡における 1 人当たり GDP 水準（y^*）は変わらず，均衡は安定的であることがわかる．このような「安定的」なマルサス的均衡は「マルサスの罠」ともいわれている．Maddison (2006) は歴史的統計（Maddison Historical Statistics：MHS）を用いて，紀元から産業革命までの約1800年において，世界の 1 人当たり GDP 水準がほとんど変わらなかったことを示している．

3） 歴史的技術変化を伴うマルサスモデル

マルサス的均衡（マルサス的停滞）から脱出する方法の 1 つは技術変化である．Kremer (1993)，Jones (1999)，Pomeranz (2000)，Galor and Weil (2000)，Hansen and Prescott(2002)，Acemoglu *et.al*(2005)，Clark(2007)，Galor and Mountford (2006；2008)，Galor (2005；2011) は産業革命前後に起きた経済史的技術

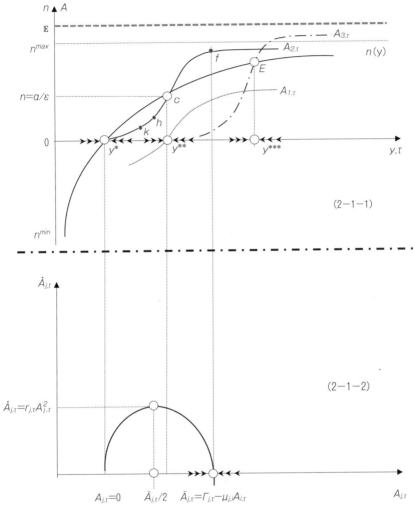

図2-1　歴史的技術変化を伴うマルサスモデル（MMHTC）

（注）　1）「大分岐Ⅰ」及び「大分岐Ⅱ」は $A_{1,\tau}$ から $A_{2,\tau}$ へ，$A_{2,\tau}$ から $A_{3,\tau}+A_{2,\tau}$ へという技術周期更新（歴史的技術変化）によって達成される．2）「大分岐Ⅰ」均衡と「大分岐Ⅱ」均衡はそれぞれ y^{**} と y^{***} で表される．

（出所）　筆者作成．

変化を背景に，様々な角度から産業革命後のマルサス的停滞から現代成長への成長経路「転換」とその起因を解明している．Pomeranz（2000）と Clark（2007）は世界経済史の視点から，Maddsion（2006）の歴史的統計や経済史料を用いて，産業革命後の経済成長経路「転換」を世界経済史における「大分岐（The Great Divergence)」として捉え，Kremer（1993）らはその「大分岐」(以下では「大分岐Ⅰ」とする）を理論モデル（主に経済成長論）で解析している．

　Jones（1999）や Aghion and Howitt（2009），Galor and Weil（2000）の分析は1980年代から始まった内生的成長論（Endogenous Growth Theory）を理論背景に，知識蓄積による収穫逓増的成長の可能性を示唆するものである．しかし，この考え方では21世紀に起きた「世界的限界経済成長性逓減」現象，すなわち「大分岐Ⅱ」を説明できない．2回の「大分岐」を整合的に説明できるように，本章は「大分岐Ⅰ」と「大分岐Ⅱ」をもたらす起因を歴史的技術変化（Historical Technological Changes）とし，歴史的技術変化を伴うマルサスモデル（MMHTC）を用いて，2回の「大分岐」を包括的に考える「世界的経済循環」を理論的に説明する．

　20世紀1950年代から Griliches（1957）と Mansfield（1961）は既にロジスティック的成長（または技術変化）の考え方を農業開発と企業間技術拡散の分析に適用している．Kindleberger（1996）はロジスティック的な国家周期（National Cycle）を想定しながら，国家周期と経済覇権（Economic Primacy）の動学的関係を政治経済学的に分析している．一方，Chen（2014）はロジスティック的成長関数をモデル基礎とするロトカ・ヴォルテラ的競争（Lotka-Volterra Competition：LVC）モデルを応用した「代謝成長論（Metabolic Growth Theory)」を考案した．本章は Aghion and Howitt（2009）のマルサス的停滞モデルと Chen（2014）の LVC型技術競争による技術周期更新モデルを理論的背景としながら，マルサス的停滞から現代成長，そして現代成長から定常状態へという2回の「大分岐」の理論的側面を，以下で展開する歴史的技術変化を伴うマルサスモデル（MMHTC）で示す．MMHTC における技術変化（ロジスティック技術周期）は以下の式（1-8）で示される．MMHTC は図2-1と式（1-6)〜式（1-8）によって表される．

$$\frac{dA_{j,\tau}}{d\tau} \equiv \dot{A}_{j,\tau} = f(A_{j,\tau}) = r_{j,\tau} A_{j,\tau}(\Gamma_{j,\tau} - \mu_{ji} A_{i,\tau} - A_{j,\tau}) \equiv r_{j,\tau} A_{j,\tau}(\tilde{A}_{j,\tau} - A_{j,\tau}) \quad (j \neq i)$$

$$(1-8)$$

$\Gamma_{j,\tau}$ は LVC モデルの環境収容力に相当するが，後に説明するように，MMHTC では $\Gamma_{j,\tau}$ を制約されたときの最高技術水準としている[15]．$A_{j,\tau}$ と $A_{i,\tau}$ はそれぞれ τ 期における技術水準 j と技術水準 i を表し，$\dot{A}_{j,\tau}(\equiv dA_{j,\tau}/d\tau)$ は $A_{j,\tau}$ の時間微分である．$r_{j,\tau}$ は外生的技術成長率，$\mu_{ji}(0<\mu_{ji}<1)$ は技術 i の技術 j に対する影響力（代替率）を表す[16]．式（1-8）はロジスティック的微分方程式であり，$r_{j,\tau}$ が上昇するとともに $\dot{A}_{j,\tau}$ は大きくなる一方，$\dot{A}_{j,\tau}$ は自分の大きさにも制約されることを意味する．なお，$\dot{A}_{j,\tau}$ と $A_{j,\tau}$ は凹関数（Concave Function）的関係（図2-1-2）である．$\dot{A}_{j,\tau}$ と $r_{j,\tau}$，$A_{j,\tau}$ の関係は式（1-9）によって整理される．

$$\dot{A}_{j,\tau}=\frac{r_{j,\tau}(1-\varphi)}{\varphi}(\varphi\tilde{A}_{j,\tau})^2\equiv\frac{r_{j,\tau}(1-\varphi)}{\varphi}A_{j,\tau}^2=\zeta(r_{j,\tau},\ \varphi,\ \tilde{A}_{j,\tau}) \qquad (1-9)$$

式（1-9）より，$A_{j,\tau}$ の変化率 $a_{j,\tau}$ は以下のように求められる．

$$a_{j,\tau}\equiv\frac{\dot{A}_{j,\tau}}{A_{j,\tau}}=\frac{r_{j,\tau}(1-\varphi)}{\varphi}\varphi\tilde{A}_{j,\tau}\equiv\omega A_{j,\tau} \qquad (1-10)$$

$a_{j,\tau}$ も $r_{j,\tau}$，φ と $\tilde{A}_{j,\tau}$ に依存している．以上をまとめて，以下の命題が得られる[17]．

命題1 $\dot{A}_{j,\tau}$ は $r_{j,\tau}$ が上昇するとともに大きくなる一方，自分の大きさ（$A_{j,\tau}=\varphi\tilde{A}_{j,\tau}$；$0\le\varphi\le1$）にも制約される．$\varphi=0$ 及び $\varphi=1$ において，$A_{j,\tau}$ は定常状態（$\dot{A}_{j,\tau}=0$）となり，$\varphi=0.5$（$A_{j,\tau}=\tilde{A}_{j,\tau}/2$）では，$\dot{A}_{j,\tau}$ は最大となる．

図2-1-1で示されているように，MMHTC では「大分岐 I」は y^* から y^{**} へのシフトによって達成されるものとし，それをもたらすのは歴史的技術変化（$A_{1,\tau}$ から $A_{2,\tau}$ への変化）[18]であるとしている[19]．一方，MMHTC では $A_{1,\tau}$ から $A_{2,\tau}$ への変化（歴史的技術変化＝技術周期更新）はロトカ・ヴォルテラ的競争（LVC）の結果として考えている[20]．$i=1$，$j=2$ とし，「競争的排除則(The Principle of Competitive Exclusion)」を考慮すれば，式（1-8）を式（1-11）のように表すことができる[21]．

$$\frac{\dot{A}_{1,\tau}}{A_{1,\tau}}=r_{1,\tau}(\Gamma_{1,\tau}-\mu_{12}A_{2,\tau}-A_{1,\tau})\approx r_{1,\tau}(\Gamma_{1,\tau}-\mu_{12}\Gamma_{2,\tau})\ (A_{1,\tau}\approx0\ ;\ A_{2,\tau}\approx\Gamma_{2,\tau})$$

$$\frac{\dot{A}_{2,\tau}}{A_{2,\tau}}=r_{2,\tau}\ (\Gamma_{2,\tau}-\mu_{21}A_{1,\tau}-A_{2,\tau})\approx r_{2,\tau}(\Gamma_{2,\tau}-\mu_{21}\Gamma_{1,\tau})\ (A_{2,\tau}\approx0\ ;\ A_{1,\tau}\approx\Gamma_{1,\tau})$$

$$(1-11)$$

　競争的排除則によれば，ある種 (例えば，技術 $A_{2,\tau}$) が自分にとって最も不利
な競争環境 ($A_{2,\tau}\approx 0$; $A_{1,\tau}\approx\Gamma_{1,\tau}$) の中でも勝ち抜ける ($\dot{A}_{2,\tau}/A_{2,\tau}>0$) なら，その種 (技
術 $A_{2,\tau}$) はその競争の勝者となる．LVC では「生存型競争」($\dot{A}_{1,\tau}/A_{1,\tau}\leq 0$, $\dot{A}_{2,\tau}/A_{2,\tau}>$
0) と「共存型競争」($\dot{A}_{1,\tau}/A_{1,\tau}>0$, $\dot{A}_{2,\tau}/A_{2,\tau}>0$) がある[22]．技術更新は一般的に技
術代替により達成されると考えられている[23]．よって，MMHTC はこれらの考
え方と同様に，「大分岐Ⅰ」をもたらす歴史的技術変化 (技術周期更新) は「生
存型競争」(完全代替型競争) による技術代替によって達成されるものと考える[24]．
競争的排除則を適用し，LVC に従う式（1-11）において，$A_{1,\tau}$ を伝統技術 (＝
旧技術周期)，$A_{2,\tau}$ を近代工業技術 (＝新技術周期) とし，且つ，$\dot{A}_{1,\tau}/A_{1,\tau}\leq 0$, $\dot{A}_{2,\tau}/$
$A_{2,\tau}>0$ とすれば，$A_{2,\tau}$ は LVC 型技術競争から「勝ち抜いた」ときの新技術 (＝
近代工業技術) となり，伝統技術 $A_{1,\tau}$ は近代工業技術 $A_{2,\tau}$ によって完全に代替さ
れる．MMHTC では「大分岐Ⅰ」はこのような完全な技術代替，すなわち歴
史的技術変化 (技術周期更新) によってもたらされるものと考える．$j=2$ とす
る式（1-8）を解くと，近代工業技術 $A_{2,\tau}$ は以下のように求められる[25]．

$$A_{2,\tau}=\frac{A_{2,0}(\Gamma_{2,\tau}-\mu_{21}A_{1,\tau})}{A_{2,0}+(\Gamma_{2,\tau}-\mu_{21}A_{1,\tau}-A_{2,0})e^{-r_{2,\tau}\tau}}\equiv\frac{\tilde{A}_{2,\tau}}{1+(\tilde{A}_{2,\tau}/A_{2,0}-1)e^{-r_{2,\tau}\tau}} \tag{1-12}$$

マルサス的停滞時代，　マルサス的停滞から現代成長への「転換」期(「大分岐Ⅰ」)，
そして現代成長から定常状態への「転換」期 (「大分岐Ⅱ」) の時間表記をそれぞ
れ $\tau=t$, $\tau=t+1$ と $\tau=t+2$ とし，それぞれの時代の技術水準 (技術周期) 及び
経済関連変数の水準の表記を $j=1,2,3$ とする．解はロジスティック関数であ
り，以下の式（1-13）のように，時間とともに $A_{2,t+1}$ は $\tilde{A}_{2,t+1}$ に収束していく
が，「生存型競争」(LVC 型技術競争) がもたらす競争均衡は $\tilde{A}_{2,t+1}=A_{2,t+1}^{*}=\Gamma_{2,t+1}$
となり，均衡は動学的な意味で安定的である[26]．モデル構造的に，$A_{2,t+1}^{*}$ は LVC
モデルの環境収容力，代謝成長モデルの「有効資源制約」に相当するが，式（1-
13）のように，$A_{2,t+1}^{*}$ の定義はこれらのモデルとまったく異なっている．

$$\lim_{\tau\to\infty}A_{2,t+1}=A_{2,t+1}^{*}=\Gamma_{2,t+1}=\delta_{2,t+1}\mathbb{E}=\left(\left(1-\sum_{z=1,\tau=t-\lambda}^{\gamma+1,t+1}\eta_{z,\tau}\right)-\sum_{q=3,\tau=t+1}^{\zeta-2,t+T}\delta_{q,\tau}\right)\mathbb{E} \tag{1-13}$$

$A_{2,t+1}^{*}=\Gamma_{2,t+1}$ は「生存型競争」(LVC 型技術競争) から「勝ち抜いた」$\tau=t+1$ 期

における新技術の最高水準を意味するが, 同時に地球資源にも制約されている.²⁷⁾
地球資源制約は以下の式で表される.

$$\left(\delta_{1,t}+\delta_{2,t+1}\cdots+\delta_{\zeta,t+T}+\eta_{1,t-\lambda}+\cdots+\eta_{\gamma,t}\right)\mathbb{E}=\left(\sum_{q=1,\tau=t}^{\zeta,t+T}\delta_{q,\tau}+\sum_{z=1,\tau=t-\lambda}^{\gamma,t}\eta_{z,\tau}\right)\mathbb{E}\equiv\mathbb{E}$$

（1-14）

ここで, $\mathbb{E}$ は地球規模の環境収容力（知識や人的資本と物的資源を含め利用可能な地球的資源の総量；以下では地球的資源とする）を表し, $\delta_{j,\tau}$ はその「使用率」または「発見率」を表す. $\tilde{A}_{j,\tau}=A_{j,\tau}^{*}$ は地球的資源を「利用」または「発見」すること $(\delta_{j,\tau}\mathbb{E})$ によって達成されるものとする. よって, $\delta_{j,\tau}$ を大きくするほど, $A_{j,\tau}$ は「勝ち抜く」新技術 $(A_{j,\tau}^{*})$ となる可能性が高くなる. 一方, $\eta_{z,\tau}$ は「淘汰」（代替）された旧技術に関わる経済活動に「使用」されていた地球的資源の「使用率」, すなわち地球的資源の「償却率」を表す. よって, $\tau=t$ 期における利用可能な地球的資源は $(\sum_{q=1,\tau=t}^{\zeta,t+T}\delta_{q,\tau})\mathbb{E}=(1-\sum_{z=1,\tau=t-\lambda}^{\gamma,t}\eta_{z,\tau})\mathbb{E}$ となる（式 (1-14)）. 但し, $(\sum_{q=1,\tau=t}^{\zeta,t+T}\delta_{q,\tau})\mathbb{E}$ は t 期から $t+T$ 期までの利用可能な地球的資源を表し, $(\sum_{z=1,\tau=t-\lambda}^{\gamma,t}\eta_{z,\tau})\mathbb{E}$ は $t-\lambda$ 期から t 期までに「淘汰」された旧技術に関わる地球的資源の「償却」分を表す. $A_{2,t+1}^{*}$ は地球的資源を「利用」（「発見」）することによって達成されると考えているため, 「大分岐 I」をもたらした歴史的技術変化（技術周期更新）後の地球的資源の制約は式 (1-13) の通りとなる. すなわち, $\tau=t+1$ において, $\delta_{1,\tau}\mathbb{E}=\eta_{\gamma+1,t+1}\mathbb{E}$ となるため, $\gamma+1$ は「淘汰」された $A_{1,\tau=t+1}$ を含む旧技術に使われていた地球的資源の「償却」分 $(\sum_{z=1,\tau=t-\lambda}^{\gamma+1,t+1}\eta_{z,\tau})\mathbb{E}=(\sum_{z=1,\tau=t-\lambda}^{\gamma,t}\eta_{z,\tau}+\eta_{\gamma+1,t+1})\mathbb{E}$ を表し, $\zeta-2$ は $A_{2,t+1}^{*}$ をもたらすための新たな地球的資源の「使用」分と「償却」分 $(\sum_{q=3,\tau=t+1}^{\zeta-2,t+T}\delta_{q,\tau})\mathbb{E}=(\sum_{q=1,\tau=t}^{\zeta,t+T}\delta_{q,\tau}-\delta_{2,t+1}-\delta_{1,t})\mathbb{E}$ を表す. 式 (1-14) のように, どの段階の歴史的技術変化も「使用率」（「発見率」）及び「償却率」と地球的資源に制約される. 各段階における新技術は地球的資源の「使用」または「発見」によって達成されるがゆえに, 新たな技術（技術周期）がもたらされるほど, 利用可能な地球的資源は少なくなり, よって, 歴史的技術変化を新たな経済成長源とする長期的限界経済成長率は逓減する. 21 世紀以降に現れる「大分岐 II」後の「世界的限界経済成長性逓減」は正にそのことを立証しているように思われる.

$A_{2,t+1}^{*}$ は $\tau=t+1$ 期における制約された最高技術水準であり, 伝統技術 $A_{1,t+1}$ を代替した結果であるが, その結果をもたらすには, さらに以下の条件式が成

立していることが必要である[29].

$$\Gamma_{2,t+1}>\frac{\Gamma_{1,t+1}}{\mu_{12}}>\mu_{21}\Gamma_{1,t+1} \quad \Leftrightarrow \quad \delta_{2,t+1}>\frac{\delta_{1,t+1}}{\mu_{12}}>\mu_{21}\delta_{1,t+1}\ (\delta_{1,t}<\delta_{2,t+1}\cdots<\delta_{\zeta,t+T})$$

$$(1\text{--}15)$$

　式（1–15）は，新技術（＝近代工業技術）が伝統技術を代替するには，新技術に対する「発見率」が伝統技術の「使用率」を上回る，即ち，$\delta_{2,t+1}>\delta_{1,t+1}/\mu_{12}$ $>\mu_{21}\delta_{1,t+1}$ でなければ達成できないことを意味する[30]. よって，新技術に対する「発見率」が上がれば，最大の新技術水準 $A^*_{2,t+1}$ も高くなる（$\partial A^*_{2,t+1}/\partial \delta_{2,t+1}>0$）. しかしその一方，式（1–13）と式（1–14）で示されているように，$A^*_{2,t+1}$ は地球的資源に制約されているため，Jones（1999）らの分析のように，知識蓄積による収穫逓増的経済成長はできない[31]. よって，式（1–13）～式（1–15）は，伝統技術を代替し近代工業技術を生み出す（技術革新する）には，より多くの地球的資源を「発見」し「利用」しなければ達成できず，技術周期が更新されるほど，利用可能な地球的資源は少なくなることを示唆する. 以上を整理すると，以下の命題が得られる.

命題2　$A^*_{2,t+1}$ は歴史的技術変化により達成された制約されたときの最高技術水準（式（1–13））であり，新たな技術周期をもたらすには，より多くの地球的資源を「利用」しなければ達成できず（式（1–15）），技術周期が更新されるほど，地球的資源は少なくなる（式（1–14））.

　以上の議論を踏まえ，式（1–6）～式（1–8）を考慮し，式（1–16）と図2–1を用いれば，マルサス的停滞から現代成長へ，そして現代成長から定常状態へという紀元後の世界経済における2回の大きな成長経路「転換」，すなわち「大分岐 I」及び「大分岐 II」を理論的に解明できる. 式（1–16）は $\tau=t+1$ 及び $j=2$ とする歴史的技術変化（式（1–8）～式（1–15））を伴うマルサスモデル（式（1–6）と式（1–7））における1人当たり GDP の成長可能性を示し，MMHTC を集約している.

$$\frac{\dot{y}_{j,\tau}}{y_{j,\tau}} \begin{cases} & A_{j,\tau}<a_{j,\tau}<n_{j,\tau}<a_{j,\tau}/\varepsilon \quad \omega>1 \\ >0 & A_{j,\tau}=a_{j,\tau}<n_{j,\tau}<a_{j,\tau}/\varepsilon \quad \omega=1 \\ & a_{j,\tau}<A_{j,\tau}<n_{j,\tau}<a_{j,\tau}/\varepsilon \quad \omega<1 \\ =0 & a_{j,\tau}<A_{j,\tau}=a_{j,\tau}/\varepsilon=n_{j,\tau} \quad \omega=\varepsilon \\ <0 & a_{j,\tau}<a_{j,\tau}/\varepsilon<n_{j,\tau}<A_{j,\tau} \quad \omega<1 \end{cases} \tag{1-16}$$

2 MMHTC による「世界的経済循環」の理論的考察

本章第1節では,「大分岐Ⅰ」及び「大分岐Ⅱ」は歴史的技術変化によって達成され,歴史的技術変化はロジスティック的技術周期更新($A_{1,t+1}$から$A_{2,t+1}$へ及び$A_{2,t+2}$から$A_{3,t+2}+A_{2,t+2}$へのシフト)によってもたらされるとする歴史的技術変化を伴うマルサスモデル(MMHTC)を理論展開している.MMHTC では歴史的技術変化は LVC モデルにおける「生存型競争」(完全代替型技術競争),「共存型競争」(補完型技術競争)によって達成されると考える.歴史的技術変化をもたらす経済史的起因を照らし合わせれば,「大分岐Ⅰ」は「生存型競争」による技術周期更新がもたらすものであり,「大分岐Ⅱ」は「共存型競争」による技術周期更新がもたらすものであると考えられる.この節では MMHTC を用いて,2回の「大分岐」を包括的に考える「世界的経済循環」を理論的に考察し,「大分岐Ⅰ」と「大分岐Ⅱ」をもたらす歴史的技術変化の経済史的起因について検討する.

1) 歴史的技術変化と大分岐Ⅰ

本章第1節の2)で示した通り,マルサス的停滞時代における技術水準(技術周期)が19世紀の産業革命以降の技術水準(技術周期)よりも低く$A_{1,t}$であれば,経済はマルサス停滞に陥り($a_{1,t}<a_{1,t}/\varepsilon<n_{1,t}$),マルサス的均衡($y^*$)はマルサス的安定性を満たすマルサスの罠となる.

一方,本章第1節の3)で示されているように,19世紀産業革命以降の歴史的技術変化(技術周期更新)は「生存型競争」(完全代替型技術競争)の結果として,$A_{1,t+1}$から$A_{2,t+1}$へのシフトとして達成されるとするならば,$j=1,2$とする式(1-16)及び図2-1-1で示されるように,1人当たり GDP の長期均衡はマルサ

表2-1 式（1-16）の数値例

$A_{2,\tau} \leq a_{2,\tau} < n_{2,\tau} < a_{2,\tau}/\varepsilon$	$a_{2,\tau} < A_{2,\tau} \leq n_{2,\tau} \leq a_{2,\tau}/\varepsilon$		$a_{2,\tau} < a_{2,\tau}/\varepsilon < n_{2,\tau} < A_{2,\tau}$
①	②	③	④
$\varepsilon = 0.33$	$\varepsilon = 0.45$	$\varepsilon = 0.33$	$\varepsilon = 0.33$
$a_{2,t+1} \leq 0.01$	$0.01 < a_{2,t+1} \leq 0.02$	$0.01 < a_{2,t+1} \leq 0.015$	$0 \leq a_{2,t+1} < 0.01$
$\varphi \leq 0.33$	$0.33 < \varphi \leq 0.5$	$0.5 < \varphi \leq 0.6$	$0.6 < \varphi \leq 1$
$\omega \geq 1$	$r_{2,t+1} \leq \omega < 1$	$\varepsilon \leq \omega < r_{2,t+1} < 1$	$0 \leq \omega < r_{2,t+1}$

（注） 1）①～③は，$y_{2,t+1} \leq y^{**}(y_{2,t+1}/y_{2,t+1} \geq 0 \Leftrightarrow a_{2,t+1} \leq n_{2,t+1} \leq a_{2,t+1}/\varepsilon)$ 領域であり，④は $y_{2,t+1} > y^{**}(y_{2,t+1}/y_{2,t+1}$ $< 0 \Leftrightarrow a_{2,t+1} \leq a_{2,t+1}/\varepsilon \leq n_{2,t+1})$ 領域である（図2-1-1）．

2）①は $A_{2,t+1} \leq a_{2,t+1}$ 領域であり，②は $a_{2,t+1} < A_{2,t+1}$，且つ，$\omega \leq r_{2,t+1}(\varphi \leq 0.5)$ 領域である．③は $a_{2,t+1} < A_{2,t+1}$ $\leq n_{2,t+1} \leq a_{2,t+1}/\varepsilon$ 領域である．一方，④は $a_{2,t+1} < a_{2,t+1}/\varepsilon < n_{2,t+1} < A_{2,t+1}$ であり，図2-1-1のロジスティッ ク技術曲線 $A_{2,\tau}$ における $\varphi = 1$ を満たす点は $a_{2,t+1} = 0$ となる．

3）$r_{2,t+1} = 0.5$ として設定している．

（出所）筆者作成.

ス的均衡 (y^*) から新たな均衡 (y^{**}) に移り変わる．y^{**} は「大分岐Ⅰ」がもた らす新たな長期均衡（以下では「大分岐Ⅰ」均衡とする）となり，均衡は動学的な 意味で安定的である．なお，MMHTCはロジスティック的技術周期を想定し ているため，「大分岐Ⅰ」均衡の安定性が満たされるため，式（1-6）と図2- 1を同時に成立させる必要がある．そのため，ロジスティック的技術周期曲線 $A_{2,\tau}$（図2-1-1）において，3つの変曲点の存在が必要である．**表2-1**は式（1- 16）と図2-1における諸変数とパラメーターの関係について，一定の条件（ε と $a_{2,t+1}$ の許容範囲等）が満たされれば，3つの変曲点（**図2-1-1**の $A_{2,\tau}$ における k 点，h 点と f 点）が存在することを数値例で示している．これらの性質は「大分 岐Ⅱ」均衡の分析にも適用される．

　以上を整理すると，以下の命題が得られる．

命題3 歴史的技術変化（ロジスティック的技術周期曲線 $A_{1,t+1}$ から $A_{2,t+1}$ へのシフト） により達成された「大分岐Ⅰ」均衡 (y^{**}) は動学的な意味で安定的である（式 （1-16））．なお，一定の条件が満たされれば，「大分岐Ⅰ」均衡の安定性を満 たす条件として，式（1-16）と図2-1を同時に成立させるための，ロジスティッ ク的技術周期曲線 $A_{2,\tau}$ における3つの変曲点（k 点，h 点及び f 点）が存在する ことがわかる．すなわち，$a_{2,t+1}$ と $A_{2,t+1}$ の小大関係が変わる変曲点（$\omega = 1$），$a_{2,t+1}$ が極大から方向性が変わる変曲点（$\omega = r_{2,t+1}$）及び，$a_{2,t+1}$ が $a_{2,t+1} = 0$ に変わる

変曲点（$\varphi = 1$）である.

　以上を踏まえ，以下では「大分岐Ⅰ」及び「大分岐Ⅱ」をもたらす歴史的技術変化の経済史的起因を理論的に検討してみる．前述のように，MMHTCでは歴史的技術変化（技術周期更新）は「生存型競争」の結果（「大分岐Ⅰ」）と「共存型競争」の結果（「大分岐Ⅱ」）として定義しているが，それぞれの経済史的起因については以下のように考えることができる.

　マルサス的停滞から現代成長への成長経路「転換」，すなわち，「大分岐Ⅰ」をもたらすものとして，産業革命後の経済史的技術変化が挙げられる．Aghion and Howitt（2009）はその経済史的技術変化の起因の1つとして，製造業部門（近代工業部門）における正の利潤をもたらすような技術の出現を指摘している．Hansen and Prescott（2002）も資本集約部門（近代工業部門）の生産技術（ソロー型生産技術）が主導となったとき，「大分岐Ⅰ」がもたらされる可能性を示唆している．一方，Rondo and Neal（2002）は産業革命の前提条件は科学技術進歩であるが，17世紀末から功利主義目的（Utilitarian Purposes）のために科学技術が開発され利用されていたことを指摘した．Aghion and Howitt（2009），Hansen and Prescott（2002）と Rondo and Neal（2002）を参照しながら，「大分岐Ⅰ」をもたらす歴史的技術変化の経済史的起因を考察してみる．$\Pi_2 (= Y_2 - w_1^* L_2)$ を製造業部門（＝近代工業部門）の利潤（＝経済的利益）とし，$\pi_2 \equiv \Pi_2 / L_2$ を製造業部門における1人当たり利潤とする．土地の収益を無視すれば（Galor and Weil, 2000），マルサス的均衡における農業部門（＝伝統産業部門）の賃金は農業部門の平均生産性に等しくなる（$w_1^* = A_1 L_1^{-\varepsilon}$）．$t+1$ における製造業部門の1人当たり利潤は以下のように表すことができる.

$$\pi_{2,t+1} \equiv \Pi_{2,t+1} / L_{2,t+1} = A_{2,t+1} L_{2,t+1}^{-\varepsilon} - w_{1,t+1}^* = A_{2,t+1} L_{2,t+1}^{-\varepsilon} - A_{1,t+1} L_{1,t+1}^{-\varepsilon}$$

$$(2-1)$$

　製造業部門の1人当たり利潤が正となるには，以下の条件を成立させる必要がある.

$$\pi_{2,t+1} > 0 \quad \Leftrightarrow \quad \frac{A_{2,t+1}}{A_{1,t+1}} > \left(\frac{L_{2,t+1}}{L_{1,t+1}}\right)^{\varepsilon} \qquad (2-2)$$

式（2-2）を時間微分すれば，以下の式（2-3）が得られる.

$$\frac{\dot{\pi}_{2,t+1}}{\pi_{2,t+1}} > 0 \quad \Leftrightarrow \quad \frac{\dot{A}_{2,t+1}}{A_{2,t+1}} > \frac{\dot{A}_{1,t+1}}{A_{1,t+1}} + \varepsilon\left(\frac{\dot{L}_{2,t+1}}{L_{2,t+1}} - \frac{\dot{L}_{1,t+1}}{L_{1,t+1}}\right) \qquad (2-3)$$

　式（2-3）は製造業部門（近代工業部門）の技術水準が農業部門（伝統産業部門）よりも高く，さらに近代工業化（「大分岐Ⅰ」）により増えてくる製造業部門の労働人口を解消できる水準以上に成長しなければ，製造業部門（近代工業部門）における正の利潤（経済的利益）は発生しないことを意味する．式（2-3）が成立すれば，式（1-6）における1人当たりGDPの成長可能性（$\dot{y}_{2,t+1}/y_{2,t+1} > 0$）も満たされる．よって，「大分岐Ⅰ」をもたらす歴史的技術変化の大きな起因は19世紀以降の近代工業化を本格化させた「利潤動機」または「利益追求（Profit Seeking）」であると考えられる（Toffler, 1981 ; North, 1981 ; Rondo and Neal, 2002）．一方，製造業部門と農業部門の技術水準を $A_{2,t+1} = \delta_{2,t+1}\mathbb{E}$，$A_{1,t+1} = \delta_{1,t+1}\mathbb{E}$ とすれば，式（2-3）と式（1-6）の関係は以下のようになる．

$$\frac{\dot{\delta}_{2,t+1}}{\delta_{2,t+1}} > \frac{\dot{\delta}_{1,t+1}}{\delta_{1,t+1}} + \varepsilon\left(\frac{\dot{L}_{2,t+1}}{L_{2,t+1}} - \frac{\dot{L}_{1,t+1}}{L_{1,t+1}}\right)$$

$$\Rightarrow \quad \frac{\dot{\delta}_{2,t+1}}{\delta_{2,t+1}} > \frac{\dot{\delta}_{1,t+1}}{\delta_{1,t+1}} + \frac{\theta}{\alpha}\varepsilon\left(\frac{\dot{L}_{2,t+1}}{L_{2,t+1}} - \frac{\dot{L}_{1,t+1}}{L_{1,t+1}}\right) - \frac{1}{\alpha}\frac{\ddot{y}_{1,t+1}}{y_{1,t+1}} \quad (\alpha > \theta) \qquad (2-4)$$

　式（2-4）は正に19世紀の産業革命以降の近代工業化を成し遂げ，マルサス的停滞から現代成長への「転換」（「大分岐Ⅰ」）をうまく成功させた国々の構図を表している．Toffler（1981）とNorth（1981）は経済史的技術変化をそれぞれ「第2の波」と「第2次経済革命」と呼んでいるが，Toffler（1981）は1700年代から1960年代までに起きた「第2次産業革命」と重なる「第2の波」は革命的に工業社会による農業社会の完全代替をもたらし，その変革はときには戦争を伴い非常に激しいものであったと指摘している．MMHTCは「大分岐Ⅰ」をもたらす歴史的技術変化を「生存型競争」による「完全代替型」の技術周期[36]更新とするのも，そのような経済史的背景を考慮したからである．

2）　歴史的技術変化と大分岐Ⅱ

　歴史的技術変化が世界史における産業革命と深く関わっていることはいうまでもない．[37]Toffler（1981）がいう「第2の波」は「第2次産業革命」までの「完全代替型」の経済史的技術進歩を指すものだと思われるが，蒸気機関や鉄道，電力と機械といった近代技術の導入により大規模な工業生産が可能となるとと

もに，地球的資源を消耗するほど世界経済成長を促すものである（Toffler, 1981 :
Chap. 2）．一方，20世紀1960年代から始まったデジタル革命（Digital Revolution）
は，「第 3 の波」（「第 3 次産業革命」）としてのコンピュータ技術の開発，そして
その上に形成されている21世紀の AI 技術（「第 4 次産業革命」）といった画期的
な技術進歩をもたらし，これまでの経済社会システムを根底から変えようとし
ている（Schwab, 2017）．

　「第 3 の波」以降の歴史的技術変化の特徴は，技術変化の連続性と地球的資
源に対する更なる制約である．「大分岐 I 」では「生存型競争」に基づく「完
全代替型」の歴史的技術変化が可能であったのに対し，「大分岐 II 」において
は世界規模の経済成長が進むがゆえに，むしろそうした技術変化はさらに地球
的資源に制約を与えるという意味で，技術変化（技術周期更新）は「生存型競争」
だけでは限界を迎えるとともに「共存型競争」へ移行せざるを得ないという状
況になっている．よって，「大分岐 II 」をもたらす歴史的技術変化は「共存型
競争」（補完型技術競争）による技術周期更新であると考えるのはより自然であ
ろう．「大分岐 II 」をもたらす歴史的技術変化（技術周期更新）は「共存型競争」
によって達成されるとした場合，以下の式が満たされることが必要である．

$$\mu < \frac{\delta_{3,\,t+2}}{\delta_{2,\,t+2}} < \frac{1}{\mu} \tag{2-5a}$$

$$(A^*_{2,\,t+2},\ A^*_{3,\,t+2}) = \left(\frac{\Gamma_{2,\,t+2} - \mu\Gamma_{3,\,t+2}}{1-\mu^2},\ \frac{\Gamma_{3,\,t+2} - \mu\Gamma_{2,\,t+2}}{1-\mu^2} \right) \tag{2-5b}$$

　ただし，$j = 3$ は「第 3 波」以降の技術水準（技術周期）を表す．式（2-5a）
は LVC 型競争における「共存型競争」の条件（$\dot{A}_{2,\,t+3}/A_{2,\,t+3} > 0$ 及び $\dot{A}_{3+\rho,\,t+3}/A_{3+\rho,\,t+3} > 0$）を満たすものであり，式（2-5b）は「共存型競争」における競争均衡で
ある．均衡は動学的な意味で安定的である．[38]「大分岐 II 」をもたらす歴史的技
術変化（技術周期更新）後の地球的資源の制約は式（2-6）の通りとなる．

$$A^*_{2,\,t+2} + A^*_{3,\,t+2} = \left(\frac{\delta_{2,\,t+2} + \delta_{\rho+3,\,t+2}}{1+\mu} \right) \mathbb{E} = \left(\frac{1 - \sum_{z=1,\,\tau=t-\lambda}^{\gamma+1+\sigma,\,t+1} \eta_{z,\tau} - \sum_{q=4,\,\tau=t+2}^{\zeta-\rho-3,\,\tau+T} \delta_{q,\tau}}{1+\mu} \right) \mathbb{E}$$

$$\tag{2-6}$$

　「大分岐 II 」まで，Chen（2014）がいうように，「小波」な技術周期更新が何
度も繰り返されていることを前提とすれば，式（2-6）における ρ と σ（$\rho =$

σ) はそれぞれ「大分岐Ⅱ」に至るまでの,「小波」な技術周期更新のための地球的資源に対する「使用」分と「償却」分を表す. 式（2-6）のように, 地球的資源を「償却」した分の再生利用が限られている以上,「第3の波」または「第4次産業革命」のような新たな技術開発が成功したとしても, 地球的資源を増やすことはできない. すなわち, 式（2-6）のように, 地球的資源制約を緩和するには,「使用済み」の資源 $(\sum_{z=1,\tau=t-\lambda}^{y+1+a,t+1}\eta_{z,\tau})$ 𝔼を再生利用できるようにし, その再生利用を可能にする技術開発のため,「未使用」の資源 $(\sum_{q=4,\tau=t+2}^{\zeta-\rho-3,\tau+T}\delta_{q,\tau})$ 𝔼をさらに「使用」するしかない. 地球的資源に上限があるとすれば, 本章第1節の3）で説明したように, 技術進歩が進められるほど, 地球的資源に対する制約は厳しくなる. 図2-1-1はこのことを図示している.

一方, 式（2-7）で示されるように,「共存型競争」は地球的資源を有効利用するという意味において, 競争がない場合に比べて節約的であり $(\delta_2+\delta_{\rho+3}/1+\mu<\delta_2+\delta_{\rho+3})$,「生存型競争」に比べて均衡における技術水準は高くなる $(\delta_{\rho+3}<\delta_2+\delta_{\rho+3}/1+\mu)$.

$$\delta_{\rho+3,t+2}<\frac{\delta_{2,t+2}+\delta_{\rho+3,t+2}}{1+\mu}<\delta_{2,t+2}+\delta_{\rho+3,t+2}\quad(\delta_{2,t+2}\approx\delta_{\rho+3,t+2}\,;\,\delta_{\rho+3,t+2}\geqq\mu)$$

$$（2-7）$$

3）　MMHTC による「世界的経済循環」の理論的考察

MMHTC による「世界的経済循環」の理論的考察を行う. 式（1-6）は式（2-8）のように簡略化できる.

$$\frac{\dot{y}_{t+1}}{y_{t+1}}=\begin{cases}\beta\left(\dfrac{\dot{A}_{1,t+1}}{A_{1,t+1}}-\dfrac{1-\theta}{\beta}\varepsilon\dfrac{\dot{L}_{1,t+1}}{L_{1,t+1}}\right)\equiv g_a\ (\dot{A}_{2,t+1}=\dot{L}_{2,t+1}=0)\\[2mm]\alpha\left(\dfrac{\dot{A}_{2,t+1}}{A_{2,t+1}}-\dfrac{\theta}{\alpha}\varepsilon\dfrac{\dot{L}_{2,t+1}}{L_{2,t+1}}\right)\equiv g_m\ (\dot{A}_{1,t+1}=\dot{L}_{1,t+1}=0)\\[2mm]\beta\left(\dfrac{\dot{A}_{1,t+1}}{A_{1,t+1}}-\dfrac{\varepsilon}{\beta}\left(\theta\dfrac{\dot{L}_{2,t+1}}{L_{2,t+1}}+(1-\theta)\dfrac{\dot{L}_{1,t+1}}{L_{1,t+1}}\right)\right)\equiv g_{aa}\ (\dot{A}_{2,t+1}=0)\\[2mm]\alpha\left(\dfrac{\dot{A}_{2,t+1}}{A_{2,t+1}}-\dfrac{\varepsilon}{\alpha}\left(\theta\dfrac{\dot{L}_{2,t+1}}{L_{2,t+1}}+(1-\theta)\dfrac{\dot{L}_{1,t+1}}{L_{1,t+1}}\right)\right)\equiv g_{mm}\ (\dot{A}_{1,t+1}=0)\\[2mm]\alpha\left(\left(\dfrac{\dot{A}_{2,t+1}}{A_{2,t+1}}-\dfrac{\dot{A}_{1,t+1}}{A_{1,t+1}}\right)-\dfrac{\theta}{\alpha}\varepsilon\left(\dfrac{\dot{L}_{2,t+1}}{L_{2,t+1}}-\dfrac{\dot{L}_{1,t+1}}{L_{1,t+1}}\right)+\dfrac{1}{\alpha}\left(\dfrac{\dot{A}_{1,t+1}}{A_{1,t+1}}-\varepsilon\dfrac{\dot{L}_{1,t+1}}{L_{1,t+1}}\right)\right)\equiv g\end{cases}$$

$$（2-8）$$

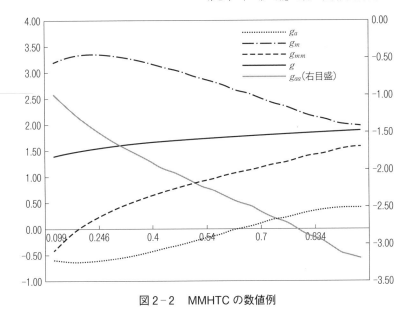

図 2-2　MMHTC の数値例

(注)　縦軸は 1 人当たり GDP 成長率，横軸は人口変動を示す θ の値である．変数の計算値は次のように設定している．$\dot{A}_m/A_m$＝ 6 ％，$\dot{A}_a/A_a$＝4.5％，$\dot{L}_m/L_m$＝ 8 ％，$\dot{L}_a/L_a$＝ 5 ％，A_a＝10，ε＝0.5 である．一方，A_m の計算値ついては，モデルの性質により，それぞれ A_m＝15（g_a と g_{aa}）と A_m＝45（g_m と g_{mm}）のように設定している．

(出所)　筆者作成．

式（2-8）は歴史的技術変化（「完全代替型」技術周期更新）の状況により，19世紀以降の世界各国を農業小国，工業小国，農業大国と工業大国に分類している．g_a と g_m は農業小国（人口の少ない農業特化国）と工業小国（人口の少ない工業特化国）を表し，g_{aa} と g_{mm} は農業大国（人口の多い農業特化国）と工業大国（人口の多い工業特化国）を表す．MMHTC に従っていえば，g_m と g_{mm} は歴史的技術変化を成功させた国々（$\dot{A}_{2,t+1}/A_{2,t+1} > 0$）であり，$g_a$ と g_{aa} は歴史的技術変化に遅れた国々（$\dot{A}_{2,t+1}/A_{2,t+1} = 0$）である．$g$ は19世紀以降の世界経済全体を表している．図2-2は式（2-8）を数値例として図示している．

　$A_{2,t+1}$ を近代工業技術，$L_{2,t+1}$ を近代工業部門における熟練労働の代理変数とすれば，近代工業化（「大分岐Ⅰ」）と 1 人当たり GDP 成長の関係を数値例で示すことができる．図2-2において，g_m と g_{mm} は近代工業化を成功させた国々であり，g_a と g_{aa} は近代工業化に遅れた国々である．工業小国（g_m）と工業大国

（g_{mm}）は近代工業化の成功により，正の1人当たり GDP 成長を達成できることが示されている．一方，農業小国（g_a）は伝統技術を維持しながら，熟練労働（例えば，手工業者）が大幅に増えなければ，正の1人当たり GDP 成長を達成できず，人口の多い農業大国（g_{aa}）は巨大な人口を緩和できる近代工業技術がないため，正の1人当たり GDP 成長が全く実現できないことが示されている．

　図2-2と式（2-8）を大航海時代以降の世界的経済変遷に当て嵌めれば，大航海時代のポルトガル，スペインとオランダは工業小国（g_m）に当たり，19世紀以降のイギリスとアメリカは工業大国（g_{mm}）である（本書第1章第1節の2）を参照）．一方，図2-2と式（2-8）を歴史的中国経済周期における各時代の中国に当て嵌めれば，1950年代以前の中国は農業大国（g_{aa}）であり，20世紀1980年代以降の中国は工業大国（g_{mm}）であることがわかる（本書第1章第2節の1）を参照）．1950年までの中国は本質的に土地と労働を主要な生産投入とする農業経済を経済基盤とする農業大国であったため，工業利潤をもたらすような歴史的技術変化が現れなかったがゆえに（$\dot{A}_{2,t+1}/A_{2,t+1} = 0$），1950年代までの中国はマルサス的停滞から脱することはできなかった．しかし，1950年以降の中国の土地改革，教育と（国家主導）工業化といった長期的政治経済政策は，2000年以上続いた農業大国を工業大国に変化させ，本書第1章で示されているように，中国は1950～1978年において「大分岐Ⅰ」均衡を達成し，1978～2008年には「大分岐Ⅱ」均衡を迎えている．

お わ り に

　第1章では主に経済史的角度から，世界的経済循環と歴史的中国経済周期の関係として，中国「一帯一路」を読み解いてきた．本章では視点を理論面に転じ，歴史的技術変化を伴うマルサスモデル（MMHTC）を用いて，この「世界的経済循環」そのものを分析し，「世界的経済循環論」を構築してきた．本章の主な結論は以下の通りである．

　第1に，「世界的経済循環」における2回の成長経路「大転換」，すなわち「大分岐Ⅰ」及び「大分岐Ⅱ」は歴史的技術変化によって達成され，歴史的技術変化はロジスティック的技術周期更新によってもたらされることが理論的に示された．歴史的技術変化をもたらす経済史的起因を照らし合わせれば，「大分岐Ⅰ」と「大分岐Ⅱ」はそれぞれ LVC モデルにおける「生存型競争」と「共存

型競争」による技術周期更新がもたらすものであると考えられ，歴史的技術変化によって達成された「大分岐 I 」均衡及び「大分岐 II 」均衡は動学的な意味で安定的である．

　第 2 に，歴史的技術変化は地球的資源に制約されているがゆえに，技術周期が更新されるほど，利用可能な地球的資源は少なくなり，よって，歴史的技術変化を新たな経済成長の源泉とする長期的限界経済成長率は逓減する．21世紀以降に現れる「大分岐 II 」後の「世界的限界経済成長性逓減」はそのことを立証しているように思われる．第 3 に，MMHTC による「世界的経済循環」の理論的考察として，15世紀以降の世界的経済変遷において，大航海時代のポルトガル，スペインとオランダは工業小国に当たり，19世紀以降のイギリスとアメリカは工業大国であることが理論的に示された．一方，1950年代以前の中国は農業大国であったのに対し，20世紀1980年代以降の中国は工業大国であることも理論的に明らかになった．

　以上，世界経済の循環と共存型競争へと至るフェーズ変化，また世界経済における各国の役割変化を注視することなくしては，中国「一帯一路」の性格を的確に把握することは難しいだろうと思われる．

　付記　本章の作成に当たり，京都産業大学世界問題研究所の中谷真憲教授，同研究所の藤本興子さんから有益なコメントを頂き，ここに記して感謝を申し上げる．有り得べき誤りに対する責任はすべて筆者にある．

注
1 ）　西村（2012：第 1 章）を参照．
2 ）　「マルサス的停滞」と「現代成長」の定義については Galor（2011）を参照．それに関する歴史的統計は Maddison（2006）を参照．
3 ）　Hansen and Prescott（2002）は，X_a よりも X_m の方が弾力性は高いと仮定しているが，これらの仮定は本章のモデルの本質に影響を与えないため，ここでは改めてこのような仮定を行わない．
4 ）　Miller and Upton（1986）はより詳細にマルサス的停滞経済を数理的に示しているが，マルサスモデルの説得力については懐疑的である．
5 ）　Aghion and Howitt（2009：Figure 10. 1）を参照．
6 ）　MMHTC はロジスティック的技術周期を想定している．**図 2 - 1 - 1** のロジスティック曲線 $A_1 \sim A_3$ はそれぞれの段階のロジスティック的技術周期を描いている．ロジス

ティック的技術周期については本章第1節の3）で詳しく説明する.

7） 図2-1-1は基本モデル（式（1-6）～式（1-8））を図で示したものであり，図2-1-2はロジスティック技術周期（式（1-8））を図示したものである.

8） 詳しくは岑（2021）を参照.

9） 「経済史的技術変化」とは19世紀産業革命以降，最初に起きた世界的に大きな技術進歩のことである．North（1981）と Toffler（1981）はそれを「第2次経済革命（Second Economic Revolution）」と「第2の波（The Second Wave）」と呼んでいる.

10） 内生的経済成長論については，Aghion and Howitt（1997）を参照.

11） 歴史的技術変化とは MMHTC で定義した LVC 型技術競争がもたらす技術周期更新のことである．注13）を参照.

12） LVC モデルについては Haberman（1977）と Gotelli（2008：Chap. 5）を参照.

13） Chen（2014）は技術変化も生態的な変動と同様に，ロジスティックな「技術生命周期（Technology Life Cycle）」（幼稚 → 成長 → 飽和 → 衰退）があり，「技術生命周期」（以下では技術周期とする）の「衰退」（技術周期の移り変わり＝技術周期の更新，以下では技術周期更新とする）は LVC 型技術競争によってもたらされ，技術周期更新により経済は代謝的に成長していく（代謝的成長）と説明している．MMHTC は Chen（2014）がいう技術周期更新を歴史的技術変化としながら，技術周期は式（1-8）のようなロジスティック関数（LVC モデル）で表され，技術周期更新（技術代替）は LVC モデルにおける「生存的競争」または「共存型競争」の「技術競争」の結果として定義し，歴史的技術変化がもたらす2回の大分岐（大分岐Ⅰ及び大分岐Ⅱ）を理論モデルで示している．「生存的競争」と「共存型競争」については注16）と Gotelli（2008）を参照.

14） Aghion and Howitt（2009）は式（1-6）と同様な判別式，すなわち，$\dot{y}/y = \dot{A}/A - \varepsilon n\,(y)$ を用いて，収穫逓増成長の可能性を含め，内生的技術変化によるマルサス的停滞からの脱出（「大分岐Ⅰ」）を内生的成長論の枠組で解説している．これに対し，MMHTC は技術変化をロジスティックな技術周期更新（歴史的技術変化）として定義した上，「大分岐Ⅰ」及び「大分岐Ⅱ」は歴史的技術変化によってもたらされると考える．なお，技術周期更新は式（1-8）～式（1-15）で示し，理論モデル体系は式（1-6）～式（1-16）によってまとめられる.

15） 後に示されるように，この設定により，MMHTC は LVC モデルや代謝成長モデルと異なる.

16） LVC モデルでは，r_{jt} を内的自然増加率（intrinsic growth rate）とし，μ_{ji} を競争係数（competition coefficient）と呼んでいる（Gotelli, 2008）．μ_{ji} について，Gotelli（2008）はさらに細かく解説している．例えば，$\mu_{ji} = 0$，$\mu_{ij} = 1\,(j \neq i)$ であれば，競争は「完全代替型」競争（i は j によって完全に代替される）となり，$\mu_{ji} = \mu_{ij}$ であれば，競争は「安定的共存型（stable coexistence）」競争となる．一方，$\mu_{ji} > 1$ であれば，種間競争（interspecific competition）が支配的であり，$\mu_{ji} < 1$ であれば，種内競争（intras-

pecific competition）が支配的となる．本章は，「完全代替型」競争を「生存型競争」
とし，「安定的共存型」競争を「共存型競争」とする．Chen（2014）は技術周期更新
を「共存型競争」の結果として考えているが，MMHTC は歴史的技術変化（技術周期
更新）を「生存型競争」の結果（「大分岐Ⅰ」）ならびに「共存型競争」の結果（「大分
岐Ⅱ」）として定義する．その経済史的起因については本章第2節で説明する．

17）　命題1の証明については，岑（2021）を参照．

18）　歴史的技術変化は図2-1-1におけるロジスティック技術周期曲線のシフト，すな
わち $A_{1,\tau}$ から $A_{2,\tau}$ へ（$A_{2,\tau}$ から $A_{3,\tau}+A_{2,\tau}$ へ）のシフトによって示される．Griliches（1957）
と Mansfield（1961）も同様なグラフ（ロジスティックな技術変化）を19世紀〜20世
紀半ばの経済データで示している．

19）　「大分岐Ⅱ」についても同様に考えられる．すなわち，「大分岐Ⅱ」は y^{**} から y^{***}
へのシフトによって達成され，それをもたらすものは新たな歴史的技術変化（$A_{2,\tau}$ か
ら $A_{3,\tau}+A_{2,\tau}$ への変化）である．

20）　注16）を参照．

21）　Gotelli（2008 : Chap. 5）を参照．

22）　注16），Gotelli（2008）の Chap. 5 及び Table 5.1を参照．

23）　技術更新は技術代替によって達成されるという考え方として，Schumpeter（1942）
の「創造的破壊（Creative Destruction）」が挙げられる．Aghion and Howitt（1997 :
Chap. 2）や Barro and Sala-I-Martin（2004 : Chap. 7）は内生的技術変化が技術代替に
よって達成されることを Schumpeterian Models（独占的競争モデル）で示している．

24）　ここでいう「生存型競争」は Schumpeterian Models（独占的競争モデル）のような
経済的競争ではなく，LVC 型技術競争＝「生態的」な技術代替のことを意味する．一
方，「大分岐Ⅱ」をもたらす歴史的技術変化は技術変化の継続性や地球的資源制約等に
より補完型競争としての「共存型競争」によるものと考え，「共存型競争」では独占的
競争の要素が含まれている．

25）　部分分数分解法を用いれば，式（1-8）を簡単に解ける．詳しくは Haberman（1977）
を参照．

26）　Gotelli（2008 : Figure 5.6）を参照．

27）　ロジスティック関数の性質により，「生存型競争」均衡 $\bar{A}_{2,t+1}=A_{2,t+1}^{*}$ は $A_{2,t+1}$ の最大境
界値となる．

28）　Christianet *et al.*（2013 : Chap. 13）は1980年代において「地球的資源」が一度限界
的な状態に達したと指摘している．

29）　新技術 $A_{2,t+1}$ が伝統技術 $A_{1,t+1}$ を代替しうる条件として，$\Gamma_{1,t+1}<\mu_{12}\Gamma_{2,t+1}$（$\delta_{1,t+1}<\mu_{12}$
$\delta_{2,t+1}$）及び $\Gamma_{2,t+1}>\mu_{21}\Gamma_{1,t+1}$（$\delta_{2,t+1}>\mu_{21}\delta_{1,t+1}$）が満たされることである．この条件を整理
すれば，式（1-15）が得られる．Gotelli（2008 : Chap. 5）を参照．

30）　$0<\mu_{12}$, $\mu_{21}<1$, $\mu_{12}>\mu_{21}$（例えば，$\delta_{1,\tau}=0.3$, $\mu_{12}=0.9$, $\mu_{21}=0.7$）とすれば，式（1-
15）の条件式は $\delta_{2,\tau}>0.33>0.21$ となる．式（1-15）を Schumpeterian Models（独占

的競争モデル）に適用して考えることもできる．例えば，μ_{ji} を技術競争率とし，δ_{jt} を技術開発の関係費用比率とすれば，μ_{12} が高いほど，$A_{2,\tau}$ の開発費用が相対的に安くなり，$A_{2,\tau}$ は市場を支配しやすくなる．一方，μ_{21} が高ければ，$A_{2,\tau}$ が市場を支配するのにより高い開発費用が必要となるため，競争は激しくなる．MMHTC では技術競争による技術更新は $\delta_{1,t}<\delta_{2,t+1}<\cdots\delta_{\zeta,t+T}$ を意味するので，式（1-14）を考慮すれば，技術競争が激しくなるほど，利用可能な地球的資源が少なくなる．

31）　式（1-13）と式（1-14）より，歴史的技術変化に基づく経済成長は地球的資源に制約されることがわかり，以下のことが示唆される．エコな生産技術や省エネな生産技術が「発見」または「利用」されたとしても，既に破壊されている地球環境を完全に修復することはできず，現在のオゾン層の破壊状態は，19世紀の産業革命期における環境汚染とまったく関係がないとはいえないであろう．資源制約がある場合の内生的（持続的）経済成長可能性について，Aghion and Howitt（1997：Chap. 5）も言及している．

32）　注9）を参照．

33）　本章第1節の2）以降の分析に合わせるため，第1節の1）における製造業部門と農業部門の表記を改め，$m=2$ と $a=1$ とする．

34）　Aghion and Howitt（2009）は製造業部門の生産関数及び利潤を $Y_2=A_2L_2$，$\Pi_2=Y_2-w_1^*L_2$ としながら，近代工業化をもたらす経済史的起因は近代工業部門の正の利潤をもたらすような技術の出現である．すなわち，$A_2>w_1^*$ が満たされることである．ただし，A_2 は内生的技術変化として考えている．

35）　$\Pi_1=Y_1-\phi_1X_1-w_1L_1$ を農業部門の「利潤」とする．ただし，$Y_1=A_1X_1^\varepsilon L_1^{1-\varepsilon}$ である（式（1-2）），利潤最大化の1階条件より，$\phi_1=\partial Y_1/\partial X_1=\varepsilon\,(Y_1/X_1)$，$w_1=\partial Y_1/\partial L_1=(1-\varepsilon)\,(Y_1/L_1)$ が得られる．土地の収益を無視すれば，すなわち，$\varepsilon=\phi_1\,(X_1/Y_1)=0$ とすれば，$w_1=Y_1/L_1=A_1L_1^{-\varepsilon}$ となる．

36）　注22）を参照．

37）　Schwab（2017）は18世紀から始まった産業革命は4回あることを示している．すなわち，1760〜1840年の「第1次産業革命」，19世紀後半〜20世紀前半の「第2次産業革命」，1960年代〜21世紀の「第3次産業革命」と21世紀以降の「第4次産業革命」である．

38）　Gotelli（2008：Figure 5. 7）を参照．

参考文献

Acemoglu, Daron, Simon Johnson, and James Robinson（2005）"The Rise of Europe : Atlantic Trade, Institutional Change, and Economic Growth," *American Economic Review* 95（3），pp. 546–579.

Aghion, Philippe and Peter Howitt（1997）*Endogenous Growth Theory*, The MIT Press.

Aghion, Philippe and Peter Howitt（2009）*The Economics of Growth*, The MIT Press.

Barro, Robert J. and Xavier I. Sala-I-Martin（2004）*Economic Growth（second edition）*, The MIT Press.

Chen, Ping（2014）"Metabolic Growth Theory : Market-Share Competition, Learning Uncertainty, and Technology Wavelets," *Journal of Evolutionary Economics*, 24, pp. 239–262.

Christian, David, Cynthia Stokes Brown, and Craig Benjamin（2013）*Big History*, HSSL.

Clark, Gregory（2007）*A Farewell to Alms : A Brief Economic History of the World*, Princeton Press（G. クラーク『10万年の世界経済史（上, 下）』久保恵美子訳, 日経BP, 2009）.

Galor, Oded（2005）"From Stagnation to Growth : Unified Growth Theory," In Aghion, Philippe and Steven N. Durlauf（eds.）, *Handbook of Economic Growth*, Amsterdam : North-Holland, pp. 171–293.

Galor, Oded（2011）*Unified Growth Theory*, Princeton University Press.

Galor, Oded（2012）"The Demographic Transition : Causes and Consequences," *Cliometrica* 6（1）, pp. 1–28.

Galor, Oded and Omer Moav（2000）"From Physical to Human Capital Accumulation : Inequality and the Process of Development," *The Review of Economic Studies*, 71（4）, pp. 1001–1026.

Galor, Oded and Omer Moav（2002）"Natural Selection and the Origin of Economic Growth," *The Quarterly Journal of Economics*, 117（4）, pp. 1133–1191.

Galor, Oded and David N. Weil（2000）"Population, Technology, and Growth : From Malthusian Stagnation to the Demographic Transition and Beyond," *American Economic Review*, 90（4）, pp. 806–828.

Galor, Oded and Andrew Mountford（2006）"Trade and the Great Divergence : The Family Connection," *American Economic Review*, 96（2）, pp. 299–303.

Galor, Oded and Andrew Mountford（2008）"Trading Population for Productivity : Theory and Evidence," *The Review of Economic Studies*, 75（4）, pp. 1143–1179.

Griliches, Zvi（1957）"Hybrid Corn : An Exploration in the Economics of Technological Change," *Econometrica* 25（4）, pp. 501–522.

Gotelli, Nicholas J.（2008）*A Primer of Ecology*, Sinauer.

Haberman,Richard（1977）*Mathematical Models :Mechanical Vibrations, Population Dynamics, and Traffic Flow : An Introduction to Applied Mathematics*, Prentice Hall.

Hansen, Gary D. and Edward C. Prescott（2002）"Malthus to Solow," *American Economic Review* 92（4）, pp. 1205–1217.

Jones, Charles I.（1999）"Was an Industrial Revolution Inevitable? Economic Growth Over the Very Long Run," NBER Working Paper No. 7375.

Kindleberger, Charles P.（1996）*World Economic Primacy : 1500–1990*, Oxford University Press.

Kremer, Michael（1993）"Population Growth and Technological Change : One Million B.C. to 1990," *The Quarterly Journal of Economics*, 108（3）, pp. 681-716.

Maddison, Angus（2006）*The World Economy*（Volume 1 and Volume 2）, OECD.

Malthus, Tomas R.（1798）*An Essay on the Principle of population*, W. Pickering.

Mansfield, Edwin（1961）"Technical Change and the Rate of Imitation," *Econometrica*, 29（4）, pp. 741-766.

McNeill, William H.（1980）*A World History*, Oxford University Press.

Miller, Merton H. H. and Charles W. Upton（1986）*Macroeconomics : A Neoclassical Introduction*, University of Chicago Press.

North, Douglass C.（1981）*Structure and Change in Economic History*, W. W. Norton & Co Inc.

Pomeranz, Kenneth（2000）*The Great Divergence*, Princeton University Press.（K. ポメランツ『大分岐』川北稔監訳，名古屋大学出版会，2015）.

Rondo, Cameron and Larry Neal（2002）*A Concise Economic History of the World : From Paleolithic Times to the Present*, Oxford University Press.

Schumpeter, Joseph A.（1942）*Capitalism, Socialism, and Democracy*, Harper and Brothers.

Schwab, Klaus（2017）*The fourth industrial revolution*, Currency.

Toffler, Alvin（1981）*The Third Wave*, Pan Books.

Warsh, David（2007）*Knowledge and the Wealth of Nations : A Story of Economic Discovery*, W. W. Norton & Co Inc.

岑智偉（2021）「『世界的経済循環』再考：MMHTC による理論的考察」『京都産業大学世界問題研究所紀要』36.

西村和雄（2012）『経済数学早わかり』日本評論社.

福田慎一（2018）『21世紀の長期停滞論』平凡社.

（2021年 7 月25日脱稿）

第3章
「一帯一路」沿線国間の二国間貿易及び
バリューチェーン貿易の変化

張　鵬飛・沈　玉良

は じ め に

　近年，国家間の貿易摩擦が激化し経済の不確実性が高まっている中，世界貿易取引総額は変動しながらも増加傾向を見せている（図3-1）．アジアは世界における貿易取引額の成長（以下，貿易成長）が最も大きい地域であり，2017年のアジアにおける貿易成長率は8.1％であった．EU も世界の中で最も経済活力のある自由貿易地域である．2017年の EU の輸出額は全世界総輸出の3分の1を占めている．一方，貿易規模を国別で見ると，2018年の世界における貿易規模の上位3カ国はそれぞれ中国，アメリカ，ドイツである（UNCTAD, 2019）．また，貿易の形態を見てみると，電子商取引（Electronic Commerce : EC）の成長は極めて早く，2016年の電子商取引の成長率は43.5％であった．電子商取引には B2B（Business to Business）と B2C（Business to Consumer）があるが，B2B による貿易取引量は B2C の6倍となっている．しかしその一方，近年では，アメリカをはじめ保護貿易主義とナショナリズムが台頭している．その中で進められている中米間の貿易交渉の焦点は市場経済に関わる制度上の問題や，知的財産所有権保護の問題といった短期的に解決されにくい問題であり，その貿易交渉は長期化する可能性がある．反グローバリズム（Anti-globalism）の傾向が今後も続けば，世界の貿易取引量が減少する可能性が考えられる．

　以上のような世界経済の現状を背景に，グローバル・バリューチェーン（Global Value Chain : GVC）[1] 貿易について見てみると，現在グローバル・バリューチェーン上で行われている貿易は世界貿易総額の3分の2を占めている（World Bank, 2017）．World Bank (2017) によると，アメリカ，アジア（中国，日本，韓国），欧州（特にドイツ）はグローバル・バリューチェーンの生産拠点となっているが，

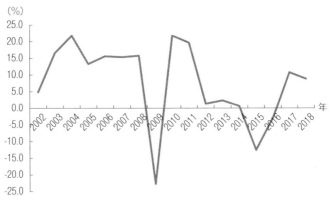

図3-1　世界貿易取引総額成長率の推移（2002-2018）

（出所）International Trade Centre（ITC）〈https：//www.trademap.org〉, 2019
年11月30日閲覧.

　発展途上国のほとんどはグローバル・バリューチェーンの生産とは無縁であ
り，地理的にグローバル・バリューチェーン生産拠点国と最も近い都市間の取
引が稀にあるが，多くの発展途上国は，グローバル・バリューチェーンに参加
していない．現在，発展途上国の多くは自国の賃金や資源賦存の面において比
較優位のある生産に傾斜しながら，グローバル・バリューチェーンにおける労
働集約型の生産を請け負っている．これらの国々の制度上の整備，対外開放地
域の拡大及び市場や物流に対する監督強化などの改善に伴って，グローバル・
バリューチェーンへの参加，そして高付加価値分野への進出も考えられる．
　グローバル・バリューチェーン貿易は反グローバリズムの影響を受けていな
がら，中国をはじめとする新興国による世界の自由貿易化の促進，「一帯一路」
構想による開放型世界経済の構築，さらに，デジタルなどに代表される新しい
技術がもたらす新たな貿易形態などにより，自由貿易またはグローバル・バ
リューチェーン貿易が一層発展していくと予想される．グローバル・バリュー
チェーン貿易は短期的には不確実性を伴うが，長期的には成長する産業となる
のであろう．本章は二国間貿易及びグローバル・バリューチェーン貿易という
視点から中国と「一帯一路」沿線国との貿易関係を考察する．

1　中国と「一帯一路」沿線国との貿易関係

　2013年に「一帯一路」構想が提唱されて以来，中国は世界貿易ルールの新たな変化に対応しながら，インフラ建設をはじめ，「一帯一路」沿線国との貿易関係を強化し，包括的，多面的，複合的な接続性を備えた貿易ネットワークの構築に努め，沿線国の経済成長，産業構造の変化と推進，新たな貿易形態であるグローバル・バリューチェーンの役割向上を促進してきた．「一帯一路」構想は沿線国の積極的な協力により急速に展開し，実り豊かな成果を収めた．中国商務部の銭克明副部長が記者会見で行った「『一帯一路』構想共同建設5年間の進捗状況と展望」と題する報告では，この5年間で中国と沿線国との貿易が拡大しつつ，「一帯一路」沿線国における25カ国が最大の取引先となったこと，「一帯一路」沿線地域では海外経済貿易協力地域を82カ所築いたこと，13カ国と自由貿易協定を結び5カ国と自由貿易協定をアップグレードしたことが明らかになった．

1）　中国対外貿易の歩み

　中国の対外貿易は5つの段階を経てきた．第1段階は改革開放政策の開始（1978年）から本格的な市場経済導入（1990年）までの期間である．この期間の中国の対外貿易は，国営貿易を主としながら，広東省と浙江省温州市が代表する民営企業が率先して国際市場に進出しはじめた．その中で，広東省は香港がもつ3つの優位性，すなわち貿易取引経験，港湾貿易インフラ及び簡易な貿易決済を利用し，ローエンド製品の生産分野に特化し国際市場への進出を図った．主にアジア四小龍から繊維産業を自国にシフトさせるという産業移転が行われた．第2段階は「社会主義市場経済」を前提とした本格的な市場経済（1990年）の導入からWTO加盟（2001年）に至るまでの期間である．この期間の特徴は，安い土地（中国特有の土地政策）や人件費というコスト面の比較優位，外資に対する優遇政策を利用し多くの外資系企業を誘致した上で加工貿易による製品輸出を行い，グローバル・バリューチェーンにおけるローエンド製品の世界シェアを獲得したことである．第3段階はWTO加盟（2001年）から金融危機（2008年）までの期間である．この期間の外資系企業は，中国での低コストな加工貿易および製品輸出という方針を維持しながら，ハイエンド製品も中国に移転し

始めた．外資系企業は電子製品を含めハイテク製品を中国で加工させながら，自動車などのハイエンド製品を大規模に中国市場で販売するようになった．この期間は，中国企業，特に民営企業の対外直接投資と海外貿易取引が中国経済をグローバル化に導く重要な役割を果たし，一部の中国企業はハイエンド製品の生産も目指し始めた．第4段階は2009年から2013年までの期間である．外資系企業は中国におけるハイエンド産業の規模をさらに拡大していった．同時に，人件費の上昇により，外資系企業と民営企業はローエンド産業を東南アジアに移転し始めた．中国国内企業の輸出構造はハイエンドへと変化していき，電気機械及び電子製品などは中国の輸出製品の重要な部分になった．第5段階は「一帯一路」構想が提唱（2013年）されてから現在に至るまでの期間である．「一帯一路」構想の展開は世界の多極化，経済のグローバル化，文化の多様化，社会の情報化という時代の潮流に応え，開放的な地域協力精神を持ち，世界の自由貿易システムと開放型世界経済を維持することに努めている．政策の疎通，施設の連結，貿易の円滑化，資金融通，民心との通じ合いを通して，「一帯一路」構想は関係国との経済，貿易関係を促進しながら，2013年から現在まで，関係国に対するインフラ投資の加速と二国間貿易円滑化対策の推進により，中国と「一帯一路」沿線関係国との貿易関係の更なる発展を目指している．

2） 中国と「一帯一路」沿線国との貿易状況

　これまでの経済グローバル化において，多くの「一帯一路」沿線国は国際分業への参加は積極的ではなかったが，中国は国内市場のニーズもあり，はじめからグローバル経済に積極的に関わり，それによって中国産業の一部を徐々にハイエンド産業へと導いた．これらを背景に，「一帯一路」構想は国際貿易を通して多くの沿線国をより速くグローバル経済に組み入れた．インフラの整備，中国企業の対外直接投資の増加とともに，中国は貿易と対外直接投資という両輪を駆使し，先進国を含めたより多くの国々をグローバル経済に参加するように促した．産業内貿易や企業間貿易などの様々な貿易形態及び国際的電子商取引といった新たな取引方法も生まれた．その状況の中で，中国は双方向直接投資と貿易において多くの国々との補完的関係，そして新しいサプライチェーン貿易が「一帯一路」沿線国の間で形成されつつある．以下ではITC（International Trade Centre）データを用いて，中国と「一帯一路」沿線国との貿易関係状況を輸出入面から見てみよう．

　輸出面から見てみると，中国の「一帯一路」沿線国であるベトナム，インドとロシアといった国々への輸出は年々増加し，これらの国々への輸出総額は2009年の2830億米ドルから2018年の7125億米ドルへと2.5倍に増加した．これにともない，これらの国への中国輸出額が占める割合も高くなり，2009年の23.5％から2018年の27.8％まで増加している．その中でも，とりわけベトナム，インド，タイをはじめとする東南アジアと南アジアの国々に対する輸出増加の速度が著しく速いといえる．2009年から2018年まで，中国のベトナム，タイ，ミャンマー，バングラデシュ，パキスタンに対する輸出は3倍も増加している．2013年（「一帯一路」構想が提唱された年）を変わり目の年とすれば，その前後の5年間における中国の沿線国への輸出水準（平均値）を時系列で比較してみると，レバノンやアゼルバイジャンなどの中欧および東欧の国を除けば，2013年以降の5年間では，「一帯一路」沿線国への輸出水準（平均値）は2013年以前の5年間よりもはるかに高くなったことが分かる．これは中国の「一帯一路」沿線国との貿易関係がより緊密になり，「一帯一路」構想の展開は中国の海外市場拡大を可能にすると共に，「一帯一路」沿線諸国にも経済成長に必要な製品を供給し，技術を提供していることを意味する．

　輸入面を見てみると，「一帯一路」沿線国での中国の輸入相手国は主にベトナム，マレーシアとロシアである．中国とこれらの国々とは産業構造上で高い補完関係にあり，輸入額も年々増えている．例えば，中国のベトナムからの輸入額は2009年の47.5億ドルから2018年の610.9億米ドルまで12倍も増加した．「一帯一路」沿線国との貿易について輸入額と輸出額を合わせて見ると，全体的には中国の貿易黒字が続いているが，これは中国の産業優位性及び，この地域におけるグローバル・バリューチェーン貿易においてハイエンド段階にある中国の優位性がもたらしたものだと思われる．しかし，将来的にかつての先進国と同様に，中国も「一帯一路」沿線国への産業シフトが行われ，それにより中国の貿易黒字も徐々に減っていくであろう．

　2016年以降，アメリカ政府の貿易政策が大幅に変更されたため，中米貿易の摩擦がもたらす不確実性が続いてきた．それにより中国と「一帯一路」沿線国との貿易関係も影響を受けている．まずは中国のサプライチェーン産業が「一帯一路」沿線国への移転を加速させた．このような移転はコスト面の考慮もあり，中米貿易摩擦の不確定性がさらに移転を促している．しかし，これは中国企業の対外直接投資，または産業構造とサプライチェーン構造に対する調整を

行う良い機会を与えている．中国企業に R&D 投資や商品開発に関する刺激を
与え，核となる競争力の形成を促進しているからである．この結果，中長期的
には，中国と「一帯一路」沿線国との貿易関係や対外直接投資がより活発化す
ることとなろう．

2　「一帯一路」沿線国のグローバル・バリューチェーン関与についての分析

　「一帯一路」沿線国の大半は発展途上国である．多くの発展途上国はまだグ
ローバル・バリューチェーンに参加していない．これらの国々は労働集約型産
業に集中しグローバル・バリューチェーンにおけるローエンド段階にあるた
め，輸出入の規模が大きいにもかかわらず，グローバル・バリューチェーンに
おける国際的地位が非常に低い．以下では Koopman et al.（2010）の測定方法
（詳細については本章末の付録を参照）と OECD-TIVA データベースを用いて，「一
帯一路」沿線国の GVC 参加度指数（GVC_Participation 指数：以下では GVCPc とす
る）と GVC 位置指数（GVC_Position 指数＝グローバル・バリューチェーンにおける中
間財の輸出入状況を示す指数：以下では GVCPs とする）を計算し中国と「一帯一路」
沿線国のグローバル・バリューチェーンの状況を測定してみる．以下の式（1）
と式（2）はそれぞれ GVC 参加度指数（GVCPc）と GVC 位置指数（GVCPs）の計
算式であり，IV_{ij}，FV_{ij} と E_{ij} はそれぞれ j 国 i 産業の中間財付加価値輸出額，
中間財付加価値輸入額と付加価値輸出額を表し，ln は自然対数を表す．GVCPc
の値が大きいほど，その国のグローバル・バリューチェーンへの参加度が高い
ことを意味する．一方，GVCPs ＞ 0 であれば，当該国の当該産業のグローバ
ル・バリューチェーンにおける川上（中間財の輸出国）に位置し，GVCPs ＜ 0 で
あれば，当該国の当該産業のグローバル・バリューチェーンにおける川下（中
間財の輸入国）に位置することを意味する．

$$\text{GVCPc} \equiv \text{GVC\_Participation 指数} = \frac{IV_{ij}}{E_{ij}} + \frac{FV_{ij}}{E_{ij}} \tag{1}$$

$$\text{GVCPs} \equiv \text{GVC\_Position 指数} = \ln\left(1 + \frac{IV_{ij}}{E_{ij}}\right) - \ln\left(1 + \frac{FV_{ij}}{E_{ij}}\right) \tag{2}$$

1）「一帯一路」沿線国のグローバル・バリューチェーンへの参加度（GVCPc）

2005年から2016年まで，ベトナム，ロシア，カンボジアなどの国々のGVC参加度を示すGVCPcは著しく増加していた．ベトナムは0.56から0.65 (1.2倍) に，ロシアは0.39から0.49 (1.3倍) に，カンボジアは0.39から0.42 (1.1倍) に増加した．2013年以降のこれらの国のGVCPcの増加はより顕著であった．これはグローバルな生産ネットワークの発達などによる影響も考えられるが，「一帯一路」構想の展開がこれらの国々のグローバル・バリューチェーンの参加度の向上を促したことも示唆する．これらに対し，インド，フィリピン，シンガポール，ギリシャなどの国々のGVCPcの変化が小さく，比較的，安定的であることが示されている．一方，イスラエル，カザフスタンなどの国々はグローバル・バリューチェーンへの参加度が徐々に低くなり，GVCPcの値が減少している．2008年の金融危機と近年の反グローバル化思想は，これらの国々のGVCPcの変動をもたらしていると思われる．

GVCPcの平均値を見てみれば，2005年から2016年までの12年間，GVCPcの平均値が0.6より大きい国はブルガリア，中国，チェコ共和国，ハンガリー，マレーシア，シンガポール，スロバキア，タイ，ベトナムなどである．その中で，中国のGVCPcの平均値は最も高い．中央アジアと中東のGVCPcの平均値は比較的低く，これらの国々はグローバル・バリューチェーンへの参加度が弱かったことを示している．中東欧諸国は，貿易の開放性，生産管理及び都市開発などの水準では一定の優位性を保有しているため，グローバル・バリューチェーンへの参加度も高い．中国を含め「一帯一路」沿線国のGVCPcを総合的に見れば高い水準であることが分かる．

2）「一帯一路」沿線国のグローバル・バリューチェーンにおける位置（GVCPs）

GVCPcは当該国のグローバル・バリューチェーンへの参加度を表せるものの，当該国の当該産業がグローバル・バリューチェーンにおいて川上（中間財の輸出国）または川下（中間財の輸入国）のどこにあるのかを示すことはできない．例えば，シンガポールのGVCPcの平均値は0.61であるが，GVCにおける位置を示すGVCPsの平均値は−0.18である．これはシンガポールのグローバル・バリューチェーンへの参加度が高いにもかかわらず，グローバル・バリューチェーンにおいては中間財の輸入国であることを意味する．この例から

表3-1 「一帯一路」沿線国の GVC 参加度指数（GVCPc）

国	2005年	2006年	2007年	2008年	2009年	2010年	2011年	2012年	2013年	2014年	2015年	2016年	平均値
ブルガリア	0.57	0.60	0.63	0.63	0.58	0.62	0.63	0.61	0.61	0.61	0.60	0.57	0.60
ブルネイ	0.22	0.22	0.20	0.23	0.21	0.21	0.24	0.26	0.26	0.22	0.16	0.19	0.22
中国	0.68	0.68	0.68	0.67	0.66	0.65	0.66	0.68	0.68	0.68	0.68	0.70	0.67
キプロス	0.46	0.45	0.46	0.48	0.48	0.45	0.43	0.43	0.43	0.45	0.45	0.39	0.45
チェコ共和国	0.60	0.61	0.62	0.61	0.59	0.61	0.62	0.62	0.62	0.62	0.61	0.60	0.61
エストニア	0.54	0.54	0.54	0.55	0.52	0.57	0.59	0.59	0.60	0.59	0.57	0.56	0.56
ギリシャ	0.45	0.47	0.47	0.42	0.44	0.51	0.51	0.55	0.55	0.51	0.50	0.47	0.49
クロアチア	0.46	0.47	0.47	0.46	0.44	0.46	0.45	0.45	0.45	0.44	0.45	0.44	0.45
ハンガリー	0.64	0.65	0.64	0.65	0.62	0.64	0.64	0.63	0.62	0.61	0.58	0.59	0.63
インドネシア	0.47	0.43	0.43	0.43	0.43	0.43	0.42	0.43	0.43	0.45	0.46	0.46	0.44
インド	0.55	0.54	0.54	0.55	0.56	0.56	0.56	0.56	0.55	0.54	0.51	0.50	0.54
イスラエル	0.44	0.44	0.42	0.43	0.40	0.41	0.40	0.39	0.38	0.38	0.37	0.35	0.40
カザフスタン	0.47	0.46	0.46	0.41	0.39	0.32	0.33	0.33	0.32	0.30	0.30	0.27	0.36
カンボジア	0.39	0.40	0.40	0.39	0.39	0.41	0.39	0.39	0.40	0.40	0.42	0.40	0.40
リトアニア	0.48	0.49	0.48	0.54	0.50	0.51	0.53	0.51	0.50	0.49	0.49	0.45	0.50
ラトビア	0.48	0.51	0.50	0.48	0.47	0.50	0.50	0.51	0.50	0.50	0.51	0.48	0.49
マレーシア	0.66	0.65	0.66	0.64	0.65	0.64	0.63	0.62	0.62	0.62	0.63	0.63	0.64
フィリピン	0.49	0.54	0.47	0.47	0.46	0.47	0.47	0.47	0.46	0.45	0.45	0.47	0.47
ポーランド	0.56	0.57	0.58	0.58	0.55	0.57	0.58	0.57	0.57	0.57	0.55	0.55	0.57
ルーマニア	0.52	0.51	0.49	0.46	0.46	0.50	0.53	0.55	0.56	0.56	0.50	0.50	0.51
ロシア	0.39	0.38	0.39	0.40	0.43	0.42	0.40	0.39	0.40	0.40	0.47	0.49	0.41
サウジアラビア	0.14	0.14	0.14	0.10	0.10	0.10	0.10	0.10	0.11	0.12	0.15	0.16	0.12
シンガポール	0.61	0.63	0.60	0.61	0.60	0.60	0.62	0.62	0.62	0.62	0.61	0.60	0.61
スロバキア	0.61	0.63	0.64	0.66	0.63	0.63	0.66	0.65	0.65	0.65	0.64	0.63	0.64
スロベニア	0.55	0.56	0.57	0.57	0.54	0.56	0.57	0.56	0.55	0.55	0.54	0.52	0.55
タイ	0.63	0.63	0.63	0.64	0.63	0.63	0.63	0.63	0.62	0.62	0.60	0.61	0.63
トルコ	0.51	0.53	0.54	0.56	0.55	0.55	0.53	0.55	0.53	0.53	0.53	0.53	0.54
ベトナム	0.56	0.57	0.59	0.60	0.59	0.61	0.62	0.62	0.63	0.63	0.66	0.65	0.61

（出所）　International Trade Centre（ITC）〈https：//www.trademap.org〉, 2019年11月30日閲覧.

　GVCPc と GVCPs には正の相関関係が見られず，GVCPc と GVCPs の両指標でその国のグローバル・バリューチェーンの関与状況を見ることが必要であることを示唆する．以下の**表3-2**は中国を含め「一帯一路」沿線国の各国のGVCPs の計算値を示している．

　2005年から2016年まで，GVCPs の平均値が0.1以上の国は中国，インドネシア，カザフスタン，ロシア，トルコである．その中で，中国，インドネシア，ロシアの GVCPs は上がっていたのに対し，カザフスタンとトルコの GVCPs は不安定であった．GVCPs の平均値が−0.1未満の国はシンガポール，マレーシア，ベトナム，スロベニア，スロバキア，リトアニア，カンボジア，ハンガリー，チェコ共和国である．しかし，シンガポール，マレーシア，カンボジアの GVCPs の値は上がっている．

　最後に，GVCPc と GVCPs を合わせて見てみると，カザフスタンといった

表3-2 「一帯一路」沿線国の GVC 位置指数（GVCPs）

国	2005年	2006年	2007年	2008年	2009年	2010年	2011年	2012年	2013年	2014年	2015年	2016年	平均値
ブルガリア	−0.06	−0.11	−0.13	−0.14	−0.05	−0.05	−0.09	−0.11	−0.12	−0.11	−0.10	−0.06	−0.09
ブルネイ	0.07	0.08	0.07	0.08	0.05	0.06	0.05	0.03	0.01	0.07	0.05	0.04	0.06
中国	0.11	0.12	0.14	0.16	0.20	0.18	0.17	0.19	0.20	0.21	0.25	0.27	0.18
キプロス	−0.01	−0.03	−0.03	−0.06	−0.03	−0.05	−0.04	−0.04	−0.07	−0.08	−0.09	−0.07	−0.05
チェコ共和国	−0.07	−0.08	−0.09	−0.07	−0.06	−0.10	−0.11	−0.13	−0.12	−0.14	−0.13	−0.12	−0.10
エストニア	−0.05	−0.05	−0.06	−0.07	−0.03	−0.09	−0.13	−0.14	−0.12	−0.11	−0.10	−0.10	−0.09
ギリシャ	0.05	0.03	0.00	0.01	0.08	0.04	0.00	−0.04	−0.03	−0.04	0.00	0.03	0.01
クロアチア	0.01	0.02	0.02	0.02	0.05	0.04	0.05	0.06	0.04	0.05	0.04	0.04	0.04
ハンガリー	−0.18	−0.21	−0.21	−0.22	−0.19	−0.24	−0.24	−0.24	−0.23	−0.24	−0.22	−0.23	−0.22
インドネシア	0.09	0.11	0.12	0.11	0.16	0.15	0.13	0.13	0.13	0.14	0.17	0.19	0.13
インド	0.14	0.10	0.10	0.05	0.10	0.07	0.05	0.04	0.04	0.06	0.10	0.14	0.08
イスラエル	−0.06	−0.08	−0.04	−0.05	−0.03	−0.03	−0.02	−0.02	0.00	−0.02	0.00	0.01	−0.03
カザフスタン	0.05	0.08	0.05	0.07	0.09	0.11	0.14	0.11	0.12	0.13	0.15	0.10	0.10
カンボジア	−0.17	−0.15	−0.15	−0.14	−0.10	−0.10	−0.12	−0.13	−0.12	−0.12	−0.12	−0.12	−0.13
リトアニア	−0.09	−0.08	−0.02	−0.10	−0.03	−0.11	−0.14	−0.15	−0.16	−0.13	−0.11	−0.11	−0.10
ラトビア	0.04	0.03	0.02	0.05	0.08	0.05	0.03	0.01	0.02	0.05	0.05	0.05	0.04
マレーシア	−0.18	−0.16	−0.17	−0.13	−0.11	−0.13	−0.12	−0.10	−0.10	−0.09	−0.08	−0.07	−0.12
フィリピン	−0.03	−0.07	−0.01	−0.02	0.02	0.02	0.00	0.02	0.02	0.01	0.00	0.00	0.00
ポーランド	0.05	0.02	0.02	0.02	0.05	0.03	0.01	0.02	0.02	0.01	0.01	0.01	0.02
ルーマニア	−0.03	−0.03	−0.02	0.01	0.05	0.06	0.04	0.05	0.07	0.07	0.04	0.05	0.03
ロシア	0.16	0.16	0.17	0.16	0.18	0.18	0.18	0.18	0.18	0.18	0.20	0.23	0.18
サウジアラビア	0.06	0.03	0.04	0.03	0.03	0.04	0.03	0.04	0.06	0.05	0.05	0.06	0.04
シンガポール	−0.19	−0.20	−0.18	−0.22	−0.18	−0.17	−0.19	−0.19	−0.18	−0.19	−0.16	−0.15	−0.18
スロバキア	−0.19	−0.23	−0.21	−0.19	−0.16	−0.18	−0.21	−0.21	−0.21	−0.20	−0.19	−0.20	−0.20
スロベニア	−0.09	−0.11	−0.12	−0.11	−0.06	−0.09	−0.11	−0.11	−0.10	−0.10	−0.09	−0.09	−0.10
タイ	−0.10	−0.09	−0.07	−0.11	−0.05	−0.07	−0.11	−0.11	−0.11	−0.09	−0.06	−0.03	−0.08
トルコ	0.16	0.14	0.14	0.14	0.17	0.15	0.12	0.13	0.14	0.15	0.15	0.16	0.14
ベトナム	−0.13	−0.15	−0.18	−0.18	−0.12	−0.15	−0.17	−0.15	−0.16	−0.17	−0.17	−0.17	−0.16

（出所）International Trade Centre（ITC）〈https://www.trademap.org〉，2019年11月30日閲覧.

国の GVCPc の平均値は高くないが，GVCPs の平均値は高いということがわかる．このことは，カザフスタンなどの国々の付加価値輸出額が相対的に大きい（式（1）における分母が大きい）ことと，小規模の中間財付加価値輸出額より中間財付加価値輸入額がさらに少ない（式（2）を参照）ことを意味する．これは，これらの国々は付加価値輸出に過度に依存していることを示唆する．一方，シンガポール，マレーシアおよび他の ASEAN 諸国ならびに中欧および東欧諸国は，GVCPc の平均値が高いものの GVCPs の平均値は低い．これはこれらの国々がグローバル・バリューチェーンへの高い参加率を示しているものの，外資系企業に帰属する付加価値が多いことを意味する．

　中国は GVCPc の平均値も GVCPs の平均値も高い．このことは国際貿易の中で，中国の貿易規模，または中間財付加価値輸出額が非常に高い水準であることを示している．それゆえ，中国と「一帯一路」沿線国との経済関係，二国

間貿易はより緊密なものになり，中国との貿易は「一帯一路」沿線国のグローバル・バリューチェーンの中での生産の発展に大きな波及効果をもたらすと予想される．

3 貿易協力が「一帯一路」沿線国のグローバル・バリューチェーン向上をもたらすメカニズム

　以上の分析から見ると，ベトナム，タイなどの中国と経済，貿易関係が緊密な国は GVC への参加度（GVCPc 値）が高いが，GVC の位置（GVCPs）は低いということが明らかになった．今後，これらの国々が中国との貿易を通してどのように自国のグローバル・バリューチェーンにおける自国利益または国際的地位を引き上げるのかが課題であり，これらを明らかにするために，貿易協力による「一帯一路」沿線国におけるグローバル・バリューチェーンへの促進メカニズムを考える必要がある．国際貿易理論によれば，貿易自由化と国際分業を背景に，グローバル・バリューチェーンの促進メカニズムとして，比較優位性，規模の経済（スケールメリット），競争メカニズムなどを関連産業の生産プロセスなどに取り入れることにより，グローバル・バリューチェーンを強化し，関連国のグローバル・バリューチェーンにおける自国利益と国際的地位を向上させることができる．その中で，貿易協力は「一帯一路」沿線国のグローバル・バリューチェーンにおける国際的地位向上を促進する．そのメカニズムは以下の 4 点で見ることができる．

1）　比較優位に基づき生産要素蓄積の変化に適応するメカニズムの構築
　「一帯一路」沿線国の多くは発展途上国である．これらの国々では生産要素または資源賦存状況と要素価格の差がある．よって，各国間の経済活動には，生産要素の相対費用と輸出製品の相対価格に大きな違いがある．各国はこの相対的比較優位を利用して国際的な経済活動に参加して生産分業を行い，中国との貿易関係を築いている．「一帯一路」構想が展開されることで，各国のインフラ整備が向上し，地域経済の統合が推進され，要素価格が平準化することが考えられる．これはこれらの国々が，グローバル・バリューチェーンで労働集約型産業を分担することで得ている配当利益が無くなる可能性を意味する．それゆえに，これらの国々は新たなグローバル・バリューチェーンにおける比較

優位を見つけなければならない．すなわち，貿易協力により人的資本や金融資本などを新たに蓄積するための方法への転換，それを基礎とするバリューチェーンの推進のための基礎を築くメカニズムの構築が必要である．

2）　規模の経済（スケールメリット）に基づく生産効率の向上に関する促進メカニズム

　製品生産の分業が進むにつれて，中国と「一帯一路」沿線国との貿易関係はより緊密になり，貿易自由化もより高度になる．これは，「一帯一路」沿線国がグローバル・バリューチェーンのある段階において規模の経済（スケールメリット）が実現することを促す．この過程を通じて沿線国は，低コストで所定の生産量を達成，あるいは既定のコストでより高い生産量を得ることができる．その結果，輸出企業の生産効率と輸出能力が引き上げられ，輸出企業は前方関連効果と後方関連効果を通して業界全体の生産性を向上することができる．さらにその国のグローバル・バリューチェーンにおける地位の向上を促進する．また，規模の経済（スケールメリット）によって，以前は輸出できなかった企業にも輸出能力を持たせることもできる．そして，グローバル・バリューチェーンの分業に参入することにより，バリューチェーン全体のレベルアップを促進する．

3）　中間財の補完的なマッチングに基づく要素最適な組み合わせに関する促進メカニズム

　貿易の自由化を背景に，バリューチェーンのハイエンドにある製品での人的資本の需要が高くなることと同様に，労働技術の水準が高ければ高いほど，バリューチェーンの全体のレベルアップに対する貢献度は高い．したがって，経済要素の配置が最適な組み合わせに達した時こそ，良好にバリューチェーン全体を循環させるための促進メカニズムが生まれ，グローバル・バリューチェーンにおける地位も上昇する．中国と「一帯一路」沿線国との中間製品に関する貿易が，生産要素，生産効率，製品品質などの面で同時に最適な組み合わせを実現することで，企業の最終製品の品質が最低の中間製品の品質によって決められるという「ドベネックの桶」[4]の作用を除去し，生産効率と製品品質の改善がもたらされる．貿易自由化が進むとともに，その経済効果は拡大し，最後には企業のバリューチェーンの推進が促進されることになろう．

4） 貿易自由化に基づく競争加速効果に関する促進メカニズム

　中国と「一帯一路」沿線国は，貿易円滑化を推進し，ビジネス環境の最適化と，貿易自由化を促進している．この中で貿易自由化は「諸刃の剣」であるともいえる．貿易自由化により，企業の輸出コストは削減され，規模の経済（スケールメリット）を実現すると同時に，国内市場に参入してきた外国企業のコストも削減され，国内企業は国際的な競争に直面するようになる．反対に，貿易自由化は，バリューチェーンのハイエンドにある国内企業が対外競争の圧力の下で技術への研究開発投資を増大させることを促す．このことを通じて国内企業は，世界中で高品質な中間製品の組み合わせを探し，技術革新と品質向上を通じて外国企業の脅威を解消する．他方，バリューチェーンのローエンドに位置する国内企業は，貿易自由化を利用して比較優位のない産業を放棄し，これを排除することで，より競争力のあるハイテク産業に移行する．要するに，貿易自由化は，グローバルな製品生産の分業の深化を加速し，「一帯一路」沿線国の企業をグローバル・バリューチェーンにおける技術レベルと付加価値の両方でより高い段階に押し上げることを促進するのである．

お わ り に

　「一帯一路」構想における国際協力はグローバル・バリューチェーンに大きな影響を与える．この影響には 3 つの側面がある．第 1 に，中国と「一帯一路」沿線国との協力により，これら沿線国の工業化プロセスが加速される．また，「一帯一路」沿線国の国内企業が外国企業と生産要素または資源などの経済要素賦存量の点で競争し，グローバル・バリューチェーンにおける分業に参入するようになる．もちろん，グローバル・バリューチェーンへの進出の程度はその国の市場規模，コスト状況，ビジネス環境，または政治的，文化的な要素に依存する．第 2 に，中国はまだ発展途上国である．そして，ハイエンドのグローバル・バリューチェーンは，まだ先進国の多国籍企業によって支配されている．したがって，「一帯一路」沿線国がグローバル・バリューチェーンに進出するのは，先進国の多国籍企業が「一帯一路」沿線諸国の国内市場や各種制度の質などをどのように総合的に判断するのかにかかっている．第 3 に，デジタル技術は中国と「一帯一路」沿線国のグローバル・バリューチェーンの実現方式を変えることになる．電子商取引はグローバル・バリューチェーンに大きな影響

を与えている.

　以上の分析より，本章は以下のような「一帯一路」沿線国のバリューチェーンの向上にについての提言を行う.

1)　地域経済貿易協力プラットフォームの構築を加速させる

　中国は「一帯一路」沿線国それぞれの経済及び貿易の発展段階に応じて，マルチで質の高い自由貿易地域協力を積極的に推進する必要がある．中国国内の自由貿易試験地域と「一帯一路」沿線国の海外経済貿易協力地域を組み合わせ，「一帯一路」沿線国をカバーする経済貿易協力ネットワークを構築することを提言する．同時に，中国はWTO，RCEP，OECD，上海協力機構（SCO）ならびに他の国際的な経済及び貿易協力機関を積極的に利用すべきである．地域の自由貿易協定交渉に積極的に参加し，関税障壁及び非関税障壁を排除し，「一帯一路」沿線国の貿易の自由化と円滑化のレベルアップを促進する.

2)　「一帯一路」沿線国の通関手続きの統合レベルを強化する

　中国は，鉄道，高速道路，空港の統合レベルの改善を通じて，「一帯一路」沿線国でのインフラの共同建設をスピードアップする必要がある．国家間の税関情報認証，監督の相互確認，検査検疫などの面で多種多様な協力を強化する一方で，広報プラットフォームの構築を加速させ，電子商取引及び通関の電子化におけるセクター間協力のための協力プラットフォームを提供し，「一帯一路」沿線国のグローバル・バリューチェーンを推進するための基盤を構築する.

3)　物質資本のストックと技術の研究開発への投資レベルを向上する

　中国は物質資本のストックと技術の研究開発への投資レベルを積極的に向上させている．それは中国の製品革新と技術蓄積の基盤を築くと同時に，「一帯一路」沿線国がグローバル・バリューチェーンに進出するために必要な条件を積極的に作り出すことにつながる．また，沿線国それぞれの発展レベルに応じて，経済発展レベルの高い国との中間製品貿易の自由化，経済発展レベルの低い国との初級製品貿易の自由化を推進する必要がある．このように「一帯一路」沿線国それぞれの経済発展のレベルに応じた多種多様な対応を通じて，これらの国々の経済的な対外開放性を拡大させ，グローバル・バリューチェーンでの取引の参加度と地位を向上させる.

付録　GVC 参加度指数と GVC 位置指数の計算方法

　Koopman et al. (2010) は付加価値貿易理論を用いて，一国のグローバル・バリューチェーンへの参加度を反映する GVC 参加度指数，グローバル・バリューチェーンの国際分業における経済的位置 (川上または川下) を反映する GVC 位置指数を考えた．GVC 参加度指数とはある国の付加価値輸出総額に占める中間財付加価値輸出の割合と中間財付加価値輸入額の割合を合計したものである．GVC 参加度指数は以下の式で計算される．

$$\text{GVCPc} \equiv \text{GVC 参加度指数} = \frac{IV_{ij}}{E_{ij}} + \frac{FV_{ij}}{E_{ij}}$$

　ここで，IV_{ij}，FV_{ij} と E_{ij} はそれぞれ j 国 i 産業の中間財付加価値輸出額，中間財付加価値輸入額と付加価値輸出額を表し，In は自然対数を表す．GVCPc の値が大きいほど，その国のグローバル・バリューチェーンへの参加度が高いことを意味する．一方，GVC 位置指数とはある国の中間財付加価値輸出額から中間財付加価値輸入額を差し引いたものを付加価値輸出額で割ったものである．中間財付加価値輸出額の比率が中間財付加価値輸入額の比率より高ければ (GVCPs＞0 または GVCPs の値が大きければ)，この国は他の国々に中間財を提供し，その国はサプライチェーンの川上に位置することを表す．逆の場合 (GVCPs＜0 または GVCPs の値が小さければ)，その国はサプライチェーンの川下に位置していることを意味する．GVC 位置指数は以下の計算式で計算される．

$$\text{GVCPs} \equiv \text{GVC\_Position 指数} = \ln\left(1 + \frac{IV_{ij}}{E_{ij}}\right) - \ln\left(1 + \frac{FV_{ij}}{E_{ij}}\right)$$

訳注
［1］　GVC は製造業の国際分業の一形態である．
［2］　接続性とは，コネクティビティ (connectivity) とも呼ばれ，インフラの整備を通じて，各国・各地域を繋ぐ(接続する)，輸送，エネルギー，通信などのインフラネットワークを構築することを指す．
［3］　バリューチェーンには，製品の企画・生産から消費までの流れのプロセスが存在する．ここでは，デザインや販売戦略，あるいは高い技術力が伴う中間財の生産など，生産の初期段階に位置する高付加価値産業を「ハイエンド (high-end)」ないし「川上」と呼び，部品の組立や製造など付加価値の低い，生産プロセスの最終段階に近い

産業を「ローエンド（low-end）」や「川下」と表現されている.

　ただし，「ローエンド」と「ハイエンド」という言葉に関しては，高価格で優れた性能・性質を有するものをハイエンド製品（サービス），その逆の製品をローエンド製品（サービス）と呼ぶ使い方もある.

［4］ドベネックの桶とは，長短不揃いの複数の木版で組まれた水の容量は，最も短い板によって決定される，というもの. ここでは，中間製品の品質（最も短い板）次第で，最終的な製品の品質（容量）が決定されることを意味している.

参考文献

World Bank（2017）*Global Value Chain Development Report 2017 : Measuring and Analyzing the Impact of GVCs on Economic Development.*

Koopman R., W. Powers, Z. Wang and W. Shang-Ji（2010）"Give Credit Where Credit is Due : Tracing Value Added in Global Production Chains," *NBER Working paper series* 1050.

UNCTAD（2019）*2019 Handbook of Staistics*, United Nations（Geneva）.

（2020年1月4日翻訳）

第4章
「一帯一路」構想と中国の対外投資新戦略

趙　蓓文・金　　川

はじめに

　「一帯一路」構想に基づく中国の対外直接投資新戦略は，中国の従来の対外開放戦略をさらに推進させ，新たな中国開放型経済を築く重要な一部となっている．双方向直接投資という中国の新たな外資政策が実施され現実化されつつある中，「一帯一路」構想の展開は，国内外投資の拡大と地域間の経済的均衡を促しながら，中国自身の経済成長と国際投資における地位の安定化に重要な役割を果たしている．

　本章は，中国の外資導入と対外投資規模の変化，双方向直接投資構造下における中国の対外投資新戦略の主な内容，「一帯一路」構想が打ち出された現実的背景，「一帯一路」構想と投融資分野との協力及び「一帯一路」建設の関連国に対する影響などを巡って，「一帯一路」構想と中国の対外投資新戦略との関係を論述する．そして，モンゴル，ロシア，中央アジア，南アジア，東南アジア，西アジア・中東地域，中欧・東欧の一部の国々を例として，それらの国家における産業構造，その国々の比較優位産業と中国の比較優位産業との違いと相互補完性を説明する．

1　双方向直接投資構造下における中国の対外投資新戦略

　1979年以降，中国は国内の経済改革を進めていくと同時に，対外開放政策を実施した．経済特区の設立をはじめ，沿海や長江沿岸地域，辺境都市，内陸地域を開放した．世界貿易機関（World Trade Organization：WTO）加入に伴い，大規模な「引進来（外資導入）」という外資政策を取り入れながら，積極的に「走出去（対外投資）」という新たな投資戦略を展開し，内外市場と双方向直接投資

を利用しながら，対外開放の度合いを絶えず高めている．と同時に，中国の経済成長の速度に適合するように，対外投資戦略を調整し，対外開放の拡大を図りつつある．2001年に中国が初めて「走出去（対外投資）」戦略を試みた頃は，中国経済は高度成長期であった．当初の対外投資戦略は輸出志向の国内経済成長戦略に合致したものであり，対外投資を通して国内経済成長に必要な資源を獲得する目的があった．その後，中国の総合的経済力が高まり，多国籍企業の活動が活発化し，海外インフラ整備が進み，人民元の国際化が促される中で，中国の対外投資戦略はより柔軟で補完的なものとなった．

1）　双方向開放──中国の対外投資新戦略──

2001年の全国人民代表大会第9期第4回会議で採択された『第10次5カ年計画綱要』では，以下のことが明確にされた．「対外開放をさらに拡大しなければならない．「引進来（外資導入）」を進めると同時に，「走出去（対外投資）」をも戦略として実施し，優位性を持つ対外直接投資を奨励する[1]」.

同綱要が採択されて以降の十数年で，中国の対外投資戦略に変化が見られる．中国の経済成長に伴って，中国の対外開放は加速され，中国の対外投資戦略は「引進来（外資の誘致）」を主としながら，「引進来（外資導入）」と「走出去（対外投資）」を両立し補完するような対外投資戦略への方向転換が見られる．2015年5月5日，中国共産党中央委員会と国務院は「開放型経済新体制の構築に関する若干の意見」を発表した．その発表では，「外資導入と海外直接投資を合わせて相互的に促進し，各国と各地域における互恵関係，産業間投資と協力を推進する．海外直接投資から得られる生産資源や製品と技術，マーケティングネットワーク，資金調達ルートなどを利用し，国内産業の成長を推進する．と同時に，中国の比較優位を活用しつつ，他の国及び地域と共に成長していく」ことを強調している[2]．中国政府のこの発言では，これらに関する既存の問題を認識しつつ，外資導入と海外投資の相互促進メカニズムを全面的に推進し，理論研究に基づき実践可能なものにするという意図がある．

さらに，2015年10月29日に開催された中国共産党第18期中央委員会第5回全体会議では，「国民経済と社会発展の第13次5カ年計画の策定に関する中共中央の提言」が公表された．その提言では，「対外開放戦略を改善する．双方向開放を推進し，国内と海外における秩序ある流通，資源の効率的配分，市場間の融合を促進する．……（中略）……投資の配置を改善し，開放分野を拡大し，

アクセスの制限を緩和し，積極的，効率的に海外の資本と先進的な技術を導入
する．企業の対外投資の拡大を支持する．設備，技術，基準，サービスの海外
進出を推進する．グローバル産業チェーン，バリューチェーン，物流チェーン
の中に融合していく．大口商品の海外生産拠点を建設し，多国籍企業を育成す
る」³⁾と述べられている．双方向開放戦略の提出は，中国の対外開放が新たな階
段に入ったことを表したものである．双方向直接投資という国家戦略は，新た
な意義をもって中国の進むべき道を示している．「引進来（外資導入）」という
外資政策と双方向直接投資の展開は，中国の対外経済における 2 つの歴史的段
階とみなされる．

2）　並駕斉駆（肩を並べて進むこと）
——中国の外資導入と対外投資の規模の変化——

（1）　双方向直接投資の規模の変化

　中国の対外開放経済政策による外資導入から現在推進している対外直接投資
までの歩みは，まさに中国の対外経済の画期的な進歩である．外資導入はその
後の中国対外直接投資の海外投資環境を作った．総合的国力を向上させるため
には外資導入が必要であるが，外資導入はまた，新しい対外投資戦略の準備を
整えたといえよう．サブプライムローン危機以降，中国は危機をチャンスに変
えて，対外直接投資を加速している．2016年，中国の対外直接投資は初めて外
資導入（外国からの対内直接投資）規模を超えた．外資導入と対外直接投資は並駕
斉駆（肩を並べて進むこと）であり，中国の双方向直接投資環境を形成している
（図 4-1）．

（2）　原因分析

　現在，世界経済は長期的な不況が続いている．欧米先進諸国が「再工業化」
戦略を実施し，そのため国際資本の流通では「逆流転移」現象が起こっている．
戦略的に新興産業が再配置され，新興国の多国籍企業が迅速に台頭し，その弾
みで，対外直接投資のテンポは加速している．グローバルな投資ルールの再構
築，旧来のグローバル・バリューチェーンの断片化などによって，中国は中国
自身の多国籍企業の育成が急務となり，中国企業の対外直接投資も今までに例
がない複雑な状況に直面している．

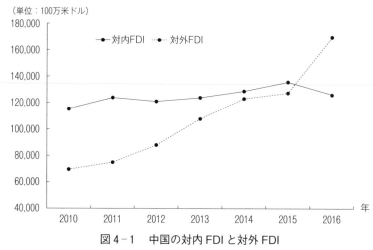

（単位：100万米ドル）

図4-1　中国の対内 FDI と対外 FDI

（出所）　2010年から2015年までは聯合国貿発会議(2010：210)．2016年分は中国商務部・国家統計局・
　　　　国家外国為替管理局（2016）による．

1．欧米諸国の「再工業化」戦略による国際資本の「逆流転移」現象

　サブプライムローン危機以降，世界経済は長期的な不況に陥っている．世界
の経済成長は長期にわたって低迷し続けかねない．国際資本の移動の動向から
見ると，国際金融危機，欧米の債務危機など負の要因の影響を相次いで受けて
いるため，世界経済の回復基調は弱く，低迷状況から抜け出せそうにない．そ
のような状況下にあって，欧米先進諸国は自国の経済を回復させ，社会的矛盾
を緩和するために，2009年以降，次々と「再工業化」戦略に打って出た．製造
業の国内回帰を促進するための政策措置である．主な内容として，税制刺激策，
資金援助，政策上の優遇措置などで，これには国内に回帰しない企業に対する
懲罰課税なども含まれている．このような背景の下，経済と政治，双方を考慮
して，生産能力の一部を新興国から引き揚げた欧米の多国籍企業も存在する．
国際産業の転換が「逆流転移」現象を引き起こし，この傾向は今後も続いてい
く可能性がある．

　具体的にいえば，先進国の多国籍企業が新興国から資本を撤退したことを一
定の要因として，国際産業の移転に逆方向の流れが生じたのである．しかし一
方で，国際産業における製造業からサービス業への移行傾向は依然として続い
ている．そのため，多国籍企業は世界における投資の配置調整を行い，新興国，

特に中国大陸は，ハイエンド^[2]製造業の導入に際し，欧米諸国の「再工業化」戦略の影響を受けることとなった．また，沿海地域の一部ではサービス産業における外資導入が高水準に達している一方，ハイエンドサービス産業，特に現代サービス産業は依然として国外投資が不足しており，一部の労働集約型産業がより安価な労働力を持つ近隣諸国に移転するなど，様々な困難に直面している．このような背景にあって，一部の中国企業は対外直接投資を加速させており，「引進来（外資導入）」と「走出去（対外投資）」を組み合わせて，あらゆる方面から外資を取り込もうとしている．

2．戦略的な新興産業の配置転換と中国企業の対外直接投資の「乗勢推進」

現在，グローバルな戦略性をもった新興産業の配置転換がすでに始まっている．「再工業化」戦略の実施を通して，エネルギー産業などの新興産業の成長をサポートしているのは，欧米の先進諸国だけではない．アジアでは日本などの国が新エネルギー，新材料及びハイテク産業の追跡調査を持続的に進めている．韓国では，産業の水準を高めるために，「グリーン産業」に対する外資導入を推進する計画を特別に立てた．スマートグリッド，LEDパネルなどのグリーン技術を研究開発の目標とし，相応の資金サポートや減税などのインセンティブのある外資導入政策を唱えている．外資を利用して，韓国は技術進歩と産業構造のアップグレードを図ろうとしている．現在，韓国のいくつかの国内企業は，既にLEDパネルと充電式バッテリーにおいて世界をリードしている．[4]

それと同時に，グローバル展開を前提とするようなサービス業への対外直接投資は依然として減少している一方で，製造業への対外直接投資は増加し始めており，世界の直接投資はサービス業から製造業へ移行する傾向にあるといえよう．資源探索型（resource seeking）の直接投資は，対象国の国家経済の安全に関わる深刻な障害を招きかねない．そのため，一部の先進国や新興国は戦略を変えることを余儀なくされ，技術開発とその利用の面から機会をうかがったのである．その結果，最終的には次のようなことが可能であろう．1つは，先進国と一部の新興国における先覚者は，ローエンド製造業の国外への移転を加速させ，自国製造業の発展の重点を戦略的新興産業などのハイエンド製造業に徐々に移行させる，というものである．いま1つは，中国などの新興途上国は，欧米の「再工業化」戦略に対応するために，製造業の対外直接投資を加速させるとともに，サービス業への対外直接投資もさらに探求し始め，「勢いに乗っ

て推進する（乗勢推進）」方式で対外直接投資を国内に呼び込む効果を高める，というものである．

3. 経済のグローバル化の進展によって要求される中国のグローバル・バリューチェーンの再構築に対する積極的な関与

　サブプライムローン危機が勃発した後，世界の経済構造には重大な変化が生じた．先進国経済の地位は下がり，新興国経済が急速に台頭している．そして，先進国が最上位で，新興国や発展途上国が下位にある旧来のグローバル・バリューチェーンは崩れた．

　一方で経済のグローバル化の進展に伴い，先進国に先導されてきた，先進国の利益を代表する旧来のグローバル・バリューチェーンに代わって，新しいグローバル・バリューチェーンの構築が要求されている．また一方では，新興国の台頭によってグローバル・バリューチェーンの再構築が望まれ，それは，[新しい] グローバル・バリューチェーンの発展を推進するものでもあろう．同時に，経済のグローバル化は，貿易と投資の自由化と資本の流動化を促進し，新しいグローバルな生産構造を形成した．

　このような背景の下で，新興国と先進国それぞれの国際経済秩序に対する要求が一定の合意に達するかどうかは，新しい制度と新しい運用メカニズムを確立できるかどうかにかかっている．現在，前者はグローバル経済のガバナンス制度，後者は旧来のグローバル・バリューチェーンが担っている．ただし，今後いかにして新しいグローバル・バリューチェーンを再構築するのか，いかにして新しいグローバル・バリューチェーンの中にあらゆる関係者の要求を盛り込むのかについては，依然として非常に論争的である．このような背景にあって，2013年9月，習近平国家主席は第8回20カ国・地域首脳会合（G20サミット）に出席し，「各国は，利益を共有するグローバル・バリューチェーンを構築し，あらゆる関係者を包摂するグローバル市場を育成し，互恵と Win-Win の発展を実現するべきである[5]」と提言した．

　このため，いかにして対外直接投資を通じて，対象国の市場，技術，管理などの資源を取得するか，いかにして逆方向の技術移転を通して，グローバル・バリューチェーンのミクロ的基礎を固めるか，いかにして生産者主導，バイヤー主導，あるいはそのハイブリッドが主導するグローバル・バリューチェーンのグレードアップを実現するかは，今後の中国が，経済のグローバル化の進展に

適応し，その構築に積極的に参与するかどうかにかかっている．

2　「一帯一路」構想と中国対外投資戦略の新たな方向性

　中国は「一帯一路」を核心とする対外投資の新目標を提案した．これは，中国の対外開放戦略を向上させるものであり，中国開放型経済の新たな構造（パターン）の形成に有利に働くものである．

1）「一帯一路」構想の提議

　2013年9月7日，習近平国家主席はカザフスタンを訪問し，「人民の友情を発揚し，美しい未来を共に創ろう」というタイトルで重要な演説を行ない，「シルクロード経済ベルト」を共同で建設する戦略的構想を提案した．さらに2013年10月3日には，インドネシアの国会で演説を行い，「中国はASEAN諸国と[4]海上での協力を強化し……（中略）……21世紀の『海のシルクロード』を共同で建設する」と述べた．また，2013年11月に開催された中国共産党第18期中央委員会第3回全体会議では「改革の全面的深化における若干の重要な問題に関する中共中央の決定」（以下，「決定」と略称）を採択し，「国境地帯の開放の足どりを速め……（中略）……開発性金融機関を設立し，周辺諸国・地域とのインフラ相互接続の構築を急ぎ，シルクロード経済ベルト，海上シルクロードの建設を促進し，全方位的開放の新たな枠組みを形成する[6]」と強調した．これが党と国家が初めて体系的に提議した「一帯一路」概念である．また「決定」では，「一帯一路」を中核とし，接続性[5]を鍵とし，インフラ整備を手段とし，開発型金融機関を設立することを戦略プラットフォームとする，中国の対外投資戦略の新たな方向性が明らかにされた．

　2015年3月，国家発展改革委員会，外交部，商務部は共同で「シルクロード経済ベルトと21世紀海上シルクロードの共同建設推進のビジョンと行動」（以下，「ビジョンと行動」と略称）を発表した．そこでは，「政策疎通，施設の連結，貿易円滑化，資金融通，人々の心の疎通」の五通が提議され，「投資と貿易の協力は『一帯一路』建設の重点内容である[7]」と述べられている．

2）「一帯一路」建設と投資，貿易，金融における協力

　「ビジョンと行動」で提出された「政策疎通，施設の連結，貿易円滑化，資

金融通，人々の心の疎通」の五通の中で，「貿易円滑化」と「資金融通」は，中国企業の対外直接投資と非常に密接な関係があり，対外投資，金融発展及び対外貿易協調は相互に作用する重要なポイントである．

（1）「一帯一路」建設における投資と貿易の協力

「ビジョンと行動」における「貿易円滑化」の部分では以下の点が強調されている[6]．「投資貿易協力は『一帯一路』建設の重点内容となる．投資貿易便利化の問題解決の研究に力を入れ，投資と貿易の障壁をなくし，地域内と各国の良好なビジネス環境を構築し，沿線国家・地域との自由貿易区の建設を積極的に協議し，協力の潜在力を引き出し，協力のパイを拡大する」，「投資と貿易を有機的に結合し，投資によって貿易の発展を引っ張る．投資円滑化のプロセスを加速させ，投資障壁を取り除く．二国間の投資保護協定を強化し，二重課税を回避する協定の協議を進め，投資者の合法的な権益を保護する」，「投資協力の新たなモデルを探り，海外の経貿協力区や国際経済協力区などの各種の産業パークの協力建設を奨励し，産業クラスターの発展を促進する」，「沿線国家のインフラ建設と産業投資への本国企業の参加を奨励する．企業の現地化原則による経営管理を促進し，現地の経済発展や雇用増加，国民生活改善を積極的に援助し，社会的責任を自ら担い，生物多様性と生態環境を厳格に保護する[8]」．

（2）「一帯一路」建設における投資と金融の相互作用

「ビジョンと行動」の「資金融通」の部分では以下の点が強調されている．「資金融通は『一帯一路』建設の重要な支えとなる．金融協力を深め，アジアの通貨安定体系や投融資体系，信用体系の建設を推進する．沿線国の二国間における自国通貨のスワップや決算の範囲と規模を拡大する．アジア債券市場の開放と発展を推進する．アジアインフラ投資銀行や BRICS 銀行[7]の設立準備を共同で推進し，関係各方面は，上海協力機構の融資機構設立について協議を展開する．シルクロード基金の設立・運営を加速する．中国・ASEAN 銀行連合体や上海協力機構銀行連合体の実務協力を深め，シンジケートローンや銀行与信などの方式で多角的な金融協力を展開する．沿線国の政府と信用ランクの高い企業，金融機構による中国大陸部での人民元債券の発行を支援する．条件にかなった中国大陸部の金融機構と企業は，人民元債券と外貨債券を大陸部外で発行できるものとし，調達資金の沿線国内での使用を奨励する．……（中略）……シ

ルクロード基金と各国の政府出資ファンドの役割を十分に発揮し，『一帯一路』
の重点プロジェクトの建設への商業的株式投資基金と社会資金の共同参加を
導く[9)]」．

3）「一帯一路」建設が関係国に与えた影響

　2013年に提唱された「一帯一路」構想は，6年が経過し，「一帯一路」沿線
国の中国との貿易は，その往来と双方向投資によって著しい発展を遂げた．こ
れは，ここ数年の中国全体の貿易投資の安定的で健全な発展に重要な貢献をし
ており，中国の対外開放の発展を最大限に促進した．中国の「一帯一路」ネッ
トワークのデータによれば，2013年から2018年まで，中国と「一帯一路」沿線
国との輸出入の総額は6兆4691.9億米ドルに達し，現地に24.4万人の雇用を創
出し，新たに署名された対外契約プロジェクトは5000億米ドルを超え，82の海
外経済貿易協力地域を確立し，対外直接投資は800億米ドルを越え，対象国に
納めた税金は合計20.1億米ドルにのぼっている．現在「一帯一路」は，既に中
国と国際協力を強化する新たなプラットフォーム，そして中国と世界各国が共
に発展する新しい動力となっており，今後，中国と世界各国の共同発展をさら
に促進していくものとなるだろう．

3　中国企業の「一帯一路」沿線国家での投資の重点産業

　「一帯一路」構想は，ユーラシア大陸，西太平洋，インド洋を横断し，中国
を中心として，北西はバルト三国（リトアニア，ラトビア，エストニア）に，東北
はロシアとモンゴルに，南西はエジプトとイエメンに，東南はインドネシアに
いたり，その範囲は非常に広い．これは現在の世界で最も長く，最も発展可能
性のある経済回廊であるといえる．

1）　モンゴルとロシア地域

　中国・モンゴル・ロシアの経済回廊は，「一帯一路」構想を構成する重要な
部分であり，中国の「シルクロード経済ベルト」，モンゴルの「草原の道」計
画及びロシアの「ユーラシア横断大通路」の建設を有機的に結び付けるもので
ある．開放型経済の新しい構造を打ち立て，中国・モンゴル・ロシアの貿易協
力の利便化の水準を全面的に引き上げるための，有力な支援を提供している．

このため，エネルギーと資源の貿易に基づき，長期的な観点から，三国はさらに長期的に協力の領域を拡大させ，鉄道や石油・ガスパイプラインなどのインフラを相互に接続させ，新興産業，科学技術，金融，電子商取引，海外旅行などの分野における産業協力の促進を要する．また，協力方式をさらに革新し，工業パークや産業集積地の建設を通して直接投資を増やし，インフラ整備産業を改善し，現地の雇用を促進する必要がある．

2）　中央アジア地域

中央アジアの5カ国は，ソ連崩壊以前は，ソ連の計画経済分業システムを構成する一部であった．計画経済時代，この地域は産業基盤が脆弱であったが，主要な経済上の機能と地位は，農畜産業の生産地域であり，資源の採掘と初期加工にあった．ソ連崩壊後，中央アジア5カ国は相次いで独立主権国家となったが，これらの国々の経済システムは，依然としてロシアの産業分業体制に大きく依存してきた．産業部門の設備一式の生産能力はほぼゼロである．そして，経済開放の下で，中央アジア5カ国は，資源輸出型開放経済を徐々に形成してきた．中央アジア諸国は，単一の産業構造と資源輸出への高い依存度のために，経済的自立性が非常に低い．

インフラ及びエネルギーの建設プロジェクトは，その期間が長く，投資額も膨大となり，一部の国家では民間企業の参入に対して多くの制限があるため，現在，中国の中央アジアへの投資主体は国有大企業が中心である．主要なものを挙げれば，中国石化(シノペック)，中国石油(ペトロチャイナ)，中信集団(CITIC)，中国有色鉄金属建設株式会社（NFC）などが参入しており，投資は主に，鉱工業，建設，金融，不動産，ビジネスなどの業種に流れており，製造業にはほとんど投資されていない．

表4-1　中央アジア5カ国への中国直接投資

(単位：万米ドル)

	2007年	2008年	2009年	2010年	2011年	2012年	2013年	2014年	2015年
フロー	37,725	65,615	34,500	57,983	45,398	337,705	109,895	55,070	−232,609
ストック	88,091	194,205	225,591	291,797	403,319	782,365	889,297	1,009,391	809,022

(出所)　中国商務部・国家統計局・国家外国為替管理局 (2016).

表4-2　中国の中央アジア5カ国への直接投資のフローとストック

（単位：万米ドル）

	カザフスタン		キルギスタン		タジキスタン		トルクメニスタン		ウズベキスタン	
	フロー	ストック	フロー	ストック	フロー	ストック	フロー	ストック	フロー	ストック
2007年	27,992	60,993	1,499	13,975	6,793	9,899	126	142	1,315	3,082
2008年	49,643	140,230	706	14,681	2,658	22,717	8,671	8,813	3,937	7,764
2009年	6,681	151,621	13,691	28,372	1,667	16,279	11,968	20,797	493	8,522
2010年	3,606	159,054	8,247	39,432	1,542	19,163	45,051	65,848	−463	8,300
2011年	58,160	285,845	14,507	52,505	2,210	21,674	−38,304	27,648	8,825	15,647
2012年	299,599	625,139	16,140	66,219	23,411	47,612	1,234	28,777	−2,679	14,618
2013年	81,149	695,669	20,339	88,582	7,233	59,941	−3,243	25,323	4,417	19,782
2014年	−4,007	754,107	10,783	98,419	10,720	72,896	19,515	44,760	18,059	39,209
2015年	−251,027	509,546	15,155	107,059	21,931	90,909	−31,457	13,304	12,789	88,204

（出所）　中国商務部・国家統計局・国家外国為替管理局（2016）.

3）　南アジア地域

　人口16億人を抱え，海と陸の交差点に位置する南アジア地域は，「一帯一路」を推進するための重要な地域である．南アジアの国々はすべて発展途上国であり，基本的に農業を国家の経済基盤としている．多くの国が世界で最も開発が遅れている途上国である（表4-3）.

　インドは南アジア最大の国家である．実際にインドは南アジアで最も潜在力をもった市場である．インドは，原油の安さ，国内改革，投資の増加などの要因により，世界で最も速く経済成長を遂げている大型の新興国となっている．したがって，中国は，インドと関連分野における協力を積極的に図り，同時に他国との経済貿易協力の補完性を探り，利益共同体，運命共同体の基礎を固めるべきである．

　そのためには，① 余剰生産力の国際協力の強化，② インフラ建設における協力の強化，③ 相互補完的な産業における貿易協力の強化，が求められる．

4）　東南アジア地域

　東南アジア11カ国中，10カ国は ASEAN 加盟国である[10]．中国の ASEAN への直接投資は1990年代に始まったが，その規模は比較的小さかった．2010年1月1日に中国—ASEAN 自由貿易地域を全面的に確立できたことは，中国の ASEAN への直接投資を促進した．中国の ASEAN への直接投資額（ストック）

表4-3 2014年時点の南アジアの一部の国家の基本概要

国	面積 (万㎡)	人口 (億)	GDP (億米ドル)	収入／人 (米ドル)	発展段階
インド	298.0000	12.670000	20,670	1,610	中低所得国
パキスタン	79.6095	1.851000	2,469	1,410	中低所得国
バングラデシュ	14.7570	1.585000	1,738	1,080	中低所得国
ネパール	14.7181	0.281200	196	730	低所得国
スリランカ	6.5610	0.206400	749	3,400	中低所得国
ブータン	3.8000	0.007660	18	2,390	中低所得国
モルディブ	9.0000	0.003516	30	7,290	中低所得国

(出所) 世界銀行及び中国外交部のホームページより筆者作成.

は，2010年の143.5億米ドルから2015年には628.16億米ドルへと，約4.4倍に増加した．それを国別に見ると，主にシンガポール，インドネシア，タイ，マレーシアに分布しており，近年では，ラオス，ミャンマー，カンボジア，ベトナムなどでその規模を拡大し始めている (表4-4).

2012年から2016年1月までに，中国企業が (シンガポール，フィリピンを除く) ASEAN の8カ国に打ち立てた，海外経済貿易協力地域の性質を帯びた投資プロジェクト数は5から23に拡大した．累計で421の中国資本の企業が産業パークに参入し，総生産額は213.9億米ドルに達した[11]．それぞれの協力地域によって主導産業は異なっており，紡績，軽工業，鉄鋼，ゴムなどの労働集約型産業もあれば，情報通信，環境保護などの新興産業や，金融，保険，物流，研究開発などの現代サービス業も存在する．これら産業の分布状況は，投資国の産業の発展状況と投資目標を示しているほか，対象国の経済発展の特徴も表している．将来，中国は，二国間の経済と貿易協力を深める新たな手段を積極的に探求していくべきである．海外経済貿易協力地域という新モデルを利用することは，中国企業の「走出去 (対外投資)」を促進するものである．

5) 西アジアと中東地域

西アジアと中東諸国は，石油などのエネルギー資源の埋蔵量が非常に豊富である．現在，中東諸国の埋蔵量は世界最大で，生産が最も多い石油産出国である．さしずめ，中国と中東諸国間における生産能力協力の重点は，主に以下の

表 4 - 4 中国の東南アジア諸国への直接投資ストック（2010-2015）

（単位：万米ドル）

	2010年	2011年	2012年	2013年	2014年	2015年
シンガポール	606,910	1,060,269	1,238,333	1,475,070	2,063,995	3,198,491
インドネシア	115,044	168,791	309,804	465,665	679,350	812,514
ラオス	84,575	127,620	192,784	277,092	449,099	484,171
ミャンマー	194,675	218,152	309,372	356,968	392,557	425,873
カンボジア	112,977	175,744	231,768	284,857	322,228	367,586
タイ	108,000	130,726	212,693	247,243	307,947	344,012
ベトナム	98,660	129,066	160,438	216,672	286,565	337,356
マレーシア	70,880	79,762	102,613	166,818	178,563	223,137
フィリピン	38,734	49,427	59,314	69,238	75,994	71,105
東ティモール	745	745	745	905	1,578	10,028
ブルネイ	4,566	6,613	6,635	7,212	6,955	7,352
合 計	1,435,766	2,146,915	2,824,499	3,567,740	4,764,831	6,281,625

（出所） 中国商務部・国家統計局・国家外国為替管理局（2016）.

領域に集中している.

第1に, インフラ整備である. 中東のプロジェクト請負市場の規模は巨大であり, その市場は世界シェアの19％を占め, 規模は4兆米ドルに達する. 現在, 中国と中東の双方は, 高速鉄道, 電力, 港湾建設などの分野で協力を推進している[12].

第2に, ハイテク分野の設備製造である. 中国は先進的な航空宇宙技術, 完備された科学研究システム, 設備の整った産業施設を有している. そして中国は, 開放的な航空宇宙政策を実施し, あわせて, 様々な形式の国際協力を積極的に展開している. 世界的に見ると, 中東は原子力発電, 宇宙衛星, 新エネルギーの需要が伸びる重要な地域であり, 双方の協力の可能性は巨大である.

第3に, 労働集約型産業である. 中国は紡績などの労働集約型産業で, 優位性のある生産能力を有しており, アラブ諸国が推進する短期間で効果が出るプロジェクトをできるだけ早く着地させることを支援し, 現地の失業率を低下させることができる.

6) 中欧と東欧地域

　一般的に，中欧・東欧地域の国家には以下の特徴がある．第1に，国土面積が広くない．第2に，歴史的に戦乱と分裂が生じてきた．第3に，国民の貧富の差が大きい．

　中国の中欧・東欧に対する投資対象は広範にわたる．その中で，製造業への投資は主にポーランド，ハンガリーなどの地域大国に集中している．主な投資プロジェクトに，煙台万華実業集団によるハンガリーの BorsodChem の買収，広西柳工集団によるポーランドのスタロヴァ・ヴォラ製鉄所（Huta Stalowa Wola : HSW）の工事用機械部門の買収合併，湖北三環集団によるポーランド最大のベアリング製造企業 KFLT ベアリング社の買収合併などがある．インフラやエネルギーへの投資は，セルビア，ボスニア・ヘルツェゴビナ，マケドニア，モンテネグロなど，バルカン半島の東欧・南欧諸国に集中している．2013年から2015年にかけて，中国企業はセルビアで多くのプロジェクトに投資した．それには，コストラツ（Kostolac）石炭火力発電所のアップグレード，モラバ（Morava）運河水力発電所及びドナウ川のミハイル・ブピン（セルビア語：Пупиновмост）大橋の建設などがある．

　新興市場として，中欧・東欧地域は，伝統的な欧州の中核地域に比べ，一層大きな経済活力と発展潜在力を示している．中欧・東欧諸国の経済的活力は，主に，不断に上昇する対外直接投資によるものである．この地域の政局の安定，それによって形成された投資環境，EU と接続する法的枠組み，安い地価，質が高く安価な労働力などの要因により，製造業への直接投資先として中欧・東欧が最初に選択されたのである．

おわりに

　要するに，中国と「一帯一路」沿線国は，経済，貿易，投資の面で強い相互補完性を有している．「一帯一路」建設のプロセスにおいて，中国と「一帯一路」沿線国は貿易による経済発展の利益を共に享受するのである．中国が「一帯一路」沿線国にもたらした雇用と，対象国に納めた税金は，「債務の罠」論に対する有力な回答となろう．

注

1 ）　中国人大網，中共中央（2001）『中華人民共和国国民経済和社会発展第十個五年計劃綱要』2001年 3 月15日〈http://www.npc.gov.cn/wxzl/gongbao/2001-03/19/content_5134505.htm〉，2019年11月30日閲覧.

2 ）　中国政府網，中共中央・国務院（2015）『関於構建開放型経済新体制的若干意見』2015年 5 月 5 日〈http://www.gov.cn/xinwen/2015-09/17/content_2934172.htm〉，2019年11月30日閲覧.

3 ）　『央広網』中共中央（2015）『中共中央関於制定国民経済和社会発展第十三個五年規劃的建議』2015年10月29日〈http://news.cnr.cn/native/gd/20151103/t20151103_520379989.shtml〉，2019年11月30日閲覧.

4 ）　詳細は，聯合国貿発会議（2010）のコラム4. 10を参照されたい.

5 ）　『人民網』習近平（2013）『共同維護和発展開放型世界経済――在二十国集団領導人峰会第一階段会議上関於世界経済形勢的発言――』2013年 9 月 5 日，ロシア・サンクトペテルブルク〈http://cpc.people.com.cn/n/2013/0906/c64094-22826347.html〉，2019年11月30日閲覧.

6 ）　『求是』中共中央（2013）『中共中央関於全面深化改革若干重大問題的決定』2013年11月18日〈http://www.qstheory.cn/zxdk/2013/201322/201311/t20131118_292450.htm〉，2019年11月30日閲覧.

7 ）　中央政府網，国家発改委・外交部・商務部（2015）『推動共建絲綢之路経済帯和21世紀海上絲綢之路的願景与行動』2015年 3 月〈http://www.gov.cn/xinwen/2015-03/28/content_2839723.htm〉，2019年11月30日閲覧.

8 ）　同上.

9 ）　同上.

10）　現在，東南アジアは東ティモールだけが ASEAN に未加盟であり，オブザーバーである.

11）　『中国新聞網』（2016）『中国――東盟産業園遍地開花，各方探索産能合作新路径――』2016年 6 月 2 日〈http://www.chinanews.com/m/cj/2016/06-02/7892752.shtml〉，2019年11月30日閲覧.

12）　趙家興（2015）「張毅主任作為中国政府特使訪問伊朗」『中国中鉄報』，2015年10月14日，第 1 版.

訳注

［ 1 ］　対外直接投資は，FDI（Foreign Direct Investment）．以下，図 4 - 1 及び引用の場合を除き，対外直接投資と日本語表記している.

［ 2 ］　バリューチェーンには，製品の企画・生産から消費までの流れのプロセスが存在する．ここでは，デザインや販売戦略，あるいは高い技術力が伴う中間財の生産など，生産の初期段階に位置する高付加価値産業を「ハイエンド（high-end）」ないし「川

上」と呼び，部品の組立や製造など付加価値の低い，生産プロセスの最終段階に近い産業を「ローエンド（low-end）」や「川下」と表現されている.

　　ただし，「ローエンド」と「ハイエンド」という言葉に関しては，高価格で優れた性能・性質を有するものをハイエンド製品（サービス），その逆の製品をローエンド製品（サービス）と呼ぶ使い方もある.

［3］　2012年2月22日に国家科学技術部が発布した第70号文書によれば，現代サービス業とは，科学技術，とりわけ，情報技術ネットワークを主に支えるもので，新しいビジネスモデル，サービス方式，管理方式の基礎の上に確立されたサービス産業を指す.

［4］　ASEANは，東南アジア諸国連合（Association of South-East Asian Nations）．以下，ASEANと表記している.

［5］　接続性とは，コネクティビティ（connectivity）とも呼ばれ，インフラの整備を通じて，各国・各地域を繋ぐ(接続する)，輸送，エネルギー，通信などのインフラネットワークを構築することを指す.

［6］　以下，「ビジョンと行動」の日本語訳は，中国駐日大使館（2015）「シルクロード経済ベルトと21世紀海上シルクロードの共同建設推進のビジョンと行動」2015年3月30日，を参照した．ただし，翻訳に際して部分的に訳者が改めた.〈http://www.china-embassy.or.jp/jpn/zgyw/t1250235.htm〉，2020年1月5日閲覧.

［7］　BRICSは，ブラジル（Brazil），ロシア（Russia），インド（India），中国（China），南アフリカ（South Africa）の総称.

参考文献

聯合国貿発会議（2016）『世界投資報告2016——投資者国籍及其政策挑戦——』南開大学出版社，第1版(UNCTAD, *World Investment Report 2016 Investor Nationality : Policy Challenges*).

聯合国貿発会議（2010）『2010世界投資報告——低炭経済投資——』聯合国2010年版.（UNCTAD, *World Investment Report 2010 : Investment in a Low-Carbon Economy*）

中国商務部・国家統計局・国家外国為替管理局（2016）『2015年度中国対外直接投資統計公報』中国統計出版社.

（2020年1月7日翻訳）

コラム1

「中国の周期性循環」論からみる「一帯一路」

趙　　強

　一般に人口に膾炙している「一帯一路」という名称は略称であり，正式名称は「シルクロード経済ベルトと21世紀海上シルクロード（The Silk Road Economic Belt and the 21st-century Maritime Silk Road)」である．このことから，「一帯一路」は「現代版シルクロード」とも呼ばれている．そしてこの名称の由来となったのが，言わずもがな，中国の歴史において登場してきた「シルクロード」である．

　では，この「一帯一路」という「現代版シルクロード」と，中国の歴史における「シルクロード」には，どのような関係性を見出し得るのだろうか．そしてまた，何らかの関係性があるとすれば，「シルクロード」は「現代版シルクロード」に如何なる示唆を与え得るのか．本コラムでは，この試論を展開してみよう．

　これを考えるために有効と思われる1つの手がかりが，「中国の周期性循環」というものである．

　1922年に制定された壬戌学制の起草にも携わった教育家であり，政治家であった黄炎培は，1945年7月，延安に視察に赴いた際に，毛沢東と交わした「窑洞対」[1]として知られる対話の中で，次のような論点を打ち出した．中国の歴史における各王朝は「其興也勃焉，其亡也忽焉（勃興も速いし，滅亡も速い）」という興亡周期律から脱することができない，というものである．すなわち，「中国の周期性循環」とは，中国の歴史における王朝が繁栄と衰退という循環を繰り返してきた，ということを意味している．

　具体的に言えば，次の2つの要素からなる．1つ目は周期性であり，繰り返している歴史的な規則である．繁栄と衰退を繰り返している．2つ目は普遍性である．夏，商，周，秦，漢，唐，宋，元，明，清といった各王朝の君主で，その周期性循環から脱した者は1人もいなかった．黄は，「人，家庭，集団，地域，国，どれをとってもその周期性循環から飛び出せなかった．中国の歴史から見ると，『政怠宦成（宦官の専権）』，『人亡政息（執政官が死ねば，彼が提案した政策も止められること）』，『求栄取辱（能力が不足しているにも拘わらず，執政の地位を求め，結局地位も名誉もないこと）』など，様々なことがあったが，その周期性循環から脱したことがなかった」（黄，1945）といっている．岑は「中国の周期性循環」における歴史的な内生的経済循環を「歴史的中国経済周期」と定義している[2]．

　「歴史的中国経済周期」における各時代の経済の上昇期に目を向けてみよう．例えば，唐，宋，明の時代の上昇期では，人口増加，労働生産性上昇，技術進歩と商

業の繁栄という歴史的事実があったことが確認されている．とりわけ，それらの時代では経済的余剰と運送手段の発達がシルクロード経済を促進していた．

無論，個別の時代背景もある．唐（618～907年）の前半の時代では，安定的な国内外の経済・社会情勢を背景に陸上シルクロードを通してヨーロッパとの貿易を行ったが，宋（960～1279年）の時代では，北方の遼，金からの脅威などにより，海上シルクロード経済を通して海外との貿易を行った．明（1368～1644年）の時代の初期には，鄭和の大航海によって朝貢貿易が盛んになった．明の後期には海外貿易の禁止が解かれて以降，民間の海外貿易が勢いづき大量の銀が中国に流れ込み，国内経済の成長を促した．

いずれにしても，シルクロード経済は「歴史的中国経済周期」における上昇期の1つの経済現象であり，対外貿易の延長（陸上及び海上貿易）であると解釈できるのである．その意味では，「一帯一路」，すなわち「現代版シルクロード」も「歴史的中国経済周期」の上昇期におけるシルクロード経済と同様の性質をもつものと理解される．したがって，1990年代以降の高度経済成長に伴って世界第2位の経済大国となった中国が「現代版シルクロード」を打ち出したことは，ある意味では「必然的」かもしれない．唐，宋，明のように，およそ300年という興亡の周期からすれば，現代中国の「勃興」はしばらく続くだろう．

しかし，周期性循環に「其興也勃焉，其亡也忽焉」という規則があれば，「現代版シルクロード」も周期的なものであると認識すべきであり，周期の「興亡」をもたらす要因を明らかにすることは歴史学者または政策立案者の喫緊の課題であろう．

注
1）窰洞は延安にある洞窟式の住居のことで，そこで対話が行われた．
2）本書第1章の岑による「『歴史的中国経済周期』から読み解く『一帯一路』」を参照．

参考文献
黄炎培（1945）『延安帰来』重慶国訊書店．

（2020年1月31日脱稿）

第Ⅱ部

地　域

第5章
「一帯一路」構想と日本外交

東 郷 和 彦

はじめに

　「一帯一路」構想が中国指導部から語られ始めたのは，2013年の秋からである．習近平国家主席のカザフスタンでの9月の演説で「一帯」が，10月のインドネシアでの演説で「一路」が語られた．それからちょうど6年近くがたち，2017年10月の第19回中国共産党大会での習近平第二期政権の新しい出発をへて，「一帯一路」構想は，さらなる求心力を持ったように見える．

　本章は，この6年近く，日本外交にとって「一帯一路」がどのように扱われてきたかを，2つの期間に分けて分析する．前半は，2015年に経済面での柱となるアジアインフラ投資銀行（Asian Infrastructure Investment Bank：AIIB）への創立メンバーが決まり，2016年においてその最初の活動が始まるまでの時期であり，総じて日本側でのこの構想に対する無関心と，経済関係で「外部からの様子見」姿勢が顕著だった時期である．後半は，主に2017年以降，様々な要因が複合し，特に経済面で一定の協力関係創設への動きが安倍政権の中に明確に看取され始めている時期である．

　この2つの期間分析をへて，最後に日本の対中国外交におけるこれからの「一帯一路」構想への取り組みについて筆者の見解を簡潔にとりまとめておきたい[1]．

1　「一帯一路」構想に対する日本側の最初の取り組み
　　　──2013〜2016年──

　中国において「一帯一路構想」が発表されたとき，総じて日本側における報道も論評も，とまどいと関心の欠如と「様子見」が中心だったと思う．他方構想の大きな骨格が明らかになるにつれ，筆者には，この構想が3つの側面を持

つ，半端でなく重要なものであると看守された．筆者はそれについて日本語で
も英語でも明確な論文で発表はしなかったが，上海社会科学院との2015年秋の
交流研究会でパワーポイントを作成のうえ，どのような立場をとるにしても，
少なくとも日本側はこの構想の持つ重要性を認識することから始めなくてはい
けないと考える旨を述べた[2)]．

　筆者は，「一帯一路」構想で感得される最も重要な点は，中国がそのよって
立つ地域共同体の根を，ユーラシア大陸に据えた点にあると思う．歴史発生以
降の中国の地域共同体は，元（モンゴル）の時代を別とすれば，東アジアを中
心とする中華の世界だった．改革開放後の中国の地域共同体は，端的には1991
年の APEC 加盟が象徴するように，東アジアの自然な拡大としてのアジア太
平洋地域だった．それが，「一帯一路」の概念が急浮上したことをもって，全
ユーラシア大陸を1つの地域共同体として包括し，中国はその東の端の大国と
して太平洋に面することとなった．

　このことは，中国がユーラシア大陸をその後背地として，太平洋の彼方に遊
弋するアメリカに対峙するということを意味する．2013年，米中関係は今ほど
緊張していなかった．しかし，歴史の流れが，これからしばらくの間，米中と
いう新旧の超大国が世界の覇を争うことになるかもしれないことは，当時から
十分に予見し得た．それに備える最も有効な戦略的な位置づけを，中国は固め
たということになる．2017年末の共産党大会で習近平国家主席が「新時代の中
国の特色ある社会主義」戦略をうちだす4年前，米中対決が朝鮮戦争における
直接の戦争以来最も緊張し始めた2019年夏に先立つこと6年の時点であった．

1）　経済的側面

　最初の側面は，よく知られているように経済的側面である．日本において限
定的ではあるがこの問題についての議論はある程度展開された．中国政府の活
発なイニシアティヴによって3つの新たな融資機関が設置された．第1は，国
際的な融資機関である AIIB，第2はブラジル，ロシア，インド，中国，南ア
フリカのいわゆる BRICS 5カ国の共同出資による新開発銀行（New Development
Bank：NDB），最後に中国単独の新たな融資機関であるシルクロード基金（Silk
Road Fund：SRF）の3つである．「一帯一路」構想の経済的側面がこの3つの融
資機関の組み合わせの中から動き出すことは明白な事態となり，日本がこれに
関わりを持つとすれば，それは国際的な融資機関である AIIB への対応を通じ

てであった．民間の一部にはこれに対し，AIIB設立の最初から日本も初期拠
出国となりこの構想の内部に入って影響力を行使すべきであるという意見もで
たが，政府側は，この新機関が適切なガバナンスと透明性によって運営される
のかどうか，これまでのブレトンウッズ融資機関やアジア開発銀行(Asian Devel-
opment Bank：ADB) の果たすコンディショナリティと比較し十分に公正な条件
を果たすか否か等，その立ち上がりの様子を見るべしという方向で対応した．

　周知のように，この構想が本質的にユーラシア大陸の東側から発する経済交
易をこの大陸の西側に連結しようとする構想であることを見て取ったヨーロッ
パ諸国は，イギリスを筆頭にドイツ，フランス，イタリアというG7参加国を
始めとして多数初期構成国として参加の動きとなった．2014年10月初期構成国
としての参加の呼びかけが行われたのに対し，2015年4月までにこれら諸国を
含む57カ国がこの呼びかけに応える旨を表明，同年6月AIIBの法的枠組みを
形作る合意書に50カ国が署名，残る7カ国も2015年末にはすべて署名を終了し
た．この時点でG7の不参加国は，太平洋岸に位置するアメリカ，カナダ，日
本ということとなったのである．

2） 軍事的側面

　「一帯一路」構想の第2の側面は，この構想の背景が持つ軍事的側面である．
これまでのところその主要な関心事項は，中国の長期的海軍戦略と，この構想
の「一路」の部分が持つ経済戦略がぴたりと一致した形で進められるべく構成
されているのではないかという問題意識である．中国の海洋軍事戦略について
は，日本の専門家の間ではそれなりに強い問題意識が表明されてきた．そうで
あればこそ，「一帯一路」構想がその点を含めてどういう意味を持つかについ
て大きな関心と注力が必要となると思われるのであるが，筆者の見るところ，
むしろ中国の軍事力ないし中国海軍の動向に対する警戒感は，「一帯一路」構
想全体に対する警戒感として表明されていったように思われる．

　中国の海洋軍事戦略が何であるかについては，日本の『防衛白書』は中国が
2015年に発表した国防白書『中国の軍事戦略』を引用して「中国共産党の強軍
目標の実現に向け積極防御の戦略方針を貫徹すること」，「国防と軍隊の近代化
を加速すること」，「中華民族の偉大なる復興という『中国の夢』を実現するた
め強固な保障を提供すること」であると指摘している (防衛省, 2017：106-107)．
国防予算について防衛白書は「公表国防費の名目上の規模は，1988年度から29

年間で約49倍，2007年度から10年間で約３倍となっている」と述べている（防
衛省，2017：109）．海軍力については，防衛白書は「中国海軍は，静謐性に優れ
るとされる国産のユアン級潜水艦や，艦隊防空能力や対艦攻撃能力の高い水上
戦闘艦艇の量産」，「空母に関しては，ウクライナから購入したワリャーグの改
修を進め，12年９月に遼寧と命名し，就役」，「中国は近海における防衛に加え，
より遠方の海域において作戦を遂行する能力を着実に構築していると考えられ
る」と述べている（防衛省，2017：109-118）．

　中国海軍の具体的な展開については，1980年代から，中国共産党中央軍事委
員会の副委員長を1989年から1997年まで務めた劉華清将軍により，第一列島線
と第二列島線の概念が策定され，さらに1997年より中国海軍司令官になった石
雲生将軍の下で海軍の戦略として具体化されたといわれている．第一列島線は
九州に端を発し沖縄列島に沿い，尖閣諸島及び台湾を含む形で南下し，フィリ
ピン諸島，ブルネイ，マレーシアの西海岸，すなわち基本的に東シナ海及び南
シナ海の全域をカバーするようである．第二列島線は伊豆諸島に端を発し小笠
原諸島から南方に，サイパン，グアムを経てパプアニューギニアに達しフィリ
ピン全域を含め，日付変更線以西の西太平洋のおおむね半分の海域をカバーす
るようである．東アジアにおける領土問題，すなわち日本との関係における尖
閣，南シナ海周辺国との関係における九点線内の領有権の問題が第一列島線の
範囲に収まることはいうまでもない．

　さらに中国海軍の動きは，マラッカ海峡を越え，ベンガル湾からアラビア海
の海域をカバーし，アフリカ大陸東岸から紅海を超えてスエズ運河に達する，
いわゆるインド洋に拡大されてきている．この海域を通じ中国が大量のエネル
ギー及びその他の資源を運搬する必要性があることと，それをサポートする海
軍力維持の必要性について，2005年アメリカの国防問題研究コンサルタントの
Booz Allen Hamilton は「真珠の首飾り」戦略という命名を発表している[3]．

3）　政治的側面

　「一帯一路」との関連での分析ではなくとも，中国海軍の強大化の動きをど
うとらえるべきかについてはこれまで少なくとも一部専門家の間で真剣な関心
がむけられていた．これに比べ，「一帯一路」構想が，世界の地域共同体の形
成との関連でどのような位置を持つかという点について，日本における関心は
希薄であった．

中国がユーラシア大陸の東端から西の端までをカバーする大戦略を打ち出した以上，ユーラシア大陸を核とする地域共同体がいかなる役割を果たすかが重要な視点となることは，およそ問題提起をするまでもないように思われる．その観点でみるならば，看過し得ない地域共同体として，少なくとも，上海協力機構（Shanghai Cooperation Organization：SCO）及びアジア相互協力信頼醸成会議（Conference on Interaction and Confidence-Building Measures in Asia：CICA）の2つがあるのではないか．

SCOはよく知られているように，1996年ソ連邦崩壊のあと，中央アジア諸国とこれに隣接することとなったソ連及び中国との関係の調整のために「上海5」として，ソ連，ロシア，カザフスタン，キルギスタン，タジキスタンとの間で結成された．ウズベキスタンがこれに参加したのが2001年，SCOは以後長期にわたり「上海6」として知られる組織になった．SCOの拡大については，オブザーバー参加，対話パートナー，招待参加等微妙に異なった様々な形があったが，2015年「一帯一路」構想がようやく緒に就き始めた時点で，インド及びパキスタンを正式な構成国に加える旨の合意が成立するという画期的な事態が発生した．[4]

CICAの発生と役割は趣を異にする．この枠組みを最初に提唱したのは，ナザルバーエフ・カザフスタン大統領が1992年まさにソ連邦崩壊と踵を接して国際連合の場で提案したとされる．この提案から7年間の準備期間をへて，1999年に最初の外務大臣会合が，2002年に最初の首脳間サミットが開催され，それ以来2年毎に，外務大臣会合と首脳間サミット会合が順繰りに開催されるという制度となっている．「一帯一路」の形成とも関連した最近の会合で特に注目を集めたのが，2014年5月習近平国家主席が主催して上海で行われ，26の加盟国（日米を含む11のオブザーバー）の下で開催された第4回の首脳間サミット会合だった．[5] 2014年5月21日，この会合で習近平主席は「アジアにおける安全は，アジア人の手で守らねばならない」という発言をし，この発言は，アメリカのアジアにおける安全保障上の役割に対する真正面からの挑戦として，日本における世論の注目を集めた．[6] 2015年に入りインドとパキスタンのSCO加盟が正式に決定された時点で，SCOの8つの構成国すべてがCICAのメンバーであり，さらにCICAのメンバーとして，中東において政治的にも歴史的にも巨大な役割を果たしてきた2つのイスラム国，イランとトルコがいることが浮き彫りになった．この段階に至れば，ユーラシア大陸のど真ん中において次第に

重きをなす SCO–CICA という政治的共同体が生まれつつあり，例えば SCO による共同軍事演習などの軍事的側面や，カスピ海周辺の巨大な埋蔵天然ガスの採掘がからむユーラシア大陸の東西を貫徹するパイプラインの問題など多くの戦略的課題がそこにあることが明白に浮上したのではなかろうか．

にもかかわらず，日本全体の関心は薄い．なぜだろうか．日本人は戦後経済復興をなし，国際社会に再び参画するようになってから長く地域協力の舞台は「アジア太平洋」と考えてきた．細かく見るならば，同じアジア太平洋とは言っても，地域協力の重心は明らかに東の太平洋から西のユーラシアに徐々に重点移動してきてはいるが，その中心はあくまでアジアと太平洋を両にらみする，まさに日本列島をその真ん中におく「アジア太平洋」地域だったのではなかろうか．この日本中心史観から本能的に日本人は出られないでいる．そういう日本人の一種の DNA 感覚にとって，「一帯一路」を核とする SCO–CICA という「ユーラシア」地域協力のビジョンは，なかなか馴染みにくいという問題があるのではないか．

さらにもう１つ，ある意味では不幸な偶然がここに重なったのではないか．この間アジアにおいては時あたかもオバマ政権が，2010年以来強力なイニシアティヴによって地域協力を太平洋に引き戻す TPP（環太平洋パートナーシップ協定，Trans-Pacific Partnership : TPP）戦略を発動，日本政府の関心のほとんどは TPP への対応をどうするかに注がれていたわけである．日本政府が関係12カ国の中では最も遅く，しかも野田民主党政権から安倍自民党政権におけるバトン・リレーによってようやく TPP 参加を表明したのが2013年３月15日[7]，習近平国家主席が「一帯一路」を打ち上げたちょうど半年前ということになる．「落ち着いて考える余裕がない」というのが偽らざる実感であったのかもしれない．

太平洋からアジアにいたる地域協力の流れは，① まず太平洋を舞台とする「太平洋経済協力会議」（Pacific Economic Cooperation Council : PECC）に始まる．② これがアジア・太平洋を舞台とする「アジア・太平洋協力」（Asia-Pacific Economic Cooperation : APEC）に発展（現在の「アジア太平洋自由貿易地域」（Free Trade Area of Asia-Pacific : FTAAP））．③ ついで，東アジアの地域協力を進める動きが加速，「ASEAN プラス３」（ASEAN Plus Three : APT）から「ASEAN プラス６」（ASEAN Plus Six : APS）というアメリカの参画のない組織へと発展した（現在の「地域総合経済パートナーシップ」（Regional Comprehensive Economic Partnership : RCEP））．④ ここから，オバマ政権のアジアへのリバランス政策の結果として，太平洋を舞台

とするアメリカ主導の TPP が締結されたわけである.

2　「一帯一路」構想に対する日本側の最近の取り組み
──2016〜2019年──

1）　国際情勢の基本動向

「一帯一路」構想との関係で起きつつある変化について述べる前に, 本章前半から後半に推移する国際情勢における最も重要な変化について概括しておきたい.

アメリカ：第 1 はアメリカにおけるトランプ政権の登場である. トランプ大統領は, 特に, アメリカ資本主義の発展の中でとりのこされてきた貧困白人層からの支持を母体に大統領選に勝利した.

大統領選出後, 次第にはっきりしてきたのは, 外交・安全保障問題では,「アメリカ・ファースト」はむしろアメリカの国益を前面に押し出し, 必要なら武力を使ってでも国益を実現しようとする態度である. また, 伝統的な国際関係を律する「力の均衡」や「段階的な交渉」によらずに, 直截な「ディール」による問題解決に突進する手法が顕著になった. 際立った特徴を見せ始めたのが, 金正恩との首脳会談で開始した対北朝鮮外交, イスラエルとサウジを柱とし, イランへの対決姿勢を強める対中東外交だった.

他方, 経済・技術面では, 二国間交渉主義によってアメリカが直接的利益を享受することと, 多数国間条約への根強い不信 (TPP からの脱退, 地球温暖化パリ議定書からの脱退等) の 2 つの政策が表裏して進行し始めた. その中から中国との貿易不均衡を是正するための関税引き上げ合戦が始まった. しかし, 今や, サイバー・AI・先端製造技術・量子科学などの面での中国の急速な成長に勝つためにはどうするのかという問題意識に, トランプ大統領のみならず, 多くのアメリカの有識者が急速に傾いているようである.

中国：2012年の政権成立以来「中華民族の偉大な復興」を「中華民族の最も偉大な夢」とする習近平政権は, 2015年 5 月に「中国製造2025」を決定し, まさに, 先端技術の振興について2049年を目標年として「世界の製造強国の先頭グループ入り」を目指す長期戦略を進めてきた.

2017年の第19回共産党大会における10月18日の習近平報告『新時代の中国の特色ある社会主義』において明確な形をもって, 国家発展政策の骨格を現し始

めた. ① 達成目標は,「富強・民主・文明・和諧・美麗の社会主義現代化強国」の実現, ②2049年を目標達成年次として, まず2020年までを「小康社会」の建設完成, その後を15年ずつの2段階に分ける, ③ 中国共産党統治という国家体制をフルに活用して実現するという方針を打ち出したのである[8].

　以上の体制を実現する権力関係として, 強固な習近平指導体制が確立され, 2018年3月の全人代で習近平は, 任期無制限の国家主席に再任された.

　この新しい方向性の中で「一帯一路」がどのような位置づけを持つかであるが, 2017年10月の習近平報告の経済セクションでは「『共商・共建・共享』を原則とし, イノベーションの協力を強め, 陸海・国内外の連動, 東西双方向の開放的構造を作る」ことが強調されている[9]. グローバルガバナンスについて触れたセクションでは,「中国は共商・共建・共享のグローバルガバナンス観を持ち, 国際関係の民主化を唱道する」と述べられている. このことに着目し,「一帯一路の推進は, 中国のグローバルガバナンス構想と密接にかかわっている」という観察には, 興味深いものがある[10]. 外交セクションでは「各国と政策, 組織, 資金, 民心などの協力・交流を深め, 国際的な協力のプラットフォームを作る」と述べられている[11].

　日本:日本外交にとって, 以上の全く対照的なアメリカと中国の双方への同時対応は, 細心の注意を払わざるをえないものであり, 米中の対立が一層先鋭化している2019年の時点において, 外交のかじ取りは一層の細心さを求めるものである.「一帯一路」についての政策転換をなしとげた, 2017年時点に集中して日本の対米・対中政策を考えるなら, おおむね以下のようになると思う.

　まず対米関係では, トランプ大統領にとっておそらく, 最も気兼ねなく話のできる外国指導者としての位置をつくりあげ, 北朝鮮問題については「今は圧力」という基本メッセージをぶれなく出すことによる政策のクレディビリティを確保し, 経済の二国間交渉が国益を大きく棄損しない関係をつくりあげたことは, 見事な成果であったと考えるべきであろう.

　しかしながら以上の日本外交の足場構築において, 対中関係を見直す重要な契機が三方面から生まれてきたのではなかろうか.

　第1に, 経済外交におけるトランプ政権の二国間主義は, 戦後日本外交が, 営々としてブレトンウッズ体制の優等生として経済発展をしてきた日本の利益になるものではなく, ここに, 経済関係を核とする中国の政策との協力を再検討する契機が生まれてきたのではないか.

第2に，既述のように，2017年時点では金正恩の核・ミサイル実験が続く状況下でトランプと金正恩間の舌戦が激化．この時点で，北朝鮮に対するさらに効果的な圧力をひきだすために，中国の果たすべき役割への期待は大きかったと思われる．そのためには，日中それぞれが国益を棄損しない領域において協調関係を進めることは理由のあることといえよう．

第3に，かたや中国との関係も決して平たんなものにはなっていなかった．尖閣問題において中国のいう「新しい現状維持 (尖閣領海への公船侵入の既成事実化)」は日本として受け入れられるものではない一方，「昔の現状維持 (1972年から2012年までにあった状態)」への回帰の見通しは全くたっていない．北東アジアにおける攻撃兵器と迎撃兵器の均衡をどこで見いだすかという極めて難しい問題について，日中間の意見がどのようにかみ合っていくかについても，事態は予断を許さない．南シナ海における人工島建設の問題も，周辺国との合意の有無は，看過できない重要性を持っている．歴史認識問題についても，これまでどちらかといえば「靖国問題」ひとつにしぼられていた感のあるこの問題は，上海交通大学における「東京裁判研究センター」，上海師範大学における「中国慰安婦問題研究センター」，ユネスコ記憶遺産における「南京事件」「慰安婦問題」の登録問題など，今，広範な新しい問題提起が始まったように見える．逆にそういう問題が顕在化していればこそ，中国との協力のチャネルを模索することには理由があるということになる．

2）「一帯一路」の経済面における協力の可能性の探求
（1） 日本政府のかじ取りの変化

以上の背景の下で，日本政府が少なくともその基本姿勢において「一帯一路」に明白な関心を表明し始めたのは，2017年5月からである．4つの発信の積み上げが注目される．

①2017年5月14日・15日北京にて「一帯一路国際協力サミットフォーラム」が開催され，日本からは二階俊博自民党幹事長が出席，16日習近平国家主席と会談した．『人民中国』は二階氏の言葉として「『一帯一路』の着眼点は素晴らしいものだ．十分理解している人とこれからその重要性をだんだんと理解していく人との間に多少の温度差はあるが，この考え方に共感を持って，今後の発展を眺めていくというのが日本の大方の考え方だ」と伝えた．[12]

②同年6月5日，第23回国際交流会議「アジアの未来」晩餐会安倍総理スピー

チの中で，総理から「今年はユーラシア大陸の地図に，画期的な変化が起きました．本年初めて，中国の義烏と英仏海峡を越えて英国と貨物列車で繋がり始めました．一帯一路の構想は，洋の東西，そしてその間にある多様な地域を結びつけるポテンシャルを持った構想です．……万人が利用できるよう開かれており，透明で公正な調達によって整備される……プロジェクトに経済性……債務が返済可能……国際社会の共通の考えを十分にとりいれる……日本としては，こうした観点からの協力をしていきたいと考えています」との発言が行われた．¹³⁾

③以上の公開のシグナルのあとに，7月8日，ドイツ・ハンブルグでのG20会合の際に開かれた日中首脳会談で安倍総理は一帯一路構想について「ポテンシャルを持った構想であり，国際社会共通の考え方を十分採り入れて地域と世界の平和，繁栄に前向きに貢献していくことを期待している」と公平性の確保について条件を付したうえで，「日本としてはこうした観点からの協力をしていきたい」と表明した．中国外務省によると，習氏は「経済・貿易関係は中日協力の推進器だ．日本が一帯一路の枠組みで協力を広げることを歓迎する」と応じた．¹⁴⁾

④以上の動きの頂点は，ベトナム中部のダナンでのAPEC首脳会議の際，11月11日に行われた日中首脳会談であろう．邦字各紙は一様に，この会談をもって，日中関係改善の機運が出てきたことを報じている．対中関係に関する辛口の論評で知られる産経新聞の以下の報道が特徴的である．「(それぞれに) 政権基盤を強化した両首脳の6度めの会談は余裕の笑顔で始まった．……習氏『この会談は日中関係の新たなスタートとなる』安倍首相『全く同感だ』約50分の会談は最後，このような友好モードで終わった．……習氏は会談で，日中関係について『改善のプロセスはまだやるべきことがたくさんある．時流に乗って努力し，前向きな発展を推進したい』と呼びかけた．首相は，『関係改善を力強く進めていきたい．日中両国は地域，世界の安定と平和に大きな責任を有している』と応じた．両首脳は，中国の現代版シルクロード経済圏構想『一帯一路』にからみ『日中が地域や世界の安定と繁栄にどのように貢献するか議論していく』ことで一致した」．¹⁵⁾両国国旗を背にして安倍首相と習近平国家主席が握手を交わしている写真は，日本では，「習近平国家主席の最初の微笑み」として広く報道された．¹⁶⁾

（2）「一帯一路」の経済面における協力の有用性

　日本側からして，経済面からするこの構想に関心を持つ理由はいくつもある．

　第1に，中国自体はもちろんのこととして，ASEAN，インドなどこの構想がカバーする地域は，戦後の日本企業の海外発展の重要な礎石を築いてきた地域である．この地域にどのような経済的なイニシアティヴが生ずるかは，彼らの強い関心の的である．相手の懐にも入った理解は，有益でないはずはない．

　第2に，同様に，この地域はこれまで日本政府が日本外交の最も前向きでポジティヴな努力の対象として行ってきたODAの重要な供与相手である．中国が今回リーダーシップをとって作ったAIIB，NDB，シルクロード基金の展開は，これまで日本のODAが供与されてきたプロジェクトと競存，補完，競争することもまた，当然に予見される．現場において日本のODAが蓄積してきた理解を基礎に，十全の情報交換と相互理解に努めることは，正に有益である．

　第3に，日本が中心となってこの地域に対して融資を行ってきた国際的金融機関としてADBがある．AIIBがその存在感を増せば増すほど，ADBとの関係調整は重要な課題になっている．すでに2017年3月23日，AIIBはADB67カ国を上回る70カ国が加盟，年末には85カ国から90カ国を上回ると報ぜられている．同年6月29日，ムーディーズ・インベスターズ・サービスはADBと並ぶ最上位の「Aaa（トリプルA）」の格付けを発表した[17]．最近の報道では，AIIBとADBの協調融資が増えつつあるようである．コンディショナリティをめぐってオープンで理にかなった対話を交わし，受益国にとっても供与側にとっても意義深い活動が進むことこそ望まれるのであろう．

3）　2018年の日中関係の進展

　2017年11月11日，ダナンにおける日中首脳会談で転換点を迎えた日中関係は2018年の間，関係改善の方向性を強めた．

　まずは，5月8日から11日まで李克強首相の訪日が行われ，懸案となっていた日中韓サミットの開催から始まり，日中首脳会談，共同記者発表，北海道への視察旅行などの行事が行われた．「一帯一路」における協力を促進しうるものとして「第三国における日中民間経済協力について，日中ハイレベル経済対話の下，省庁横断・官民合同で議論する新たな『委員会』を設け，具体的な案件を議論していくこと」が強調された（安倍総理発言）[18]．ついで経済分野にくらべ，立ち遅れ感の否めない安全保障分野でも「日中防衛当局間の海空連携メカ

ニズムが10年に及ぶ協議を経て妥結した[19]」.

　さて，安倍時代の日中関係を画す最も重要な訪問として，10月25日から26日にかけて安倍総理の北京訪問が行われた．李克強総理，習近平国家主席との会談のほか多くの行事が行われたが，就中,「日中民間ビジネスの第三国展開推進に関する委員会」及び「日中第三国市場協力フォーラム」が開催され,「同フォーラム」においては，日中民間企業・団体間で52本の協力覚書が締結された[20]．個々の覚書の実施はこれからではあるが，日中の「一帯一路」協力が，こういう具体的な形で現場に降りるメカニズムを持ったことは，それなりに評価してよいと思う．

　かくて2019年1月28日の施政方針演説において安倍総理は，以下のごとく述べるところまで両国関係は進捗してきたと言ってもよいと思う．

　「昨年秋の訪中によって，日中関係は完全に正常な軌道へと戻りました．『国際スタンダードの下で競争から協調へ』，『互いに脅威とはならない』，そして『自由で公正な貿易体制を共に発展させていく』．習近平主席と確認した，今後の両国の道しるべとなる三つの原則の上に，……あらゆる分野，国民レベルでの交流を深めながら，日中関係を新たな段階へと押し上げてまいります[21]」．

4)　2019年の日中関係の進展

　2019年3月25日，参議院予算委員会で安倍総理は，一帯一路への協力について「プロジェクトの開放性，透明性，経済性，対象国の財政健全性」を提起．

　4月26日と27日，北京で2回目となる「一帯一路国際協力フォーラム」が開催され，26日習近平国家主席が基調演説を行った．冒頭の一節で「維持可能な発展を推進」「広く受け入れられているルールや基準の採用」「参加企業が一般的に受け入れられている国際ルールや基準をプロジェクトの推進で適用すること」「受け入れ国の法令の尊重」などを述べたあとに「すべてのプロジェクトがその目標を達成できるように，商業的及び財政的維持可能性を確保すること」の必要性が特に強調された．アメリカなどから寄せられた様々な批判に対し，誠実に対応しようとしたものとして日本では好意的な論調が多かった．

　日本からは二階自民党幹事長がこの会議に出席，4月24日習近平国家主席と会談，安倍総理の親書を手交し，G20への出席，秋の公式訪日への招待が伝えられた由である．

　6月27日，G20出席のため来日した習近平国家主席との間で日中首脳会談が

開催された．日中関係全体について日本側は「永遠の隣国」という言い方で，中国側は「10の共通認識」に達したとして，それぞれアピールを行った．「一帯一路」についても取り上げられ，安倍総理は，習近平国家主席の4月の「国際協力フォーラム」発言が3月の自分の四条件に合致するものとして歓迎.「10 [22]の認識の一致」においても第4項目で詳細にとりあげられた．これから両国政 [23]府は，2020年の習近平国家主席訪日の準備に力がそそがれることとなる（2021年1月現在，習近平国家主席の訪日は延期されている）．

3　「一帯一路」の歴史的背景と日本の位置

　日中関係の難しい問題がなくならない中で，両国が共通に関心を持つことのできる分野に注力する，そこに，経済面から見た「一帯一路」があるのではないかということを述べた．しかし，日本が「一帯一路」についてもっと関心を持ったらよいのではないかと思うもう1つの側面がある．それは，「一帯一路」すなわちシルクロードと日本の歴史的関わりである．残念ながら，この側面からの見方は，今，日本においても世界においても，ほとんど注目されていない．

1）　歴史の中におけるシルクロードの東端はどこなのか？

　シルクロードすなわち「絹の道」は，19世紀ドイツの地理学者リヒトホーフェンが古来中国で「西域」と呼ばれた東トルキスタン（現在の中国新疆ウイグル自治区）を東西に横断する交易路，いわゆる「オアシスロード」をさして命名したのが最初といわれている．

　ユーラシア大陸の東の端の巨大な中華文明と，西の端に位置する巨大な欧州文明の交易の路を称して「シルクロード」と呼ばれたわけであるが，厳密な意味で東の端がどこにあったかについては，その中華文明の更に東の端に，海を隔てて存在していた日本としては関心を持つ理由がある．

　そして，ユーラシア大陸西部からの文化が中国を経由して日本にまで到達した事実は，しばしば奈良の正倉院に保存された宝物との関わりで述べられる．正倉院は奈良時代の8世紀中ごろ，天平文化の時代に中国大陸から入ったものを含む当時の宝物を保存し始めたのがその起りである．その宝物の特徴として宮内庁は「正倉院の宝物は，国際色豊かな中国盛唐の文化を母胎とするもので，大陸から舶来した品々はもとより，国産のものもまた，その材料，技法，器形，

意匠，文様などに，8世紀の主要文化圏，すなわち中国をはじめ，インド，イランからギリシャ，ローマ，そしてエジプトにもおよぶ各地の諸要素が包含されています」と述べている[24].

　それではシルクロードを越えて日本がどのようにヨーロッパまで伝えられたかということになると，多くの日本人は，マルコ・ポーロと『東方見聞録』のことを思い起こすのだと思う．マルコ・ポーロのユーラシアの旅は，正倉院時代を下ること約400年，1271年にヴェネツィアを出発，バクダットからホルムズに出，次いでオアシスロードを東進，元の支配する中国をかけめぐり，帰路は東南アジアを南下し，マラッカからインド洋を経てホルムズにもどり実に24年をかけて1295年帰国したと伝えられている．帰国後捕えられ，獄中にて語ったことがやがて『東方見聞録』として多数の版を重ねた．その中に「黄金の国ジパング」という3章にわたる記述があり，この伝聞自体直に物品の伝搬とはいいがたいとしても，ヨーロッパにおける最初の日本文化の伝搬の役割を果たしているといえよう．

2)　現代外交政策における「シルクロード外交」の初登場は？

　8世紀の正倉院，13世紀のマルコ・ポーロと，文明伝搬の東端にあったとしても，ここでさらに問われるべきは，現代外交政策の展開のうえで，日本外交がシルクロードにどのような関心をはらったかであろう．この点については，1997年7月24日橋本龍太郎総理が行った経済同友会演説における関連部分を紹介する必要がある．

　この演説はむしろ，前半部において述べられたロシアに対する新しいアプローチと中国に対する積極的協力意思を核とする「東からのユーラシア外交」によって評判となったものであるが，こと「シルクロード外交」としては，中国の「一帯一路」外交が展開されるより約15年早く，これが世界最初の具象化となったといえよう．

　橋本演説は，日本の「シルクロード」外交の対象を，中央アジアを中心にコーカサス諸国も視野にいれながら，① 対話と信頼の強化，② 繁栄のための協力，③ 平和のための協力の3分野を柱として展開させた[25].

　残念ながら日本外交におけるシルクロード外交のコンセプト及びその実態は，2004年に開始された外務大臣レベルの「中央アジア＋日本」フォーラム開催にかろうじてひきつがれ，今は安倍総理の「地球儀を俯瞰する外交」の一翼

を担う形でのみ推移している．しかしながら今「一帯一路」を真剣に考えようとするのであれば，やはりこの辺りに日本として考えるべき大切な手掛かりが残っているのではないだろうか．

お わ り に

習近平国家主席の下で中国は，今世紀半ばまでに中国を「富強・民主・文明・和諧・美麗の社会主義現代化強国」とするという目標を掲げた．共産党の権力も習近平国家主席の権威も一層明確に確立された．中国には中国としての諸困難があり，日本を含む諸外国とも難しい問題を抱えていることは言うまでもない．アメリカとの緊張関係は，拡大の一途をたどっているように見える．しかし筆者は，中国の努力が失敗せざるを得ないとか，米中の対立が不可避的であるとか，日中関係が衝突のコースに向かわざるをえないという立場には立たない．

反対に本章は，日中両国が両国間の差異を縮小し，共通の利益を見出すことに集中し，やがて，もっと難しい問題にとりかかることを望むものである．「一帯一路構想」への参画は，まさにそのような政策ではないか．

さらに筆者は，そういう経済関係部分に加え，文化及び文明関係において両国が創造的な対話を進めることができるのではないかと考え，2017年1月京都産業大学の同僚である森哲郎教授，中谷真憲教授とともに編纂し，内外の研究者によって著述した『日本発の「世界」思想：哲学・公共・外交』(東郷・森・中谷, 2017) を上梓した．

その詳細は本章の枠外ではあるが，以上の示唆をもって本章をしめくくることとしたい．

注

1) 本章は2018年3月発行の「京都産業大学世界問題研究所紀要」第33巻に掲載の拙論「『一帯一路』構想と日本外交」(pp. 53-67) を，その後の事態の展開に応じ，加筆，補正したものである．
2) 2015年11月26日京都産業大学における研究発表．この発表と基本的に同様の認識を2016年11月21日上海社会科学院における研究発表においてもパワーポイントを活用して述べた．
3) The Washington Times (2005), "China builds up strategic sea lanes," 17 January 2005 〈https://www.washingtontimes.com/news/2005/jan/17/20050117-115550-1929r

/〉，2017年11月7日閲覧．

4）　その後，様々な手続き的要件をクリアし，インド・パキスタンの両国は2017年に正式な加盟を実現した．

5）　『人民網日本語版』（2014）「〈図解〉アジア相互協力信頼醸成措置会議とは？」2014年5月21日〈http://j.people.com.cn/n/2014/0521/c94474-8730484.html〉，2017年11月6日閲覧．

6）　『産経新聞』（2014）「アジア安保　中国が主導　CICA 会議米に対抗　新機構提案」2014年5月22日．

7）　首相官邸「総理記者会見（冒頭発言全体）（平成25年3月15日）」〈http://www.kantei.go.jp/jp/headline/tpp2013.html#tpp_005〉，2017年11月18日閲覧．

8）　CHINA DAILY（2017），"Full text of Xi Jinping's report at 19th CPC National Congress," 4 November 2017, pp. 23–25〈http://www.chinadaily.com.cn/china/19thcpcnationalcongress/2017-11/04/content_34115212.htm〉，2017年12月24日閲覧．

9）　同上，p. 30，2017年12月24日．

10）　山口信治（2017）「中国共産党第19回全国代表大会の基礎的分析③」『NIDS　コメンタリー』65，p. 2〈http://www.nids.mod.go.jp/publication/commentary/pdf/commentary065.pdf〉，2017年11月18日閲覧．

11）　CHINA DAILY（2017）"Full text of Xi Jinping's report at 19th CPC National Congress," 4 November 2017, p. 11, 54〈http://www.chinadaily.com.cn/china/19thcpcnationalcongress/2017-11/04/content_34115212.htm〉，2017年12月24日閲覧．

12）　『人民中国』2017，（6），p. 11．

13）　首相官邸「平成29年6月5日　第23回国際交流会議「アジアの未来」晩餐会　安倍内閣総理大臣スピーチ」〈https://www.kantei.go.jp/jp/97_abe/statement/2017/0605speech.html〉，2017年11月20日閲覧．

14）　『朝日新聞』（2017）「首相『一帯一路に協力』対北朝鮮は温度差　日中首脳会談」2017年7月9日．

15）　『産経新聞』（2017）「日中は関係改善で一致　首脳会談　対北連携強化」2017年11月12日．

16）　〈http://livedoor.blogimg.jp/yasuko1984ja-oku/imgs/e/d/ed3ed6d6.jpg〉，2017年12月17日閲覧．

17）　『Sankei Biz』（2017）「AIIB に最上位格付け　ムーディーズ，統治の枠組み評価」30 June 2017〈http://www.sankeibiz.jp/macro/news/170630/mcb1706300500026-n1.htm〉，2017年11月20日閲覧．

18）　外務省（2018）「李克強・中国国務院総理の訪日　日中首脳会談及び晩餐会　3経済関係の強化」平成30年5月9日〈https://www.mofa.go.jp/mofaj/a_o/c_m1/cn/page1_000526.html〉，2019年1月31日閲覧．

19）　外務省（2018）「李克強・中国国務院総理の訪日　日中首脳会談及び晩餐会　5海洋・

安全保障」平成30年 5 月 9 日〈https：//www.mofa.go.jp/mofaj/a_o/c_m1/cn/page1_0
00526.html〉，2019年 1 月31日閲覧.

20)　外務省（2018）「安倍総理の訪中（全体概要）4 安倍総理訪中の際の成果（ファクト
　　シート）（3）経済分野等における実務協力の推進」平成30年10月26日〈https：//www.
　　mofa.go.jp/mofaj/a_o/c_m1/cn/page4_004452.html#section11〉，2019年 1 月31日閲覧.

21)　2019年 1 月29日各紙報道.

22)　『毎日新聞』（2019）「クローズアップ　日中首脳会談　新たな関係探る　懸案なお棚
　　上げに」2019年 6 月28日.

23)　『新華社』2019年 6 月28日（エマージングマーケットニュース，6 月28日）.

24)　宮内庁「正倉院について」〈http：//shosoin.kunaicho.go.jp/ja-JP/Home/About/Trea
　　sure?ng=ja-JP〉，2017年11月20日閲覧.

25)　「経済同友会会員懇談会における講演」平成 9 年 7 月24日〈http：//warp.ndl.go.jp/
　　info：ndljp/pid/11236451/www.kantei.go.jp/jp/hasimotosouri/speech/1997/0725
　　soridouyu.html〉，2019年 8 月15日閲覧（橋本演説の「シルクロード外交部分」は，当
　　時外務省欧亜局審議官として勤務していた筆者の起案によるものである）.

参考文献

東郷和彦・森哲郎・中谷真憲編著（2017）『日本発の「世界」思想――哲学・公共・外交
　　――』藤原書店.
防衛省編（2017）『平成29年版　防衛白書――日本の防衛――』.

（2019年11月13日脱稿）

第6章
「一帯一路」構想とRCEPの内在的関係

劉　阿明

は じ め に

東アジア地域包括的経済連携（Regional Comprehensive Economic Partnership：RCEP）交渉は，「一帯一路」構想の提唱とほぼ同時期に始まった．両者とも中国のアジア地域における地域経済発展及び地域協力を促進するための試みとして注目されている．「一帯一路」構想とRCEPは，地政学や経済環境などの面において類似する点が多く，含まれる地域も広い．これらの地域では多様性と複雑性，そして変動性があるという特徴がある．RCEPと「一帯一路」構想を同時期に進めていくにあたり，両者の間に存在している相互間の補完性と相似性[1]が注目されている．本章は以下の3つの面から両者の内在的関係を検討する．第1に，目標における両者間の相互促進である．RCEPも「一帯一路」構想も地域内の国家間の協力を強化し，地域内の持続的な経済成長を進め，地域内の不均衡的な発展の解消を目指している．第2に，手段上の相互補完である．両者は目標を達成するための手段と方法を互いに補完し，地域内の多様性と将来の発展性を客観的事実として認識し配慮することに努めている．第3に，理念における一体性である．RCEPも「一帯一路」構想も中国が提唱する平和的協力，開放と包容，Win-Winの地域協力という理念において一致している．したがって，両者の内在的関係を明らかにすることにより，中国の地域協力の目指す方向性と，両者の同時進行における相互間の内在的関係が，中国外交にとって重要な意義をもつことを理解できるのである．

1　RCEPと「一帯一路」構想との目標上の相互促進

中国の習近平国家主席は，2013年9月から10月にかけてカザフスタンとイン

ドネシアを訪問した際，「シルクロード経済ベルト」及び「21世紀海上シルク
ロード」を提唱した．２つの提案内容はアジア，ヨーロッパとアフリカの60余
りの国，40億以上の人口に及んでいる．その後，シルクロード基金 (Silk Road
Fund) とアジアインフラ投資銀行（Asian Infrastructure Investment Bank : AIIB）が
相次いで設立され，「一帯一路」を実現するための金融的な基礎を固めた．更
に，中国で開催された２回の「一帯一路」国際協力サミットフォーラム（Belt
and Road Forum for International Cooperation）では，「中国は国際社会及び一帯一
路沿線各国との協力により，より一層"一帯一路"を確実なものにしていく」
という明確なメッセージが世界に向けて伝えられた．

　一方RCEPは，現代的な，包括的な，質の高い互恵的な自由貿易協定を目
標としながら，ASEAN（Association of South-East Asian Nations）により企画・発
案され，推進されている．中国からも積極的な支持を得ている．RECPの交渉
は2013年５月から始まり，2019年前半までに交渉項目の90％が合意された．
RCEPの構成国は世界総人口の約50％（約35億人）を占め，構成メンバーが最も
多元的な自由貿易協定である．

　RCEP交渉が開始されたのは「一帯一路」構想の提唱とほぼ同時期である．
両者の構想には以下のような類似点がある．

　第１に，地域経済発展の促進である．国際的・地域的な発展の環境から見る
と，RCEPと「一帯一路」構想に含まれている地域は広いが，発展の推進力が
日に日に減速している．20世紀1990年代以降，アジア太平洋地域における経済
一体化が急速に進められているが，二国間，多国間の自由貿易協定 (Free Trade
Agreement : FTA) が重なり合うような構造になっている．RCEP交渉に参加す
る16カ国には，５つの二国間ないし地域貿易協定があるが，異なる特恵待遇な
いし原産地規則がある．RCEP交渉は，ASEANを中心とした５つの二国間
FTAを統合し，「スパゲッティボウル現象」すなわち複雑で相互に矛盾した貿
易関連規則を減らそうとしている．グローバル・バリューチェーンが日増しに
形成されていく現在，これらの煩雑で細々としたルールにより貿易コストが増
し，最終的に消費者に転嫁される[1]．SaragihはRCEPの地域内の商品，投資，
労働力などの移動を効率化させることにより，地域内の所得増加をもたらすこ
とが可能であり，2025年までにRECPは世界のGDPの0.5％に当たる約6440
億米ドルの所得増が可能であると予測している[2]．中国政府も「国際社会におけ
る地域経済の協同成長は時代の潮流であり，それは地域内各国の共通利益でも

ある」と明確な支持を表明している[3].

FTA 交渉は関税を減らすことにより長期的な貿易利益をもたらすことができるが，非関税障壁により経済の成長が妨げられることがある．「一帯一路」構想は正にそのような障壁を取り除くことができる[4]．ブリューゲル研究所（Bruegel Research Institute）の研究では，鉄道，空路または航路のコストが10％減少すれば，国際貿易取引量をそれぞれ2％，5.5％，1.1％増やすことができると分析している（Garcia-Herrero and Xu, 2016）．一方，アジア開発銀行（Asian Development Bank : ADB）とパデュー大学（Purdue University）の研究によれば，交通ネットワークと貿易促進施設の改善は，インドの GDP を0.3％，南アジアの GDP を0.7％増加し得ることを示している[5]．「一帯一路」沿線国には発展途上国が多く，普遍的にインフラと接続性が不足しており[2]，これらの国の経済成長を妨げるボトルネック的な要因となっている．「グローバルインフラの見通し（Global Infrastructure Outlook）」の分析では，2016年から2040年までで，世界のインフラ投資需要が94兆米ドルにのぼると予測されるため，世界各国の GDP におけるインフラ投資の割合が増える[6]．「一帯一路」構想の目的は，第1に，中国が持つ資本と組織力で，ユーラシア地域のインフラ整備を支えていくことと，沿線国の鉄道，高速道路と港，そして石油と天然ガスのパイプライン，通信インフラの建設により，アジア，中東，ヨーロッパ諸国を結んでいくことである．

第2に，国家間の疑念を取り除き，地域の平和を築くことである．政治の信頼がなければ，どのような計画も進めることはできない．これまでのアジアには以下のような矛盾した状況があった．各国の政府と研究者たちはアジア地域経済の一体化が巨大な利益をもたらすことを認めている．有名なアジア地域主義専門家エレン・フロスト（Ellen L. Frost）が述べているように，さらに広い範囲のアジア地域主義は，アジア諸国間の経済発展上の相互補完性をより顕著なものとするであろう．またフロストは，中国，日本，韓国，インドなどの地域大国の参加は，地域内の貿易自由化及び労働力，資本の流通を促進するキーポイントである，とも予言していた（Frost, 2008 : 205）．しかし，政治，経済，外交，文化及び歴史についての認識の違いが大きいために，各国政府間の政策連絡ネットワークが不十分で，また，地域としてのアイデンティティが弱く，地域経済の一体化がうまく進まなかった．

地域経済一体化の深化は，大きな経済的利益を生み出すと同時に，危険な地

政学的緊張を取り除くのにも有用である．経済協力は，少なくとも以下の２つの面において，より良い安全保障環境を形成するのを助けることができる．１つ目に，経済協力はより多くの雇用機会と社会的な富をもたらすことができる．それによって過激主義を生む土壌を取り除く．２つ目に，非伝統的な安全保障における協力が強化され，相互信頼の強化と友好的な国家関係が確立されることによって，相互信頼と相互作用が増幅する（Frost, 2008 : 180）．「一帯一路」構想とRCEPが持続的で包括的な地域経済成長をもたらすことができれば，地域の政治メカニズムを強化し，テロリズムの動機と機会を減らすことにつながるのである[7]．中央アジア諸国は「一帯一路」沿線国の総人口の12％を占めているが，GDPは沿線国の1.7％に過ぎない．「一帯一路」構想が中央アジア諸国に経済成長の希望をもたらすことができるならば，イスラム過激主義の影響を受けやすいこの地域の平和と安定に資するだろう．

　第3に，中国の経済発展と外交目標の達成に役に立つ．中国が積極的にRCEP交渉を促進し「一帯一路」構想を提唱しているもう１つの目的は，その国内発展目標に関わる．中国経済の持続的な成長を促進するために中国共産党第19回全国代表大会報告は「同舟相救い，貿易と投資の自由化と円滑化を促進し，開放的で，包摂的で，あまねく恩恵があり，均衡ある，Win-Winの経済グローバル化を後押しする」と強調した．積極的にRCEP交渉を促進することは，中国が自らの状況と発展のニーズに応じて行う戦略的な選択である．それは中国が経済改革を深め，対外貿易を拡大するためのプラットフォームを提供するためである．一方，各国が直面している発展問題は依然として厳しい．「一帯一路」の建設を推進することにより，中国は国内の各地域の比較優位を十分に発揮し，より積極的な開放戦略を実施し，世界の各地域の相互協力を強化し，開放型経済の水準を全面的に向上させる[8]．中国共産党第19回全国代表大会報告では「一帯一路」構想が5回言及された．「引進来（外資導入）」と「走出去（対外投資）」の両立を行い，イノベーション能力の開放的な協力を強化し，内陸と海上及び国内と海外を連動させ東西双方向共済の開放パターンを形成することにおいて，「一帯一路」建設は重要な役割を果たすと強調された．

　「一帯一路」構想が中国外交の大戦略の雛形であるというなら（張, 2015 : 7），RCEPは中国の経済外交の重要な一部である．両者は共に中国の国際的影響力の上昇を促進している．特に，アメリカのトランプ大統領が「アメリカ・ファースト」を，またヨーロッパが「自分ファースト（me-first）」を打ち出した際，

中国は「一帯一路」建設を実施する機会を利用し，公共財及び「フリーライド」する機会を提供する意欲を示し，地域諸国に中国の発展の機会を共有するように呼びかけた．RCEPは，中国が全面的な地域協力戦略を通じて「魅力攻勢（charm offensive）」を拡大し続け，貿易の刺激と接続性を強化することにより隣国及び地域の他の国の好感を得て，中国の影響力を高めるものであると見られている9)．中国は，貿易保護主義に反対し，世界及び地域経済の一体化を促進する推進者のイメージを打ち出している．

「一帯一路」構想を準備し完備するプロセス，及びRCEPの発展プロセスを振り返ると，両者は本質的に地域経済協力と開発計画である．中長期的に見れば，両者は地域諸国の経済を強化することを通して，地域国家間のより緊密な協力を促進し，より多くの経済的，政治的，社会的な一体性と調和性を獲得するだろう．このプロセスにおいて，地域諸国の発展は，中国や世界の他の地域とさらに関連し，アジア諸国間のより良い政治的及び外交的な関係を育成し，安全保障上の紛争を緩和し，憂慮を軽減するだろう．

2 RCEPと「一帯一路」構想の手段上の相互補完

「一帯一路」構想とRCEPは不均衡な開発を取り除くために互いに協力し，地域諸国の共同繁栄を促進する．両者は，地域の経済成長を促進する方法が異なるが，互いに補完している．要するに，両者は制度構築と実際の開発という二重のニーズを考慮に入れている．法的拘束力のある正式なメカニズムと柔軟な商業上の取り決めを組み合わせて使うという手段を用い，「二輪駆動」の方法で経済発展を促進する．RCEPを「地域の一体化を促進するソフトウェア」，「一帯一路」構想を「貿易と投資のハードウェア」と呼ぶメディアもある．

RCEPの目的は，加盟国の間で現代的，総合的な貿易協定を結ぶことである．交渉分野には，商品貿易，サービス貿易，投資，知的財産及び紛争解決などが含まれる．地域経済一体化協力メカニズムの定義によると，RCEPは自由貿易地域に属する．5つの「ASEAN＋1」FTAを統合し，レベルアップすることにより，既存の地域内取引の取り決めに基づいて，範囲を拡大し，ルールの質を向上し，貿易協定における相手国間の自由貿易の深さと幅を拡大する．RCEPは政府間の法的拘束力のある自由貿易の枠組みであり，明確なメンバーシップと権利義務に関する規則がある．

　いかなる形式のFTAも，実際には，交渉の各当事者の国益に基づいた複雑なゲームである．ゲームの難しさは各国間の政治的，経済的，文化的及び社会的な発展のレベルによって異なる．その差が大きければ大きいほど，各国間の合意に達することが難しくなる．RCEPの加盟国は北半球と南半球の二大陸にまたがっている．経済発展の視点からすると，先進国と新興工業国，そして新興市場国と経済後進国がある．交渉の範囲は18の分野を含み，関税引き下げや知的財産権保護規則の制定など利益の衝突が発生しやすい分野で，国家間が合意に達することは容易ではない．東南アジアを例にとると，1人当たりGDPが最も高いシンガポールと最も低いミャンマーの差は60倍以上である．経済の総量から見て，GDPが一番高いインドネシアは，最も低いラオスと100倍近くの差がある．競争力が非常に弱いインドシナ半島の4カ国は，RCEPを通してグローバル・サプライチェーンに参加することに非常に熱心であるが，RCEPへの加盟によって国外工業製品の輸入が急激に増加し，国内の工業化プロセスが脅かされることを懸念している．現在，貨物に対する関税引き下げに慎重な態度をとっているインドと，高水準な貿易自由化の実現を要求する日本やオーストラリアなどの国との間には，依然として明確な意見の相違が存在している．

　以上のことから，FTAについての交渉のプロセスは，容易にでも迅速にでもできることではないことが分かる．国家間の協定交渉が難航した場合は，輸送コストを減らすことにより貿易コストを低下させることも，取り得る1つの手段である．「一帯一路」構想は，制度や経済状況を問わず，各国のインフラの水準を向上させることで，中国とアジアの他地域，中東，ヨーロッパとをつなぎ，さらにはアフリカともつながっていこうとしている．これらは制度や経済状況に拘束されず，非公式で柔軟な対応としての中国の選好を反映している[10]．その枠組みの下で，比較的制度化されたFTAもあれば，様々な形態の制度化されていない協定もある．例えば，準地域協力協定，経済回廊，国際大通路，産業パーク，国際生産能力協力などがある．「一帯一路」構想には，固定された最低基準と標準が設けられていない．各国は，それぞれの開発レベルとニーズに応じて適切な協力方法を選択できる．「一帯一路」構想には豊かな内容が含まれている．例えば，金融方面のAIIBとシルクロード基金，貿易方面の自由貿易地域，インフラ整備，接続性などがある．協力の方式も柔軟であり，鉄道，高速道路，石油とガスのパイプライン，光ケーブル，電子機器，エネルギー工場，港，空港，物流供給拠点，及び自由貿易地域など，様々な形態がある．

　「一帯一路」構想は，RCEP の自由貿易メカニズムの成功と拡大に少なから
ず貢献している．両者はメカニズムと設備において互いに補完する関係にある．
地域全体のより良い発展を望むなら，地域メカニズムの一体性が根本的に求め
られる．このメカニズムは，政策を体現するツールであり，実際に働いている
実体によって表現される．民間及び公共の努力を通じて開発されてきた各国の
インフラは，あらゆる形態の商品，サービス，人員及び通貨の交換のために運
営手段を提供し，地域内の流動性と連絡性を向上させる(Dent, 2008 : 265). RCEP
は，典型的なメカニズムの一体性が表現されたものである．RCEP は，メンバー
国に，一体性をもった貿易政策の策定，輸入関税障壁の撤廃あるいは削減，取
引コストと市場の障壁の削減などを要求し，経済主体の相互開放を促進し，貿
易自由化と円滑化をもたらす．「一帯一路」構想は新しいタイプの地域経済ガ
バナンスモデルといえる．伝統的な地域経済一体化組織とは異なるが，両者は
補完と協力の関係にある．地域インフラネットワークの運営及び物流支援ネッ
トワークの形成とともに，密接な経済関係と接続性を形成し，それによって，
地域経済一体化組織は沿線の国々で発展するようになる (李, 2016 : 32).「一帯
一路」構想は RCEP を作り上げるスピードを加速させる可能性がある[11]．

　一般的には，RCEP と「一帯一路」構想は歓迎されていると見なされている[12]．
東南アジア10カ国は RCEP と「一帯一路」構想に対して，同様に積極的であ
る．彼らは AIIB を支持し参加した最初の国々である．「一帯一路」構想は沿
線国のインフラ整備を促進するほか，東南アジアへの中国の直接投資と製造業
投資を増やし，この地域にサービス業に対する大量の需要，双方向貿易の流れ
及びよりバランスのとれた貿易関係をもたらす (Ma, 2018). 2017年8月に中国
と ASEAN は「南シナ海行動規範」の枠組み草案に達し，正式に具体的なテ
キストの交渉に入る．その背景には，中国と ASEAN が貿易と投資における
協力を強化し続けており，双方の関係をより積極的，前向きにする，というこ
とがある．

　地域共通の開発を促進し自由貿易と各国間の経済協力を強化すること，地域
の安定と平和を促進し中国の影響力を強化することにおいて，RCEP と「一帯
一路」構想は各方面で相互補完，相互促進の内在的なつながりがある．両者が
重ね合わさった効果は，「1 + 1 = 2」という単純なものではなく，それより
はるかに大きいのである．つまり，RCEP が達成しようとしている貿易自由化
と投資円滑化を促進する政策目標，及び「一帯一路」構想によって達成された

地域の接続性の強化の効果は，両者の同時推進により倍増する．

3　RCEP と「一帯一路」構想の理念における一体性

　地域主義とは，特定の国際地域で，経済，政治，安全，社会，文化及びその他の各種の関連する方面において，構造，過程，及び配置が一体性 (coherence) へ発展するプロセス，と定義される．いわゆる「一体性」とは，様々な要因を統合して新しい全体的な形式または実体になることを指す (Dent, 2008 : 261)．RCEP も「一帯一路」構想も地域内の各種の人員，集団，社会の交流の強化及び経済対話，人事交流，政策交換を通じて，各国間の相互信頼を高め，領土紛争，政治体制，宗教的及び文化的差異などの協力を妨げる障壁を排除しようとする．その結果，互恵・Win-Win の「利益の共同体」と，共同繁栄・発展の「運命共同体」が生まれる．それは地域主義が求める最終目標である．両者には内在理念においてかなりの一体性があることが分かり，中国がユニークな地域一体化の理念を形成しようとしていることが見て取れる．

　第 1 に，アジアの特徴と現状を客観的に理解し，開放的な地域主義という理念を受け入れるものである．アジア各国の政治体制，経済発展のレベル，宗教文化の多様性，そしてそこに複雑な歴史的いざこざが錯綜し，地域主義の発展を遅らせている．アジアは世界経済の中で最もダイナミックな地域であり (国際通貨基金 (International Monetary Fund : IMF) はアジアの新興国が世界の生産性に占める割合は1980年代の 9 ％から2021年には38％に増加すると考えている)，大国間の競争の焦点でもある．中国とアメリカの両者ともに，あらゆる地域協定を成功に導くうえで決定的な役割を果たすに足る強大な経済力を持っている．したがって，アジアにおける自由貿易の有効性を確保するためには，「開かれた地域主義」という理念を受け入れ，アメリカと中国の役割に対しても開放性を保持し，あわせて，地域経済発展に関連するさらに多くの経済主体を組み込んでいくことが必須である．「これに基づき，『一帯一路』構想は，地域経済協力の地理的空間において大きな進歩を遂げ，明確で拘束性のある地政学的なアクセスの条件のない，常に『開放』的で『包容性のあるプラットフォーム』と形容される」(Chance, 2017)．

　第 2 に，「トップダウン」と「ボトムアップ」の地域主義的な行動の組み合わせを重視する点である．政府主導による一体化のための行為として，RCEP

は正式な構造と政府間の地域協定を強調し，「トップダウン」の方法で地域主
義の発展を促進する．中国も ASEAN 諸国も発展途上国であり，各国政府が
途上国の観点から地域経済協力を共同で計画することは，それぞれにとって有
益である．RCEP は，各国の政府によって主導され，立法及び執行命令を通じ
て地域内の貿易を促進し，各国間の相互依存と利益の統合を強化する．「一帯
一路」構想は「ボトムアップ」を通じて，「親，誠，恵，容」という中国的な
周辺外交理念を遂行すると同時に，平和発展の道を歩むという中国の願望及び
地域大国としての責任を反映している (李, 2016：39)．

　「一帯一路」構想は非公式の関係構造に基づいて，人と人，会社と会社のつ
ながりを強調し，様々な形の商業協力を通じて，「共に話し合い，共に建設し，
共に分かち合う」という理念に従い，すべての関係者に商業的利益や目に見え
る利益を迅速にもたらすことを重視する．各国に散らばっている様々なアク
ターをつなぐことを通して，地域レベル，市民社会及びビジネス部門でのネッ
トワークを確立し，地域主義の発展を推進する．

　第3に，新たな発展理念を提出することである．1980年代から西洋によって
リードされた発展理念は，「政府の介入を減らし，貿易と金融の自由化を促進
する」という新自由主義の経済学であり，「ワシントン・コンセンサス」と呼ば
れ，1990年代に広く普及した．冷戦後には「自由民主主義」の意味も加わった．

　「一帯一路」構想は，発展のためには高速道路，鉄道，橋，トンネルといっ
た「ハードウェア」が必要であるという1980年代の発展理念に立ち戻る．発展
には「ハードウェア」が必要であり，高速道路，高速鉄道，橋，トンネルが必
要であるという理念である[13]．その中核となるのは，インフラの建設を主導して，
経済主体の接続性を実現することである．そして，貿易コストと商品価格に影
響を与え，最終的には商品需要と国際貿易水準を改善する．「一帯一路」構想
はイデオロギー的な方式で打ち出されるのではない．「一帯一路」構想では経
済的利益と政治制度を分離することによって，イデオロギー主導の方式よりも，
政治分野の問題をより成功裏に解決し，平和協力を推進できるかもしれない[14]．
RCEP は拘束力ある FTA であるが，「メンバー国のそれぞれの違いと周辺環
境の違いを認め」，ASEAN 諸国の中で最も発展が遅れている国に対して特別
な柔軟性を強調するのであり，統一的で高い水準の規則を振りかざして，政治
制度や発展段階の異なる国を除外するのではない．

　第4に，アメリカ以外の選択を提供し，地域秩序を積極的に形成する．アメ

リカがベトナムとマレーシアを環太平洋パートナーシップ協定（Trans-Pacific Partnership Agreement : TPP）に組み入れたことは，　TPP 拡大の第一歩となった．その後，ASEAN は RCEP の立ち上げに備えて一連の行動を取り，RCEP ワーキング・グループを設立し，「RCEP 交渉指導原則と目標」を採用した．2012年10月，アメリカは，カナダ，メキシコなどの国を TPP に組み入れた．同年11月の東アジアサミットで，ASEAN は「域内包括的経済連携（RCEP）交渉を開始する共同声明」を発表し，RCEP プロセスが正式に開始された．これは TPP に対するストレス反応と考えられる．その後，日本は2013年 3 月に TPP 交渉への参加を発表した．同年 5 月には，RCEP 交渉の第 1 ラウンドがブルネイで開催された．上述のように，地域協力のメカニズムである TPP と RCEP が相互に作用する一連の流れは，決して本当の意味での偶然の一致ではない（沈，2016 : 77）．

　TPP は世界的な経済ルールの制定のための新しい基準を設定することを目指している．それと比べ RCEP は，より伝統的な貿易協定である．地域の国々に「アメリカの提案」以外の地域協力の選択肢を提供した．中国国際経済交流センターの報告書では，「TPP と RCEP はアジア太平洋一体化のプロセスにおける『欧米モデル』と『東アジアモデル』であり，中国は RCEP 交渉を強力に推進すると同時に，メカニズムと理念が TPP に比して優越していることを示すように，RCEP を導く必要がある」と記されている．ペルーやチリなど，より多くの国が RCEP に参加しようとしている．高まっている貿易保護主義に対抗するために，加盟国はできるだけ早く協定に達することを望んでいる．

　「一帯一路」構想が，その内生的な影響によって中国経済を新たな発展段階に導くならば，その外在的影響によって中国はグローバルな発展の中心となろう（Chance, 2017）．将来の世界秩序において「中国的アプローチ（中国方案）」は[15]より明確に見えてくるようになる．少なくともアジア地域では，中国は「まったく異なる地域秩序」に転換する準備ができている，あるいは長期的には，「中国を中心とする地域秩序」の実現を目指している，と考える専門家もいる．[16]しかし，アジア太平洋地域のほとんどの国は依然としてアメリカが主導しているグローバル・システムの受益者である．多くの国が「環太平洋パートナーシップに関する包括的及び先進的な協定（Comprehensive and Progressive Agreement for Trans-Pacific Partnership）」（CPTPP と略称し，アメリカが TPP を脱退した後の新しい名称である）のメンバーであり，RCEP のメンバーでもある．と同時に，積極的

に「一帯一路」に参加している．シンガポールの外務大臣は「中国がこのアメリカ主導のシステムを弱体化させる可能性は低いが，中国が世界的なルールの制定においてより大きな発言権を持つということに同意すべきである……我々は，中国もアメリカも，中国が国際的な舞台に与える影響が増していることを考慮に入れながら，戦略的な対応策を策定し，互いの正当な利益に配慮するよう期待している」と述べている[17]．

お わ り に

　現在，中国は RCEP 交渉を全面的に支持し，「一帯一路」の建設も積極的に推進している．両者の間に明らかな内在的関係があることは否定できない．「一帯一路」構想も RCEP も，この地域の経済発展を促進し，国家間の相互依存関係と相互信頼の経済関係を築き，平和的，友好的な政治関係を促すという 2 つの目標を持っている．同時に，実施方法では，両者とも地域の政治的，経済的，文化的，歴史的な関係における複雑性と客観的な事実に配慮し，政府と企業，中央政府と地方政府の異なるニーズ及び現実的な条件を考慮に入れている．「一帯一路」構想と RCEP は手段上で互いに補完し頼り合う．両者の内在理念にもかなりの一体性があり，その理念は中国の地域協力の理念を反映している．そして，より開放的で大きな包容性を有し，総合的な手段を用いながら，多様性と多元性に満ちたアジア地域における経済一体化が直面するあらゆる問題に挑むこと，自信を持ってアメリカ以外の選択肢を提供し，かつてない積極的な姿でこの地域の秩序づくりに励んでいることも共通している．

注

1 ）　Pedrosa, Eduardo（2017）"The State of Asia Pacific Free Trade," *Asia-Pacific Bulletin*, No. 370, February 10 〈https : //www.eastwestcenter.org/system/tdf/private/apb 370.pdf?file=1&type=node&id=35988〉，2019年 8 月13日閲覧.

2 ）　Saragih, Bagus BT（2014）"ASEAN Members Step Up Consolidation for RCEP," *The Jakarta Post*, February 27 〈https : //www.thejakartapost.com/news/2014/02/27/ asean-members-step-consolidation-rcep.html〉，2019年 8 月13日閲覧.

3 ）　『新華網』（2015）「李克強倡議啓動的東盟自貿区"昇級"了，RCEP 談判進展有了"時間表"」（出所：2015年11月23日中国政府網）〈http : //www.xinhuanet.com/world/2015 -11/23/c_128459651.htm〉，2019年 8 月13日閲覧を参照.

4 ） Chatterjee, Bipul and Saurabh Kumar（2017）"Promises and Pitfalls of the Belt and Road Initiative," *Asia Pacific Bulletin*, No. 388, July 18 〈https：//www.eastwestcenter. org/system/tdf/private/apb388.pdf?file=1&type=node&id=36193〉，2019年 8 月13日 閲覧.

5 ） Ibid.

6 ） 『捜狐網』（2017）「全球基礎設施中心（GIH）：2040年全球基礎設施投資展望」（Global Infrastructure Outlook：Infrastructure investment needs 50 countries, 7 sectors to 2040）〈https：//www.sohu.com/a/162189820_810912〉，2019年 8 月13日閲覧を参照.

7 ） 王（2015：193）と Kennedy, Scott and David A. Parker（2015）"Building China's 'One Belt, One Road'," *Center for Strategic International Studies*, April 3 〈https：//www. csis.org/analysis/building-china's-"one-belt-one-road"〉，2019年 8 月13日閲覧を参照.

8 ） 詳細については，国家発展改革委員会・外交部・商務部（2015）を参照.

9 ） Pitlo III, Lucio Blanco（2015）"China's 'One Belt, One Road' To Where?：Why do Beijing's regional trade and transport plans worry so many people?," *The Diplomat*, February 17〈https：//thediplomat.com/2015/02/chinas-one-belt-one-road-to-where/〉，2019年 8 月13日閲覧を参照.

10） Kennedy, Scott and David A. Parker（2015）op. cit.

11） 『新浪網』（2017）「評論：中国能担当全球貿易領導角色嗎？」5 月 8 日〈http：//finance. sina.com.cn/stock/usstock/c/2017-05-09/doc-ifyeycfp9413247.shtml〉，2019年 8 月13日 閲覧を参照.

12） Pitlo III, Lucio Blanco（2015）op. cit. を参照.

13） 『参考消息』（2017）「英媒：西方陥入"軟"発展，中国正嘗試"硬"貨」2017年 5 月 19日 〈http：//column.cankaoxiaoxi.com/2017/0519/2014922.shtml〉，2019年 8 月13日 閲覧を参照.

14） 同上.

15） Rudd, Kevin（2018）"Xi Jinping's Vision for Global Governance," *Project Syndicate*, July 11〈https：//www.project-syndicate.org/commentary/xi-jinping-has-a-coherent-global-vision-by-kevin-rudd-2018-07?barrier=accesspaylog〉，2019年 8 月13日閲覧を参照.

16） Chheang（2018）と Acharya, Amitav（2018）"Asia after the liberal international order," *East Asia Forum*, July 10. 〈https：//www.eastasiaforum.org/2018/07/10/asia-after-the-liberal-international-order/〉，2019年 8 月13日閲覧を参照.

17） Carey, Glen and Philip J. Heijmans（2019）"Singapore Urges U.S. to Accept China's Rise, Spare Other Nations," *Bloomberg News*, May 15〈https：//www.bnnbloomberg.ca /singapore-urges-u-s-to-accept-china-s-rise-spare-other-nations-1.1259630〉，2019年 8 月 13日閲覧を参照.

訳注

［1］　本章ではこれらの関係を「内在的関係」と呼んでいる.

［2］　接続性とは，コネクティビティ（connectivity）とも呼ばれ，インフラの整備を通じて，各国・各地域を繋ぐ（接続する），輸送，エネルギー，通信などのインフラネットワークを構築することを指す.

［3］　大賀（2010：77）は Dent（2008）の coherence を一体性と訳しており，本章の邦訳はそれを参照した.

参考文献

Garcia-Herrero, Alicia and Jianwei Xu（2016）"China's Belt and Road Initiative : Can Europe Expect Trade Gains?," HKUST IEMS Working Paper Series 2016-38, *HKUST Institute for Emerging Market Studies*, revised Dec 2016.

Frost, Ellen L.（2008）*Asia's New Regionalism*, Lynne Rienner Pub.

王聯合（2015）「美国対"一帯一路"戦略的認知与反応」黄河編著『一帯一路与国際合作』復旦国際関係評論，第16輯，上海人民出版社.

国家発展改革委員会・外交部・商務部（2015）「推動共建絲綢之路経済帯和21世紀海上絲綢之路的愿景与行動」3月28日.

張蘊嶺（2015）「如何認識"一帯一路"的大戦略設計」張潔編著『中国周辺安全形勢評価（2015）："一帯一路"与周辺戦略』社会科学文献出版社.

Dent, Christopher M.（2008）*East Asian Regionalism*, Routledge.

李向陽（2016）「跨太平洋夥伴関係協定与"一帯一路"之比較」『世界経済与政治』第9期.

Ma, Tieying（2018）"Understanding China : BRI in Southeast Asia-Beyond infrastructure," DBS *Group Research*, 20 August.

Chance, Alek（2017）"The Belt and Road Initiative and the Future of Globalization : Xi Jinping's signature policy is about more than just infrastructure," *The Diplomat*, October 31.

沈銘輝（2016）「構建抱容性国際経済治理体系──従 TPP 到"一帯一路"──」『東北亜論壇』第2期.

Chheang, Vannarith（2018）"China's Economic Statecraft in Southeast Asia," *Perspective*, No. 45, August.

訳注参考文献

大賀哲（2010）「国際政治学における地域主義研究の動向と課題──東アジア地域主義論についての予備的考察──」『法政研究』77（1），pp. 65-141.

（2019年12月25日翻訳）

第 7 章
「一帯一路」と日露の戦略

河原地英武

は じ め に

　21世紀になって中露関係は一段と緊密化を増したように思われる．中国は政治・経済の大国として東アジアのみならず，世界的にその存在感を強め，グローバル・パワーとしてのアメリカの地位に迫る勢いである．他方ロシアは，クリミア半島を併合して「失地回復」を図り，かつてのソ連の栄光を取り戻そうとしている感がある．中露はともに，アメリカ一極支配による既成の国際関係に異を唱え，新しい世界秩序を打ち立てるべくグローバルなレベルでの戦略的な共同歩調をとろうとしているように思われる．

　ところで中露はすでに「一帯一路」に関して協力を表明しているが，これは中露の一枚岩的な団結を示しているのだろうか．それとも，ロシアには中国と異なる独自の思惑があるのだろうか．その問題を明らかにするのが本章の目的である．

1　中露の共同歩調

1）　中露関係の緊密化

　今日のロシアの外交政策に関してまず指摘できるのは，ロシアのアジア重視の方向性がはっきりしてきたことである．欧州方面においては，旧東欧諸国の大部分，そしてバルト三国など旧ソ連圏地域がEU及びNATOに加盟し，政治地図の色分けはほぼ確定した（唯一その帰趨が不確定な国がウクライナである）．政治的にみれば，ロシアは欧州で劣勢に立たされたといえる．また，ロシアの同性愛宣伝禁止法（2013年）に対する欧米諸国の反発にも見て取れるように，人権問題1つとってもロシアと欧州諸国との隔たりは大きい．

　たしかに石油や天然ガスなどの資源面では，欧州の対ロシア依存度は高い．それがロシアの外交上の強みともなっている．だが EU 諸国の景気減速や，シェールガス革命による欧州市場へのエネルギー供給伸び悩みなどから，歳入の５割をエネルギーに依存するロシアにとって，欧州はロシアの経済成長を促すどころか，逆に低迷させる要因となりかねなくなっている．ロシアが国力をさらに増進させるための鍵を握るのは，いまやアジアとの関係なのである．

　特に中国との経済的結びつきは著しく強まっている．2010年以降，ロシアにとって中国は，ドイツ，オランダを抜き最大の貿易相手国となっている．2004年10月に国境問題を最終的に解決した両国は，互いを「戦略的パートナー」と呼び，極めて良好な関係を対外的にも示している．世界最大のエネルギー消費国である中国と，世界最大のエネルギー産出国であるロシアが経済的に相互補完関係にあることは明らかであって，経済協力が深まっていくことはいわば必然といえよう．

　この数年間の動向をみても，例えば2013年３月下旬に習近平中国国家主席がロシアを訪れ，プーチン大統領と首脳会談を行ったが，その場でプーチン氏は，「2015年までにロシアと中国の貿易高は1000億ドルに達するだろう」と述べ，「ロシアと中国の多面的な協力は両国民の根本的な利害に合致している」と明言した．またこの会談では天然資源のみならず，情報技術，航空機建造，原子力エネルギーなどハイテク分野でも緊密な協業を行っていくことが約束された[1]．

　2013年９月初旬，サンクトペテルブルクで開かれた G20首脳会議の折には，中露間で資源協力など五文書が調印された．さらに翌10月にメドヴェージェフ首相が北京を訪問した際には，ロシアの原油供給に関する大型契約ほか20件以上の文書が調印されている．そのときのメドヴェージェフ氏の言を引用すれば，「露中関係はこれまでにないほどの高いレベルに」達したといえるだろう[2]．

　そして2014年５月下旬，プーチン大統領が上海を訪問し，ロシアの天然ガスを今後30年にわたって中国に供給する大型の契約が成立した．実はこの件に関する交渉は，価格面での折合がつかないこともあって十数年間も難航してきたものだった．その決着は，両国の蜜月関係を象徴しているとも見える．このように中露の良好な関係は長期的な性格を帯びる戦略的な関係であって，これがにわかに変わるとは思われない．このような両国の関係を背景として，中国が提唱する「一帯一路」に対し，ロシアも賛同の意志を表することになったのである．

2）「一帯一路」に関する合意

2015年5月8日，プーチン大統領と習近平国家主席はモスクワで首脳会談を開き，「ユーラシア経済連合とシルクロード構想の連関に関する共同声明」を発表した．その声明のなかでロシア側は，中国が提唱する「シルクロード経済ベルトの創設を支持し」，「中国側と緊密に連携していく所存」であると述べ，他方中国側も，ロシアが進めるユーラシア経済連合の統合プロセスを支持し，ユーラシア経済連合との貿易経済協力協定を締結するための交渉を開始する意向を示した.[3]

ちなみにロシアの「ユーラシア経済連合」とは，ロシアがカザフスタンやベラルーシなど旧ソ連圏諸国と独自に形成している経済協力機構である．また，ロシア側が言う「シルクロード経済ベルト」とは，「一帯一路」のロシア語訳であるが，「一路」のほうが省略されている．ロシアにとってはあくまでもユーラシア大陸を走る陸路のほうに関心があるということであろう．が，ともかくこのようにして，ロシアは中国の「一帯一路」に参加することを明らかにしたのである.

2015年9月初旬，北京で国際経済フォーラムが開かれ，ロシアの大手企業も参加した．このフォーラムでは，中露経済発展協力同盟「ユーラシア」を創設する提案に関する覚書が調印された．ここでも「ユーラシア」をキーワードとして中露が協力姿勢を示したことは注目される.[4]

同年11月17日付『毎日新聞』にプーチン大統領は，日本人読者に向けた文書を寄稿した．そのなかでプーチンは，ロシアが進めるユーラシア経済連合と中国の「一帯一路」を連携させてゆくつもりであることを明言している．さらに日本が主要な参加国であるTPP（環太平洋パートナーシップ協定，Trans-Pacific Partnership：TPP）がロシアや中国を排除する閉鎖的な経済構想になりかねないことへの懸念を示したのであった.

2016年6月23日，プーチン大統領は新華社通信のインタビューに答え，「一帯一路」を高く評価した．すなわち「一帯一路」に関する「習近平国家主席のイニシアチブは非常に時宜を得たもので，将来性があり，世界のすべての国との協力拡大に向けたものである」と述べたのである．さらにユーラシア経済連合も「一帯一路」との協力拡大を望んでいる旨を表明した.[5]

2017年5月14日，北京で「一帯一路」に関する国際フォーラムが開催されたが，それに参加したプーチン大統領は，開幕にあたって基調演説を行った．そ

のなかでプーチンは，改めて習近平国家主席が推し進める「一帯一路」に賛同するとともに，ユーラシアにおける諸国の協力は，単に経済的な結びつきを強めるだけでなく，この地域の平和と安定といった政治的な意義を有することを強調した[6]．

　このようにロシアは，公式的な場での表明を見る限り，2015年以来一貫して中国の「一帯一路」と共同歩調をとってきたといえる．しかし，さらに細かくみると，中国との思惑の違いや政策上の相違が看取されるのである．

2　ロシアの独自政策

1)　ロシアのユーラシア政策

　ロシアは中国が主導する「一帯一路」に賛同しているとはいえ，決して完全に一致しているわけではない．ロシアにはロシアなりの思惑があるのである．その1つは，ロシア独自のユーラシア政策である．

　実はロシアは，中国が「一帯一路」戦略を明らかにする以前，すでに「ユーラシア連合」構想を提起していた．すなわちプーチン首相 (当時) は2011年10月3日，ロシアの主要な新聞『イズヴェスチヤ』に「ユーラシア連合」構想に関する長大な論文を発表したのであった．そのなかでプーチンは，「ユーラシア連合」が現代世界における1つの極となるべきこと，それと同時に，欧州とアジア太平洋地域を結びつける「靭帯」としての役割をはたすべきことを提唱している．さらに「リスボンからウラジオストクに至る」経済圏を創設すべく，EUとユーラシア連合が対話をする必要性を述べた．

　このプーチンの「ユーラシア連合」構想は，主としてEUとの連携に力点が置かれており，中国への言及がないことに注目したい．つまりプーチンの案は，ロシアが盟主となってユーラシアを1つにまとめあげ，それをEUに架橋しようというものであった．

　この構想は，ロシア，ベラルーシ，カザフスタン，アルメニア，キルギスを加盟国とする「ユーラシア経済同盟」として具体的な形をとった．そして再度強調すれば，このようなロシアのユーラシア政策は，中国による「一帯一路」政策よりも早く打ち出されたものである．したがってロシアが中国の「一帯一路」と共同歩調をとることは，中国に主導権を譲り渡すことを意味しかねなかった．

　特にロシアにとって一番の懸念は，ロシア以外の旧ソ連構成諸国が中国との結びつきを強め，ロシアから離れてしまうことだった．そこでロシアとしては，これら旧ソ連構成諸国，とりわけユーラシア経済連合の加盟国との結束を固めておくことが重要であった．

　その目的のため，2015年5月8日，すなわち中露が「ユーラシア経済連合とシルクロード構想の連関に関する共同声明」を出した当日，プーチン大統領はユーラシア経済連合加盟国の代表をクレムリンに集め，同連合と中国との経済協力のあり方を協議したのである[7]．この協議で重要なことは，中国と協調をしていく主体はあくまでユーラシア経済連合であって，その構成国であるカザフスタン，ベラルーシ，アメルニアといった国々が単独で中国との協力を進めるのでないことを確認したことであろう．ユーラシア経済連合が結束している限り，中国はユーラシアを意のままにすることはできないし，ユーラシア経済連合の盟主であるロシアを重んじなくてはならなくなる，という計算がロシアにあったものと思われる．

　2015年12月14日，メドヴェージェフ首相は，ロシアは中国の「シルクロード構想」との連携を発展させるが，リスボンから極東に至る統一経済圏アイデアを断念していないと述べた[8]．この発言からも，ロシアが中国とは異なる独自のユーラシア政策をもっていることがうかがわれる．

　2018年1月18日，ロシアの副首相は香港で開かれたアジア金融フォーラムに出席し，そこで「ユーラシア連合・ヴェトナム間の自由貿易ゾーンに関する初の協定を結んだ」と表明したことも注目される[9]．ヴェトナムが長年にわたって中国と対立してきたことを考えれば，その国と協定を結ぶことは中国に対するある種の対抗策とも見なし得るだろう．このような形でロシアは，中国の路線とは異なる独自のユーラシア政策を模索していると考えられる．

2）　太平洋への出口を求めるロシア

　ロシアには中国の「一帯一路」とは異なる独自のアジア路線があることも重要である．それは極東を開発し，太平洋への出口を確保しようという政策である．

　例えば2005年10月，ロシア政府は北方領土を含む千島諸島の社会経済発展計画を策定した．この計画は早速実地に移され，千島諸島のインフラ整備が精力的に推し進められるために，これらの島々の町並みは一変するほど近代化される

に至った．

　2010年7月2日，ロシア極東の都市ハバロフスクで極東地域の社会・経済発展に関する会議が開催された．メドヴェージェフ大統領（当時）はスピーチの中でアジア太平洋地域諸国との貿易成長率が維持されていること，特に中国や韓国との貿易高が前年比で大幅に増大していること，モンゴルや中国東北部との国境協力が活性化していることなどを述べた．2012年9月にはウラジオストク市でAPEC首脳会談が開かれたが，これ以後同市は，ロシアの対アジア貿易拠点として急速な発展をとげている．

　さらにロシアは，APEC（アジア・太平洋経済協力，Asia Pacific Economic Cooperation：APEC）や東アジアサミット（2011年初めて正式参加）とは別に，独自の地域的多国間システムをもっている．例えば中国や中央アジア諸国とつくっている上海協力機構は，2011年に10周年を迎えた．今や中国もその影響力を競う場になっているが，ロシアにとっては旧ソ連構成共和国を含む独自の意味をもつ機構である．また，同年9月にはサハリン，ハバロフスク，ウラジオストクを結ぶ天然ガスのパイプラインが開通したが，これは今後，北朝鮮を経由し，中国や韓国へも延長されることを見越したのであった．さらに，ロシア，北朝鮮，韓国を結ぶ鉄道が敷設されるプランもある．すなわち，ロシア，中国，北朝鮮，韓国による北東アジア経済圏が形成されようとしていると見ることができる．

　このようなロシアの極東政策において，ロシアと中国とのあいだに一種の不協和音が生じていることも見逃せない．

　その第1は，ロシア極東部と中国との貿易上の不均衡問題である．すなわち，ロシア側からの輸出の大部分は，原油，天然ガスなどエネルギー資源が占める．他方，中国側からは，その資源を使って加工した工業製品がロシアに入ってくる．それが構造化されてしまうと，いつまで経ってもロシア極東部の産業が育成できないとの危惧がロシア現地住民にはあるのだ．

　第2は，ロシア極東地域で農作を行う中国人への不信感である．主として2008年以後，中国からロシア沿海地方やアムール州へ多くの農民がやってきて，穀物栽培に従事するようになったが，彼らは短期間に収穫をあげるため，ロシアが禁ずる農薬を使用し，土壌汚染の被害をもたらした．そのため2013年には中国人による農業経営が禁じられたという[10]．また，ロシア人としては単に労働力不足を補うために外国人を招いているのではなく，彼らの高い農業技術を欲しているのに，中国の農業経営者はそれを教えようとしないとの不満も現地には

あるようだ.

そして第3は, 人口問題である. ロシア極東地域における中国人移民の数は
増加の一途をたどっている. そのなかには不法滞在者も少なくない. こうした
中国からの労働力移動に対する疑心暗鬼は, ロシア極東部の人々のあいだに「中
国脅威論」もしくは「黄禍論」をもたらしているといわれる (堀江, 2010).

一見緊密にみえる中ロ関係も, このように地域レベルではかなり深刻な軋轢
が存在している. そして, ロシア極東部における反中感情とは裏腹に, 日本
人の企業家や農業経営者への期待感が高まっていることにも留意したい.

3　日本の立場

1)　日本の対ロシア政策

21世紀に入ってからの日本のアジア政策を概観すると, 中国が政治・経済・
軍事面でのプレゼンスを増大させていることへの警戒感を強める一方で, ロシ
アに対しては関係改善を求める動きが活発化してきたといえよう. この傾向は
とりわけ安倍政権になってから顕著になったように思われる.

2013年4月28日から2日間, 安倍首相はロシアを公式訪問し, プーチン大統
領と首脳会談を行った. 両首脳は同月29日, 日露パートナーシップの発展に関
する共同声明を発表したが, その内容は全53項からなる広範なものである. こ
のうち, 日露関係を一段と発展させるための基盤となる条項は第7項から第10
項である. それらの条項で両国首脳は, 大略次の通り確認した.

> 第二次世界大戦後67年を経て日露平和条約が締結されていない状態は異
> 常であるとの認識で一致. 両首脳の議論に付するため, 平和条約問題の双
> 方に受入れ可能な解決策を作成する交渉を加速化させるとの指示を自国の
> 外務省に共同で与える[11].

実はこの共同声明には領土問題を明示した文言は見当たらない. その代りに
第7項で「交渉において存在する双方の立場の隔たり」という表現がとられ,
その「隔たり」を「克服して」, 2003年の小泉首相訪露時に確認された問題を
「最終的に解決することにより, 平和条約を締結する」との手順が合意された.
また, 平和条約妥結にいたる今度の交渉は, 「これまでに採択された全ての諸
文書及び諸同意に基づいて進めること」についても第8項で了解されている.

　首相のロシア公式訪問と共同声明の発表は，2003年の小泉首相訪露以来，10年ぶりのことであった．その間，両国による領土問題や平和条約締結問題に関する話合いは低迷し，むしろ混沌の度合いを強めていた感がある．安倍首相の訪ロによって日露関係は再び好転し始めたのであった．

　具体的には，この共同声明により，日露間で安全保障・防衛分野における協力拡大の重要性が確認され，両国は外務・防衛閣僚級協議（「2プラス2」）を開始することになった．周知のように，日本の「2プラス2」の相手国は今までアメリカとオーストラリアのみであった．ロシアは3番目の相手国となったわけである．日本からすればこれはロシアに対する特段の扱いとも見なし得る．

　2013年11月2日には東京都内で第1回「2プラス2」が開かれ，アジア太平洋地域の安全保障に関する広範な意見交換が行われた．また2014年2月7日には，安倍首相がロシアのソチオリンピック開会式に出席し，翌日にプーチン大統領と首脳会談を行った．これはアメリカ，フランス，ドイツ等の首脳がロシアの同性愛宣伝禁止法は人権侵害にあたると抗議して，オリンピック開会式を欠席したことを考えれば，日本の対ロシア関係重視を大いに印象づけるものであった．

　しかしその後，国際情勢がウクライナ情勢をめぐって緊迫し，ロシアがクリミア地方を併合したことから，アメリカとその同盟国はロシアへの経済制裁措置に踏み切り，日本もこれに加わった．この結果，日露関係はまたしばらく停滞を余儀なくされた．しかし，その状況下でも安倍首相はロシアとの関係改善への道を探っていた．

　2016年9月3日，ロシアのウラジオストク市で開かれた「東方経済フォーラム」で，日本の安倍首相は次のような注目すべき発言を行っている．

　　　プーチン大統領，このウラジオストクを，ユーラシアと太平洋とを結ぶ，ゲートウェイにしようではありませんか．太平洋は，今，自由で，公正で，開かれた経済圏へと，進化を遂げようとしています．ユーラシアという広大な後背地は，そのダイナミズムに，さらなる弾みを与えることでありましょう．[12]

　すなわち安倍首相は，ロシアに対して太平洋地域経済圏への参入を受け入れるのと交換に，ウラジオストクを入口として，日本がユーラシア経済圏に加わることを望んでいるのである．

　今までにも安倍首相は，モンゴルに大型の経済支援を行うことによって，独自のユーラシア外交を進めてきた．また，2015年10月に安倍首相は，トルクメニスタンを始めとする中央アジア5カ国を訪問したが，これも独自のユーラシア政策の一環と考えられる．さらにインドとも2016年に原子力協定に署名し，インドとの関係強化を図ったが，これは中国をけん制する政治的意味合いもあるだろう．こうした安倍外交の根底には，中国の政治的・経済的な勢力拡張に対抗しようとの思惑もみられた．そもそもTPPにしても，中国を排除する形で，日米を基軸とし，環太平洋経済圏を構築しようとの思惑があった．そしてその思惑に，ロシアを引き込もうとの意図が安倍外交の基本にあったと推測される．

　一方ロシアも，中国とは戦略的パートナーシップの関係にあるが，日本との協力にも意欲的である．安倍外交にはロシアとの関係を進展させることによって，中国の勢力を抑えたいとの計算があった．しかしこのような政策は，アメリカと中国の関係が概して良好なこと，そしてアメリカのトランプが大統領就任直後にTPPからの離脱を表明したことなどから，破綻せざるを得なかったといえよう（ただしトランプ政権は，2018年になってTPP復帰への意向を示している）．このような事情を背景として，2017年の後半以降，日本の「一帯一路」に対する態度が変わったのである．

2）　日本の政策転換

　今日の安倍政権はロシア，中国との友好関係の構築に一定の成果をあげている．2016年末にプーチン大統領が訪日して以来，ロシア極東の日ロ共同開発の諸条件が整いつつある．これが領土問題解決にどうつながるかは明言できないが，日露が共通の利益を見出していることは事実と思われる．

　他方，2017年11月のベトナム・ダナンにおける安倍首相と習近平国家主席との会談，さらにフィリピン・マニラにおける安倍首相と李克強首相との会談は，日中関係が良好な方向に向かい始めたことを印象付けた．11月14日の夜，マニラで記者会見に臨んだ安倍首相は，中国の「一帯一路」に関しても言及し，「インフラの開放性など国際社会共通の考え方を十分に取り入れることで，世界の平和と繁栄への貢献に期待している」と述べ，「日本はこうした観点から協力していきたい」と明言した．「一帯一路」に対して日本が積極性を示したことは重要であろう[13]．

　さらに2017年12月4日，安倍首相は日中の経済界が東京都内で開いた会合で挨拶し，「一帯一路」について「大いに協力できる」と表明したのである．安倍首相は「アジアの旺盛なインフラ需要に日中が協力して応えることは，両国の発展だけでなくアジアの人々の繁栄にも貢献できる．……日中の互恵的な経済関係は二国間にとどまらず大きな可能性がある」と述べ，両国が共同してインフラ開発に関わることは，国際貢献にもつながると強調した[14]．こうして安倍政権は，「一帯一路」に積極的に参加する方針を明確にしたのである．

　日中関係好転の理由としてはいくつかの背景要因を挙げることができるだろう．第1は，両国首脳が国内の政治基盤を固めたことである．中国では2017年10月の共産党大会において習近平体制が確固としたものになった．かたや日本でも同年10月の衆議院選挙で自民党が圧勝し，安倍政権の基盤が強化された．両国首脳は内政に引っ張られずに日中関係を進展させることができるようになった．

　第2は，北朝鮮の核・ミサイル開発の阻止という共通の目標の存在である．つまり極東における安全保障の確保という点で，共通認識をもっている．

　第3は，来年が日中友好条約締結40周年にあたるということもあり，両国関係の基盤を再び安定させようとの意識が働いているものと思われる．

　第4は，主として日本側の事情によるが，TPPからアメリカが離脱したことの意味が大きい．本来TPPには，中国を新たな環太平洋経済圏から除外しようとの思惑があった．すなわち中国の太平洋への進出を阻止する側面があったことはいなめない．その意味では，中国が批判するように，TPPが一種のブロック経済圏とみなされる余地があった．しかし，ここからアメリカが離脱すると，TPPはとても「一帯一路」とはり合える規模ではなくなる．日本としてもTPPによる対中封じ込め策は見直さざるを得なくなった．

　中国が「一帯一路」によってグローバルな経済圏を構築してゆけば，そのインパクトは計り知れない．現実を冷静に見据えるならば，「一帯一路」を別の経済圏によって包囲ないしブロックすることは極めて困難であろう．それよりも，「一帯一路」に関与することによって，自らの経済的利益を引き出すことがよほど現実的と思われる．安倍政権もその現実路線を踏まえて政策を練り直しているものと推測される．

　だが一方で，安倍首相はアメリカのトランプ大統領とともに，インドとオーストラリアを加えた「インド太平洋」構想を打ち出したことが注目される．こ

れは「海洋強国建設」を掲げる中国をけん制し，中国の海上における「覇権主義」に対抗しようとの意図をもった構想としてまずは理解されたのである．

　インドは中国と「一帯一路」への参入で合意したものの，最近は領土問題などもあって中国との軋轢が生じている．日米はそのインドを積極的に自陣営へ引き入れているのが昨今の状況であろう．

　ロシアはどうか．プーチン大統領は中国による「一帯一路」に参加することで合意しているものの，ロシアの国益を優先するかぎり，中国経済に全面的に依存することを望まないだろう．また，ロシアには自国を太平洋に開こうとの思惑があることは先述したとおりである．

　中国が掲げる「一帯一路」は，中国の覇権主義の現われなどではなく，世界に開かれた経済圏の創設であると理解することもできる．しかし日本の立場からすると，それは中国の軍事力，特に南シナ海や東シナ海における中国海軍の活発な動きと連携しているとも受け取れる．

4　今後の展望

1)　「一帯一路」と日本

　日本においては，中国の「一帯一路」を安全保障の観点から評価する傾向が強いが，第1にこれは中国の国際的な経済政策であることを忘れてはなるまい．すなわち「一帯」は中国から中央アジアを経由し，ヨーロッパまで陸路で結び，現代版のシルクロードにしようというものであり，「一路」は中国沿岸，東南アジア，インド，中東，アフリカ，そして欧州を海路でつなごうという構想である．

　このまことに壮大なヴィジョンが中国政府によって発表されたのは2013年だが，その後，紆余曲折を経て，2019年4月25日から27日には北京で「一帯一路」に関する第2回国際フォーラムが開催された．新聞報道によれば，これには150カ国以上が参加し(内37カ国は首脳クラスが参加)，126カ国と協力文書が交わされ，640億ドルを超えるプロジェクトが合意された由である．世界が「一帯一路」を受け入れたと見てよい．中国の経済規模を考えれば，反発するよりも協力して恩恵を受ける方が得策だと，多くの国が考えているのであろう．

　しかし中国への警戒心がないわけではない．その1つは中国の軍拡路線である．ここ毎年，中国の国防予算は大幅に伸びており，2019年の予算は1兆1898

億元（日本円にして20兆円近く）で，日本の防衛予算の４倍弱となる[15]．これはアメリカに次ぐ世界第２位の規模だ．さらに東シナ海や南シナ海における海軍力の進出も懸念されている．特に南シナ海では埋立地が次々と軍事拠点化しているといわれる．中国はアメリカと覇権争いをし，「一帯一路」もその一環ではないかと疑念が払拭できないのである．

　「一帯一路」に対し，日本は協力と対抗の両面作戦をとっている．2019年４月下旬の国際フォーラムには自民党の二階俊博幹事長が出席し，開放性と透明性を条件として日本も「一帯一路」に協力していく旨の演説をした．他方で日本は，アメリカなどとともに「自由で開かれたインド太平洋」構想を展開している．これは実質的には中国の「一帯一路」への対抗戦略，もっといえば対中国封じ込め策と見なすことができる．

　しかし昨今の中国は日本への批判を和らげ，むしろ友好的な姿勢を示していることに注目したい．2019年６月のG20大阪首脳会議の折にも，習近平国家主席はできるだけ早期に日本へ訪問したい意向を示した．日本もこれを好機として，中国との関係をさらに改善することが望ましいと思われる．「一帯一路」に日本がより積極的に参加することは中国の国益にもかなうだろう．すなわち「一帯一路」のなかで日本の存在感が増すことは，中国が東シナ海から太平洋へと海運の航路を開くチャンスになるからである．逆に日本としては，中国に海洋への出口を保障することを条件に，軍事的なプレゼンスを抑制させることもできよう．海洋を軍事的対決の場とするのでなく，真に開かれた自由経済圏とするためにも，「一帯一路」に日本が積極的に関与してゆくことは意義あることだと考える．

２）　硬化するロシアの対日姿勢

　日中間には良好な関係が醸成されつつあるのに対し，昨今の日露関係は悪化している．特にロシアの対日姿勢が硬化している点が懸念される．特に領土問題に関するロシアの厳しい姿勢が目立つようになってきた．G20開催前の2019年６月20日，ロシア爆撃機が２回，日本の領空を侵犯したことも偶然ではあるまい．これを友好国に行うことはないからだ．冷戦時代さながら，日本を「仮想敵国」扱いした行動と見なくてはならない．６月22日にプーチン大統領は，ロシアの国営テレビ番組で，領土を日本に引き渡す計画がないことを明言したが，これはロシア国民への公約であって，少なくとも彼の任期中は，一島たり

とも譲歩するつもりはないということだろう．

　他方日本側は，今年に入り譲歩を重ね，最大限ロシア側に歩み寄ってきた．特に 2 月以降，政府は北方領土を「日本固有の領土」といわなくなり，ロシアによる「不法占拠」という表現もやめている．『2019年版外交青書』でも，前年版まで用いられていた「北方四島は日本に帰属する」という文言が削られた．そして1956年の日ソ共同宣言を基礎としてロシアと交渉していくことを前面に押し出したのである．

　本来，日ソ共同宣言を基礎にしようといい出したのは，2000年 9 月に来日したプーチン氏のほうであった．同宣言 9 条には「歯舞群島及び色丹島を日本国に引き渡すことに同意する」と明記されているので，ロシア側は二島決着論を日本側に提起したのである．だが，現在のプーチン政権は，二島でさえ日本に渡すことは困難と思われる．それは日本への譲歩だとロシア国民に受け取られてしまうからだ．

　近年のプーチン大統領は，人気にかげりが出ている．長期政権に多くの人々が倦んでいることや国内経済の低迷，それに年金受給年齢の引き上げ策も国民の不評を買い，大統領の支持率はかなり下がった．支持率が史上最低であることは，ロシアのメディアも認めている[16]．

　安全保障の観点からも，今日の日本とロシアは敵対関係にある．すなわちロシアと中国は「一帯一路」戦略で連携し，それを日米の「インド太平洋」構想が封じ込めようとしている．2018年 9 月中旬，ロシアは極東で，冷戦後最大規模の軍事演習を行い，それには中国軍も参加した．「仮想敵」とされたのは在日米軍と自衛隊以外に考えられない．近年，ロシアが北方領土を軍事拠点化していることは，2018年版の『防衛白書』に記されている通りである[17]．

　日本がアメリカからの購入を決めているイージスアショアが，ロシアにとって軍事的脅威とみなされていることも，ロシアのメディアによって報じられている[18]．

　このような安全保障環境下では，領土問題の解決は極めて困難だといわざるを得ない．当面優先すべき課題は，日本周辺の軍事的緊張を和らげることだろう．そのなかには北方領土の非軍事化も含まれる．これは日露二国間で解決できる問題ではない．極東においてアメリカや中国を含めた安全保障措置を講じる必要がありそうだ．そのような国際的枠組みのなかでロシアとの信頼関係を醸成し，領土問題の解決を図ることが求められているように思われる．

このように考えると，日本が「一帯一路」に参加しつつ，中国のみならずロシアとも関係改善を図ることは国益にかなうことといわねばならない．

お わ り に

中露両国は，2019年を通じても緊密な関係を維持した．特にアメリカのトランプ政権の対外政策が，中露を一段と接近させた感がある．すなわちアメリカは，ロシアのウクライナ政策や中東政策，さらには核政策と対立し，ロシアに対する経済制裁を続行させている．他方でアメリカは中国と貿易対立を激化させ，中国製品に対する関税を引き上げるなど強硬路線をとっている．

それぞれにアメリカとの対立を抱える中露両国は，これからも世界戦略上，協力関係を強化することになるだろう．しかし現在の中国は，政治面，経済面でロシアよりはるかに強力になっている．したがって中露関係は対等であるというよりも，むしろロシアがジュニア・パートナーとしての役割を担う関係といってよいだろう．

とはいえ，ロシアにはロシア独自の国益があり，中国と完全な共同歩調をとることをよしとしているわけでない．すなわち第1に，ロシアには独自のユーラシア政策がある．カザフスタン，タジキスタン，トルクメニスタンなどの中央アジア諸国は，かつてはソ連の一部であり，今日のロシアにとっても重要な盟友である．それが完全に中国経済圏に取り込まれることは，ロシアにとって望ましいことでない．ロシアは自らの勢力圏として，今後もこれら諸国との特別の関係を維持しようとするだろう．

第2に，ロシアは安全保障の上からも，海洋への出口を確保しなくてはならない．特にオホーツク海は，軍事拠点として重要である．2018年初頭に中ロは，オホーツク海から北極海を通り欧州に伸びる「氷上のシルクロード」構想を進めることで一致をみたが，ロシア軍内ではオホーツク海に中国のプレゼンスが増すことへの懸念も存在するという[19]．このような観点からも，中露両国が一枚岩的な同盟関係になることはないだろう．

他方日本は，自国の経済的利益はもとより安全保障の観点からも，中国及びロシアとは良好な関係を維持することが不可欠である．日本が中国の「一帯一路」に主体的にかかわってゆくことは，中露双方との関係改善を促進する上で有用なことと思われる．

注

1) 日本外務省欧州局ロシア課監修（2013）『ロシア月報』837，2013年3月号，ラジオプレス.

2) 日本外務省欧州局ロシア課監修（2013）『ロシア月報』844，2013年10月号，ラジオプレス.

3) ロシア大統領公式ウェブサイト，2015年5月8日.〈http：//www.kremlin.ru/supplement/4971〉，2018年2月8日閲覧.

4) 日本外務省欧州局ロシア課監修（2013）『ロシア月報』867，2015年9月号，ラジオプレス.

5) ロシア大統領公式ウェブサイト，2016年6月23日.〈http：//www.kremlin.ru/events/president/news/52204〉，2018年2月8日閲覧.

6) ロシア大統領公式ウェブサイト，2017年5月14日.〈http：//www.kremlin.ru/events/president/news/54491〉，2018年2月8日閲覧.

7) 日本外務省欧州局ロシア課監修（2015）『ロシア月報』863，2015年5月号，ラジオプレス.

8) ロシアの経済紙『コメルサント』（電子版）2015年12月14日付.

9) 日本外務省欧州局ロシア課監修（2016）『ロシア月報』871，ラジオプレス，2016年1月号.

10) 『産経新聞』2013年4月4日付.

11) 日本外務省公式ウェブサイト「日露パートナーシップの発展に関する日本国総理大臣とロシア連邦大統領の共同声明（主要ポイント）」より抜粋.〈https：//www.mofa.go.jp/mofaj/files/000003992.pdf〉，2018年2月8日閲覧.

12) 日本外務省公式ウェブサイト「東方経済フォーラム2016における安倍総理大臣スピーチ」より抜粋.〈https：//www.mofa.go.jp/mofaj/erp/rss/hoppo/page1_000243.html〉，2018年2月8日閲覧.

13) 『朝日新聞』2017年11月15日付.

14) 『毎日新聞』2017年12月5日付.

15) 『日経新聞』2019年3月5日付.

16) Sputnik 日本「プーチン大統領の最低支持率の地域が世論調査で明らかに」〈https：//jp.sputniknews.com/russia/201905316310206/〉，2019年5月31日閲覧.

17) 防衛省（2018）「わが国の周辺のロシア軍」『平成30年版　防衛白書』〈https：//www.mod.go.jp/j/publication/wp/wp2018/html/n12404000.html〉，2019年5月31日閲覧.

18) Sputnik 日本「イージス・アショアの日本配備にロシアが反対する理由は？」〈https：//jp.sputniknews.com/opinion/201804024736119/〉，2018年4月2日閲覧.

19) 『日経新聞』2018年7月6日付の秋田浩之のコメント記事.

参考文献

堀江典生（2010）「北東アジアのなかの中ロ経済――反省と展望――」大津定美・松野周
　治・堀江典生編著『中ロ経済論』ミネルヴァ書房.

（2019年11月13日脱稿）

第8章
政治と経済の相互作用から見る「一帯一路」
──東南アジアを例として──

李　　開盛

は じ め に

インフラの接続性を強調している「一帯一路」構想は，第一義的に経済プロ[1]ジェクトであるが，依然として「一帯一路」を地政学的な戦略であるとみる者もいる[1). 例えば，フィナンシャル・タイムズのコメンテーター Martin Sandbu は，世界のその他の国家はこの構想を本質から見る必要がある，すなわち，単に伝統的な経済の視点から評価可能な投資計画であるだけでなく，数十年先のグローバル経済の地政学的戦略構造を形成する試みである，というのである．彼は，ブルッキングス研究所の Kadira Pethiyagado の視点を引用し，中国「一帯一路」構想の「主要な外交政策目標」は，「アジアにおいて，アメリカとの戦略上の対等関係を実現し，併せて安全保障環境をリモデルすることで，制約のない台頭を確保する」ことにあるとの認識を示している[2). いくつかの沿線国は，中国が「一帯一路」を利用して，自身の影響力と支配力を強めるのではないかとの懸念を抱いている. 中国が全く政治的目的を持たないというとすれば，それは真実ではない. 例えば習近平国家主席は2017年 5 月に「一帯一路」国際協力フォーラムの開会演説で，「一帯一路」を平和の道に築き上げなくてはならず，とりわけ「Win-Win な協力を核心とする，新型の国際関係を構築し，対話して対抗しない，仲間ではあるが同盟ではないパートナーシップを打ち立てる」ことを提案した[3). ただし，この種の政治目的は前向きで肯定的なものである. この種の中国と他国それぞれの政治的思惑が客観的に存在し，それが異なっていることは，必然的に「一帯一路」構想の実施プロセスに影響をもたらすだろう. また，「一帯一路」構想の実施は，中国と関係国との政治関係に対して，必然的に深刻な影響を生み出すことにもなろう.

　東南アジアは，我々が「一帯一路」構想推進のプロセスにおける政治と経済の要因の相互作用を検討するにあたって，1つの典型的な事例を提供してくれる．経済的視点からいえば，中国と多数の東南アジア諸国との間に相互補完関係があることは，十分に明らかである．ただし，政治的視点からみれば，中国との関係が複雑な東南アジア諸国もあり，南シナ海島嶼では主権争いも存在する．いくつかの東南アジア地域外の国家も，東南アジアを中国の台頭を牽制するための重要な地域であるとみている．この種の複雑な背景にあって，「一帯一路」は，東南アジア諸国において，ある種の政治的含意が容易に与えられる，あるいは関係する国家によって安全保障が問題化される．その他の「一帯一路」沿線地域と比較していえば，東南アジアの中国に対する経済と政治の関係の二重性は最も顕著である．2018年8月，習近平国家主席は「一帯一路」建設5周年座談会において，高質な発展という目標を掲げた．これは，中国「一帯一路」構想が「量」の追求から「質」に重点を置くように転換しはじめたことを意味している．「一帯一路」推進のプロセスにおいて，いかに政治的要因と経済的要因のネガティブな相互作用を克服するか，そしてこれを，相互に促進させることによって，相互に牽制しあわないようにするか．中国にとって，次の段階において，「一帯一路」構想が高い質で発展することを実現するために克服しなければならない挑戦となる．

1　東南アジアにおける「一帯一路」構想推進の経済的背景

　中国の東南アジアとの経済関係には多くの側面があるが，「一帯一路」は①総体的な貿易関係，②インフラ，③生産能力に関する協力を主としていると考えられるため，以下では，この3点について論じる．これによって，中国とASEANの経済関係の基本的な様相と「一帯一路」構想が東南アジアにおいて発展する潜在力を見ることができる．

1）　強力な貿易相互補完性

　中国と東南アジア諸国の貿易活動は非常に頻繁に行われている．2015年には，中国―東南アジア11カ国の輸出入貿易総額はおよそ4685.01億米ドルであり，中国―世界の総額の11.27％を占めている（李・陳，2017：4）．2010年に打ち立てた中国―ASEAN自由貿易地域は，双方が対外的につくった初めての自由貿易

地域であるだけでなく，現在発展途上国である国家間でつくられた最大の自由貿易地域であり，世界の4分の1を占めるおよそ20億の人口をカバーし，経済総量は世界の16.7%に当たる13兆米ドルにのぼる（徐・張, 2017: 15）.

　中国—ASEAN間は貨物貿易を主とし，「中国から東南アジア地域に輸出される主要産品は，機械製品，電気機械設備と部品，プラスチック及び製品，鉄鋼，光学機器，精密医療計器，家具と寝具などである．中国が東南アジア11カ国から輸入している主要産品は，電気機械設備と部品，鉱石，機械器具及び部品，電気機械，金属及び製品，プラスチック及び製品などである」（李・陳, 2017: 5）．対照的に，両者の間のサービス貿易の割合は15%未満である．これは，一方では，貿易発展のモデルが十分に均衡していないことを説明し，他方では，中国とASEAN各国の未来は，サービス貿易においてかなり大きな発展の潜在力を有していることを説明している（徐・張, 2017: 6）．その他に，経済学者の研究によれば，中国と東南アジア地域各国の輸出産品の構成の相似度は相当低く，かなり強い貿易上の相互補完関係にある．例えば，2013年の中国と東南アジア地域諸国の平均貿易競争指数は0.1461で，全体的に競争関係は強くない．また，2005年と比較すると，2013年には中国と東南アジア地域諸国の平均貿易競争指数は0.4428減少した．これは中国と東南アジア地域の貿易競争が全体として弱まった趨勢にあることを示している.

2）　インフラ協力の巨大な潜在力

　ここ数年のASEANの経済成長には，かなり目を見張るものがある．経済協力開発機構（Organisation for Economic Co-operation and Development : OECD）の推計によれば，2016年から2020年までASEANの年間平均経済成長率は5.2%となる見込みである．ただし，ASEANのインフラは世界の平均水準に相当するか，場合によってはそれよりも下回ることすらある．このことは，経済がさらに急速に成長しているASEANの現在の状況とは見合っていない（表8-1参照）.

　もしインフラを改善することができれば，ASEAN諸国の経済成長をさらに促進することになろう．「ASEAN事務局の推計によれば，もしインドネシアが十分なインフラを有していれば，GDPの年間成長率は現在の6～6.5%ではなく，7～9%にのぼることとなろう……（中略）……いくつかの研究に基づけば，もし大メコン圏の国々のインフラが優れていれば，それらの国家のGDPは1.1～8.3%上昇しうるだろう．中でも，カンボジア，ラオス，ビルマ，タイ

表 8-1　ASEAN 各国のインフラ評価指数

国家＼指標	道路	鉄道	港	航空運輸	電力	全体
世界平均	4.1	3.4	4.0	4.4	4.6	4.1
ASEAN	4.0	2.7	3.9	4.4	4.6	4.0
シンガポール	6.3	5.7	6.7	6.9	6.8	6.50
マレーシア	5.5	5.1	5.4	5.7	5.8	5.42
タイ	4.2	2.5	4.2	5.0	5.1	4.39
インドネシア	3.9	3.8	3.9	4.5	4.2	4.24
フィリピン	3.1	2.0	2.9	3.2	4.0	3.37
ベトナム	3.5	3.1	3.8	4.1	4.4	3.88
ラオス	3.4	—	2.0	3.8	4.7	3.08
カンボジア	3.4	3.4	3.9	3.9	3.3	3.17
ブルネイ	4.7	—	3.7	4.1	5.3	3.88
ビルマ	2.3	1.8	2.6	2.6	2.7	2.1

（注）　ラオスは2015年，その他の国家は2016-2017年度のデータに依拠している.
（出所）　郭宏・葛順奇（2016）内の，World Economic Forum, The Global Competitiveness Report 2016-2017を使用.

の成長速度は最もはやい. もしインドネシアのインフラ投資額が GDP の 1 ％にまであがれば，70万人の雇用をもたらすだろう」（郭・葛, 2016：48）. この認識に基づいて，ASEAN 諸国はインフラ建設の方面で既に積極的な態度をとっているが，現時点ではまだ限界がある. 鉄道建設を例として挙げれば，「アジア四小虎」として誉れ高いタイは，現在，総距離4363km の鉄道を有しているが，70年前と比べ1000km あまりしか伸びておらず，加えて，3755km が依然として複線化されておらず単線にとどまっている. 1980～2012年の間に，インドネシアの鉄道の総距離は6458km から4684km と，伸びるどころか短縮しており，加えて鉄道の設備と線路の老朽化現象は深刻である（周, 2015：48-49）. 上述した背景のために，中国と ASEAN の貿易関係が深化，発展する巨大なチャンスがある. 実際，ASEAN 自身が提出した接続性に関する計画（The ASEAN Master Plan for Connectivity：AMPC）は，中国の「一帯一路」構想と驚くほど相似している. ただし，資金と実施能力が，ASEAN のインフラ発展の深刻なボトルネックである.「国連貿易開発会議（United Nations Conference on Trade and Development：UNCTAD）によれば，2015～2025年の間，電力，運輸，通信，水道，清

潔さの領域だけでも，ASEAN の投資需要は，毎年，1100億米ドルにのぼる．内訳は，電力 (生産，運輸，配分) 380億米ドル，運輸 (道路，鉄道，港湾，空港) 550億ドル，通信92億米ドル，水道及び清潔さ78億米ドルである．これらの推計には，国境を跨ぐ地域連接プロジェクトの投資需要は含まれていない」(郭・葛，2016：49)．しかし，ASEAN が投入可能な資金はそれほど多くない．ASEAN と比べると，例えば，相当よくできた建設計画，必要性を充分に満たす資金源，強力なインフラ建設能力のように，中国は一定の比較優位を備えており (郭・笠，2014：27)，双方の協力の可能性は極めて大きい．

3)　生産能力に関する大きな協力の余地

　インフラ建設に加えて，中国は，東南アジア諸国とその他の領域における生産能力に関する大きな協力の余地も有している．目下，中国はまさに工業化の中後期にあり，すでに工業部門を完備し，迅速に発展した技術集約型産業，資本集約型産業を有しており，また，相当数の労働集約型産業を抱え，同時に，ハイテク産業の実力もますます充実している (陳，2017：44)．

　別の観点からいえば，東南アジア諸国には比較的大きな生産能力の穴がある．目下，ASEAN10カ国中，シンガポールの産業構造が先進国経済の特徴を備えている点を除いては，残りの 9 カ国は，それぞれ異なった発展段階にある．しかし，国内の工業化が始まって日が浅いこと，産業部門が完全に整っていないこと，工業化の進展の多くを外からの投資に頼っていること，そして主に中間技術や集中生産制の製品が発達していること，というように一定の共通性も持ち合わせている (陳，2017：44)．呉は次のように述べている．「インフラの素早い発展のために，現在，海上シルクロード沿線国は，セメント，鋼鉄，ガラスに対する極めて大きな需要があり，東南アジア各国のセメント需要量の毎年の成長率は，およそ 8 ％にのぼる．しかし，関連物資の現地生産能力の発展は決して充分に発展していない．カンボジアのセメント供給は深刻に不足しており，国内にはわずかに 1 つのセメント工場があるのみで，年間生産量は100万トン不足している．ビルマのセメントに関する生産能力は，国内市場における需要の50％前後を満たすことができるのみである．ここ10年のインドネシア経済は比較的早い成長を維持しており，インフラ事業，特に，接続に関する事業を不断に増加させている．セメント需要の急速な拡大に対しては，インドネシアの石灰石資源の埋蔵量は比較的豊富ではあるが，国内のセメント需要が不断に増

加しているため，セメント生産量はインドネシア市場の需要をずっと満たせずにいる」(呉, 2016：73)．この方面での生産能力の穴は，まさしく中国が補うことができるものである．加えて，中国と東南アジア諸国は地理的に隣接しており，産業移転・産業協力において，先天的な優位性を有しているといえる．

2 「一帯一路」に影響を及ぼす政治的要因

3つの主体 (中国・ASEAN・東南アジア地域外の大国) の政治的考慮は，中国とASEAN の総体的な関係に影響を与えており，ひいては「一帯一路」構想の具体化にポジティブあるいはネガティブな影響をもたらす．なぜ東南アジア地域外の大国を含む必要があるのかといえば，一部の大国，特にアメリカと日本は，中国と ASEAN の関係に深刻な影響を与えているためである．

1) 中国の政治的考慮——中国—ASEAN 運命共同体の設立——

中国共産党第19回全国代表大会での報告は，中国外交の全体目標として「人類運命共同体の構築を推進する」とすでに言明しているが，これに対して中国と ASEAN の運命共同体を打ち立てることは，この全体目標における重要な1つの側面をなしている．この目標を実現するためには，次の2点を実現することが鍵となる．

第1に，東南アジア諸国が中国を疑い排斥するのではなく，受け入れ，信頼するよう推し進めることである．大国についていえば，どうすれば周辺諸国との関係をうまく処理できるかは常に厄介な難題であり，これが重要なのは，地理的な距離と安全保障の間の敏感な関係のためである．まさにロバート・アート (Robert Art) が指摘しているように，「隣接している国家同士は，能力，優位性，権力に関する差異に，互いにかなり敏感である」(阿特, 2005：133)．地理的な距離という要因は，東南アジア諸国がなぜアメリカ主導下の秩序に対して泰然自若としているのか，あるいは，なぜ中国がもたらす秩序変動に対しては懸念しているのか，ということに関して，説得力ある解釈を与えてくれる．すなわち，アメリカは遠く太平洋を隔てた国家であり，比較的小さな脅威しか受けない国家と見られている．一方，アメリカが裏庭とみなしているラテンアメリカには，キューバやベネズエラも存在し，このような国家はよりアメリカに反発的で，中国と友好関係を発展させたいと望んでいる国家である．

　第2に，アメリカが東南アジアを利用して中国の行動を牽制することを防ぐことである．テロの脅威がある程度薄れた後，アメリカは事実上，中国を最も重要な競争相手として，戦略方針を改めて打ち立てた．オバマの時期には，まさしくアメリカの支持の下，ベトナムやフィリピンを含む国々が南シナ海の問題を中国に提起した．アメリカは自ら乗り出して，南シナ海で，いわゆる「航行の自由作戦」を遂行しさえした．さらに経済面でも，オバマ政権ではシンガポール，ブルネイ，ベトナム，マレーシアを含むTPP体制の構築に注力し，東南アジア諸国の「経済は中国，安全保障はアメリカ」という伝統的な構成を打ち破ろうとすらした．一方，トランプが政権を握ってからは，2017年末に発布された「国家安全保障戦略」において，明らかに中国を戦略的競争相手とみなしている．2018年に始まった中米貿易摩擦に至っては，ここ数年の中米関係を最低水準にまで貶めており，中米関係冷戦の見通しを議論し始める人さえいる．トランプはオバマほど東南アジアを重視していないようであるが，南シナ海のいわゆる「航行の自由」問題を利用し中国を牽制する点では，勝るとも劣っていない．南シナ海のいざこざが不断に続けば，中国―ASEAN運命共同体も自然と取り上げる術がなくなるだろう．

2)　一部の東南アジア諸国の政治安全保障上の懸念

　東南アジア諸国の中国に対する見解と利益は，必ずしも一致していない．ある国家は，東南アジアにおける中国の存在と影響に対して，より積極的で開放的な態度をとっている．中国と東南アジア諸国の関係の「容量」は，常に，「長い板」によって決定されるものではなく，「短い板」によって決定されるものであり[2]，ひいては，中国―ASEAN全体の関係及び「一帯一路」構想の推進に対する影響を生み出している．ここで「短い板」の主要なものを挙げれば以下のようになる．

　1つめは，中国と一部の東南アジア諸国の間に存在している島嶼の主権争いである．中国といくつかの東南アジア諸国の間の南シナ海の争いは，それと関連する国家が多く，関連する海洋問題が非常に複雑で，加えて，高度に政治化されている（いくつかのASEAN国家内部では，中国との南シナ海の争いをいかに処理するかということについての論争があり，このアジェンダは政敵間で相互に非難する道具となっている．例えば，フィリピンのドゥテルテ大統領による南シナ海問題の緩和政策は，国内の政敵から国益の「売り渡し」であると批判されている）．この争いは，ASEAN地

域の安全保障のアジェンダ（どのように南シナ海問題についての態度を表明するかは，常に ASEAN サミットの論点の１つである）と，中国と東南アジアの関係（一部の ASEAN 諸国は南シナ海における中国の態度を，その台頭を測る試金石と見ている）を人質にさえとっている．これに対し，ベトナムの学者は次のように指摘している．「地域の安全保障と政治的信頼は，『一帯一路』の接続性を実現し，中国―ASEAN 運命共同体を打ち立てるための，厳しい試練となる．最も突出しているのは海上での紛争・衝突であり，中国と ASEAN の相互信頼に対して，不利な影響を持っている」（馮, 2015：35）．

　２つめは，東南アジア諸国の中国の台頭に対する戦略的懸念である．中国の隣国として東南アジア諸国は，中国の台頭にますます敏感になっている．祁懐高と石源華は，それを周辺国の「外部反応症候群」と呼ぶ．すなわち，周辺国は中国の経済調整と発展の中から利益を獲得する一方，中国の急速な台頭に対して警戒と不安を感じ，外部の大国の力を中国との「バランシング（balancing）」に利用しようと試み，この機会を利用して中国との領土主権争いを惹起して挑発しようとさえしている（祁・石, 2013：26）．このため，少なからぬ東南アジア諸国が，かつては，アメリカの推進する TPP に積極的な態度を持っていた．2017年５月，北京で行われた「一帯一路」国際協力フォーラムでは，シンガポールのリー・シェンロンの不参加が注目を集めた．しかし，トランプ政権以降の単独行動主義政策，とりわけ TPP 離脱の決定は，これら東南アジア諸国にアメリカも信用できないと感じさせ，その後，［東南アジア諸国は］対中政策をいくらか調整した．それでも根本的には，シンガポールをはじめとして，一部の東南アジア諸国がアメリカや日本の助けを借りて中国の立場を牽制することに変わりはないだろうし，この政策が，その一部の国家が「一帯一路」に参加する態度と深さに影響を与えるだろう．

３）　中国―ASEAN の協力に対する東南アジア地域外大国の妨害

　ここで東南アジア地域外の主たる大国とはアメリカと日本を指している．古い大国アメリカと新しい大国中国には，グローバルな権力構造の矛盾が存在しており，アメリカは東南アジアを，中国を牽制する最前線とみなしている．中国の台頭に直面して，アメリカの１つの重大な懸念は，中国がアメリカをアジアから排斥するよう注力するのではないか，ということにある（Hamre, 2017：17）．この認識に基づけば，アメリカは東南アジアにあるその伝統的な影響を

利用したいと考え，とりわけその同盟国を通して，中国がグローバルな大国として台頭する前に，まず，中国周辺において中国に対する牽制を進めるだろう．一方，中日関係に至っては，両国の総合的な実力は逆転しているので，両国の外交戦略ではいずれも外向きに発展する基本姿勢が現れ，中日関係は歴史上はじめて出現した「竜虎相見える」という時期にすでに入っている（包・黄, 2017：42）．この種の地域権力の矛盾，また，中国との間にある釣魚島の主権争いの問題に直面して，日本もまた中国を牽制するために，東南アジアとの伝統的な経済連携と南シナ海のアジェンダを利用する必要がある．

　共同の戦略目標に臨んで，米日は東南アジアを利用して中国を牽制する方面で，積極的な協力を展開している[4]．例えば，2017年10月7日，トランプの訪日中に，アメリカの海外個人投資会社（Overseas Private Investment Corporation：OPIC）は，日本国際協力銀行（Japan Bank for International Cooperation：JBIC），日本貿易保険（Nippon Export and Investment Insurance：NEXI）と，それぞれ発展途上国向けのインフラ投資協力の覚書に署名した．日本の共同通信社は，この行為の目的は海外投資を拡大する中国に対抗することにあり，高質なインフラ投資を通して日米の影響力を上昇させようとしていると伝えている[5]．ただし，米日の姿勢も同じではない．アメリカは，現在の貿易戦争に加えて，南シナ海の「航行の自由作戦」，台湾，人権の問題などを通して，中国に対する全面的な牽制の促進にも力を入れている．日本の政策は比較的柔軟であり，一方ではアメリカと歩調を合わせながら，他方では中国との協力も排除しておらず，その政策の複雑な一面が現れている．アメリカがグローバル及び地域の覇権国家であり，日本が東南アジアにおいて強力な地政学的・経済的影響を伝統的に有していることに鑑みれば，両国の政策と行動の変化は，不可避的に，中国—ASEANの「一帯一路」協力に対する影響を生み出すだろう．

3　政治と経済の相互作用
——中国の政策と ASEAN の反応——

　上述の政治と経済の要因とその相互作用は，「一帯一路」構想の実施に対して複雑な効果を生み出している．経済的・政治的考慮に基づいて中国が積極的に「一帯一路」を推進しているが，それに対する ASEAN 諸国の反応は複雑である．経済要因は ASEAN に「一帯一路」を受け入れ，積極的に参加させ

るよう促す．しかし，政治安全保障上の考慮から，東南アジアの一部の国では
疑念が生じている可能性がある．

1）　中国の政策

「一帯一路」構想実施の重点方向として，中国は東南アジアをきわめて重視
し，以下の方面において注力してきた．

第1に，自由貿易地域のアップグレードの推進である．2013年9月，李克強
国務院総理（以下，首相）が第10回中国—ASEAN博覧会の開幕式で講和を発表
した際に，「中国—ASEAN自由貿易地域のアップグレード版の構築」を含む
5つの提案を行った．同年10月，李克強首相は，中国—ASEANサミットにお
いても，中国—ASEAN自由貿易地域のアップグレードを提議し，交渉を始め，
ASEAN各国のリーダーたちの積極的な返答を得ている．2014年8月には，中
国—ASEAN貿易大臣会議で，中国—ASEAN自由貿易地域アップグレード交
渉の開始が正式に表明された．2015年11月，交渉を予定通りに終え，2016年7
月1日には，ASEAN自由貿易地域のアップグレード版が正式に発効した．アッ
プグレード後の「中国—ASEAN自由貿易協定」は，貨物貿易，サービス貿易，
投資，経済技術協力などの各領域から，もともと存在していた協定を補完し，
完成させ，向上させるよう進めた．こうして，中国—ASEAN自由貿易地域の
全体的なレベルは新しい段階へと足を踏み入れ，新たな高みへと到達した．

第2に，生産能力における協力である．2016年9月7日，ラオスの首都ヴィ
エンチャンで行われた第19回中国—ASEANサミット，及び，中国—ASEAN
対話関係構築25周年記念サミットで「中国—ASEAN生産能力提携共同声明」
が発表された．この声明は「中国とASEANには，インフラの発展と工業化
を加速させるなどといった方面において，極めて重要な需要があり，双方は生
産能力に関する協力を通じて中国—ASEANの貿易関係強化を進めることがで
き，双方の産業の自信と積極性を高める」と強調している．併せて，6つの提
言が出され，その中には「商業原則を主導とする生産能力に関する協力を奨励
し，産業のアップグレードを通した経済発展を推進し，双方の産業の生産と需
要を一致させ，持続可能な発展と共同繁栄を実現する」，「双方が有している比
較優位の業種領域において，各自の優先順位と発展の水準に沿った協力の展開
を重点的に推進する」といったことが含まれている．[6]

第3に，高速鉄道外交の展開である．李克強首相の高速鉄道外交の旅は，2013

年10月にタイを訪問したときから始まった．彼は，当時のタイのインラック首相とともに，中国高速鉄道展に参加した．2人はともに，「中国・タイ両国の鉄道協力の深化に関する了解覚書」の証人となり，「大米換高鉄（高速鉄道とコメの交換）」協力を開始した．この後，タイの政局が変動し，協力には曲折が生じた．この状況に対処するために，1年後の2014年12月，李克強首相は再びタイを訪問し，両国は「中国・タイ鉄道協力了解覚書」に署名した．李克強首相はさらに，その他の東南アジア諸国において積極的に高速鉄道外交を実践した．2015年3月，李克強首相がインドネシアのジョコ大統領と会談した際に，中国政府は，中国企業がインドネシアに赴き，高速鉄道などのプロジェクトに参加することを奨励すると表明した．2016年に第19回中国—ASEANサミットに出席した際には，李克強首相はまた，特に中国ラオス鉄道，中国タイ鉄道，ジャカルタ・バンドン高速鉄道などの大プロジェクトを推進する必要があると述べた[7]．

2）　ASEAN の反応

　経済的な視点から見ると，インフラ建設と生産能力に関する協力を強調する「一帯一路」構想は，ASEAN の発展における需要にうまく合致する．ただし，政治的な要因が介在するために，東南アジア諸国の反応には一種の矛盾した態度が現れている．あるフィリピンの学者が特に強調しているのは，構想の背後にある真意，そして，背後にある不利な条件に対して疑念を抱いている国家も存在し，中国が戦略，政治，安全保障の方面での目標を有しているのではないかと気にかけている，ということである[8]．また，あるインドネシアの学者が認めていることは，「いくつかの小国は中国の海上シルクロードが，それらの国々の主権に対して不利な影響をもたらす可能性があるのではないかと気をもんでおり，海上シルクロードが安全保障上の利益に対して潜在的な影響をもたらすのではないかと憂慮している．この他にも，一部の小国は，中米両大国の関係に対して自身はどのようなバランスをとるか，ということを心配しているし，あるいは，多くの状況において，自身に対して日増しに中国の存在への依存がさらに大きくなっていることを案じている」（穆希芭, 2015: 15）ということである．無論，国家によって中国との政治安全保障上の関係は異なっているので，経済上の相互依存の程度も同じではないし，東南アジア諸国の「一帯一路」構想に対する反応は必ずしも一致していない．

インドネシアは，東南アジア地域で領土面積と人口が最大であり，ある意味で，ASEAN のリーダーを務めているといえる．「一帯一路」構想に対する国内の反応は多元的であるが，主に次の3つの視点を含んでいるといえよう．第1の視点は，海上シルクロードが，ジョコ・ウィドド大統領が就任して最初に提起した世界海洋軸構想と互いに補完しあう，という認識である．インドネシアは効果的に準備し，海上シルクロードが供給する各種の計画と資源をさらに上手に利用しなければならない．第2の視点は，インドネシアは，中国との間ですでに数多の二国間合意に，また，中国—ASEAN を骨格とするいくつかの多国間合意に署名しているため，海上シルクロードが決して新しいものではないとみなされている，というものである．第3の視点は，海上シルクロードに対する強硬な姿勢についてである．ある学者と政府要人のグループは，海上シルクロードに反対することを必ずしも明確にインドネシア政府に進言したわけではないが，彼らは，海上シルクロードの背後にある動機と，中国政府が計画した実践方法についての，より良くより包括的な説明を求めた．また，海上シルクロードが，古代のシルクロードにおけるある種の中心／宗主と周辺／属国の間の朝貢関係への回帰ではないかと懸念している (穆希芭, 2015: 15).

ベトナムは，中国との間に南海島嶼における主権争いを抱えており，それは「一帯一路」構想の反応に対する，ある種の代表的な性質も持っている．「一帯一路」が提案された当初，ベトナムの反応は冷たいものであった．2015年，ベトナムのグエン・タン・ズン首相 (当時) は，経済的独立の強化，1つの市場に対する過度な依存の回避を提起し，これを当時大きな変化が起きていた南シナ海の環境における中心課題とみなした．⁹⁾ 2015年後期になり，ベトナムの冷淡な態度にようやくいくばくかの変化が見られた．2015年9月18日，ベトナムのグエン・スアン・フック副首相は，中国—ASEAN 博覧会の開幕式で，ベトナムは，中国が相互尊重と相互利益に基づいて提起した地域交流と地域協力を増進する関連構想を歓迎し，積極的に研究に参加することを表明した．その関連構想の中には「一帯一路」が含まれている．その後，双方のリーダーが何度も互いを訪問し，ベトナムの「両廊一圏」と中国の「一帯一路」の協力と接合を推進する必要性を，ひとしく強調した．2017年11月12日に習近平国家主席がベトナムを訪問した際には，双方はさらに，「一帯一路」と「両廊一圏」の協力に関する覚書に署名した．全体としてみると，ベトナムは，各階層によって「一帯一路」の認知と態度に対して一定の差異が見られるが，総体的には政府の主

たる基調から決して乖離していない.

　南シナ海の争いにおけるもう1つの重要な係争国であるフィリピンの「一帯一路」構想に対する態度は異なっており, かつリーダーの交代の影響がより大きい.「一帯一路」構想が提起された時は, アキノ大統領が指揮をとっていたフィリピン政府と中国との関係は, 南シナ海の争いの仲裁が提起されたために, 日に日に激しさを増していた頃であったが,「一帯一路」に対しては, 決して完全に排斥していたわけではなかった. 例えば, フィリピンのプリシマ財務相は, 2014年10月24日に北京で「AIIB設立覚書」に正式に署名した. これによってフィリピンは, 最も早くAIIB設立を支持した国家の1つとなった. 2016年6月末, ドゥテルテはアキノに取って代わり, フィリピン大統領に就任した後, フィリピンの「一帯一路」構想に対する態度に, より積極的な変化が加わるようになった. ドゥテルテ大統領は, 2017年5月, 2019年4月にそれぞれ中国が主催した「一帯一路」国際協力サミットに, 2回連続で参加した. 1回目のサミット参加前, ドゥテルテ大統領は, 特に中国メディアの取材を受け入れ, 中国は「一帯一路」構想を通して, 心から誠実に各国の発展をサポートしており, フィリピンと中国の両国の協力空間は広大であり,「一帯一路」構想はフィリピンと中国の貿易交流を切り拓くことができるだろうと信じており, フィリピンの人民に幸福をもたらす, との認識を示した.[10]

おわりに
――結論と展望――

　本章の分析を通して,「一帯一路」構想の建設に対して, 異なった政治的要因が異なった影響を生み出していることが明らかとなった. いくつかの政治的要因はポジティブなものである. 例えば, 中国は「一帯一路」構想の重大な政治推進力を高度に重視していること, ASEANの対中関係重視がASEANに「一帯一路」構想に対する積極的な態度の表明を促していること, フィリピンのドゥテルテ大統領の中国発展モデルに対する賛意とより一層バランスの取れた外交政策を遂行する必要性が「一帯一路」の前向きな歓迎を促進したこと, などである. ただし, いくつかの政治的要因はネガティブなものでもある. 例えば, 中国と一部の東南アジア諸国の政治安全保障関係が複雑であることや, 現地国の国内政治闘争などの要因のために, 周辺国が「一帯一路」構想について考え,

対応する際には，このテーマを政治化してしまうことから免れることはできない．このため，「一帯一路」プロジェクトは，常に批判と妨害を受ける．しかし，中国と東南アジアは，経済において強力に互いを補う一面が存在しており，経済協力を通して，不確実性が日増しに強くなる世界情勢に対応するという政治的動機もある．この傾向から見れば，中国と東南アジアの「一帯一路」協力は，依然として前向きな見通しがある．その鍵は，双方，特に中国側が，今後「一帯一路」プロジェクトを推進する中で，1つひとつのプロジェクト全てを経済規律に符合させ，現地の人々の生活に貢献し，同時に，現地の，あるいは現地と中国双方の政治的要因に可能な限り接触せず，巻き込まれないようにし，安定的かつ高質なプロジェクトを推進することにある．

注

1 ）　The Diplomat, Xie Tao（2015）"Is China's 'Belt and Road' a Strategy? When is a strategy not a strategy?," December 16, 2015〈http：//thediplomat.com/2015/12/is-chinas-belt-and-road-a-strategy/〉，2017年 7 月16日閲覧.

2 ）　FT 中文網，馬丁　桑德布（Martin Sandbu）（2017）「"一帯一路" 不僅僅関乎経貿」2017年 5 月24日〈http：//www.ftchinese.com/story/001072709?tcode=smartrecommend&ulu-rcmd=1_02ra_art_6_75672f150e064daaadfe1602ff04a5ce〉，2017年 7 月13日閲覧.

3 ）　『新華網』（2017）「習近平在 "一帯一路" 国際合作高峰論壇開幕式上的演講」2017年 5 月14日〈http：//news.xinhuanet.com/world/2017-05/14/c_1120969677.htm〉，2017年 7 月13日閲覧.

4 ）　共同社（2017）「焦点――看不清的美国 "亜洲戦略" ――」2017年11月 6 日〈https：//china.kyodonews.net/news/2017/11/dac8e84df582.html〉，2017年12月 1 日閲覧.

5 ）　共同社（2017）「日美簽署発展中国家基建投資備忘録以抗衡中国」2017年11月 8 日〈https：//china.kyodonews.net/news/2017/11/84a53a34c71c.html?phrase=%E6%8A%97%E8%A1%A1%E6%89%A9%E5%A 4%A7%E6%B5%B7%E5%A4%96%E6%8A%95%E8%B5%84%E7%9A%84%E4%B8%AD%E5%9B%BD&words=%E6 %8A%95%E8%B5%84,%E6%8A%97%E8%A1%A1,%E4%B8%AD%E5%9B%BD,%E6%89%A5%E5%A 4%A7,%E6%B5%B7%E5%A4%96,%E7%9A%84〉，2017年12月 1 日閲覧.

6 ）　『人民日報』（2016）「中国―東盟産能合作聯合声明」2016年 9 月 8 日〈http：//energy.people.com.cn/n1/2016/0908/c71661-28700999.html〉，2017年 7 月15日閲覧.

7 ）　『人民網』（2016）「李克強――在第十九次中国―東盟（10＋ 1 ）領導人会議暨中国―東盟建立対話関係二十五周年記念峰会上的講話――」2016年 9 月 8 日〈http：//cpc.people.com.cn/n1/2016/0908/c6409428699312.html〉，2017年 7 月15日閲覧.

8 ）　The Diplomat, Lucio Blanco Pitlo III（2015）"China's 'One Belt, One Road' To

Where? Why do Beijing's regional trade and transport plans worry so many people?", February 17, 2015〈http：//thediplomat.com/2015/02/chinas-one-belt-one-road-to-where/〉, 2019年 7 月16日閲覧.

9)　『環球網』(2014)「越南総理――想弁法避免過度依頼中国経済――」2014年 6 月16日〈http://world.huanqiu.com/article/2014-06/5021490.html〉, 2017年 8 月20日閲覧.

10)　『環球網』(2017)「菲律賓総統杜特爾特談自己対"一帯一路"的看法和期待」2017年 5 月11日〈http://world.huanqiu.com/ho t/2017-05/10650992.html〉, 2017年 8 月20日閲覧.

訳注

[1]　接続性とは, コネクティビティ (connectivity) とも呼ばれ, インフラの整備を通じて, 各国・各地域を繋ぐ(接続する), 輸送, エネルギー, 通信などのインフラネットワークを構築することを指す.

[2]　長短不揃いの複数の木板で組まれた木桶に張ることのできる水の容量は, 最も短い板によって決定される (ドベネックの桶). ここでは, 中国と東南アジアの関係 (容量) を決定する重要な要因 (短い板) の比喩として用いられている.

参考文献

李敬・陳容 (2017)『"一帯一路"相関国家貿易投資関係研究――東南亜十一国――』経済日報出版社.

徐歩・張博 (2017)「中国―東盟貿易関係現状, 問題和前景展望」『亜太安全与海洋研究』第 5 期.

郭宏・葛順奇 (2016)「中国対東盟基礎設施投資研究」『国際経済合作』第12期.

周方治 (2015)「"一帯一路"視野下中国―東盟合作的机遇, 瓶頸与路径――兼論中泰戦略合作探路者作用――」『東南亜縦横』第10期.

郭宏宇・竺彩華 (2014)「中国―東盟基礎設施互聯互通建設面臨的問題与対策」『国際経済合作』第 8 期.

陳慧 (2017)「"一帯一路"背景下中国―東盟産能合作重点及推進策略」『経済縦横』第 4 期.

呉崇伯 (2016)「"一帯一路"框架下中国与東盟産能合作研究」『南洋問題研究』第 3 期.

阿特, 羅伯特 (郭樹勇訳) (2005)『美国大戦略』北京大学出版社. (Robert Art, *A Grand Strategy For America*)

馮氏惠 (2015)「"一帯一路"与中国―東盟互聯互通――机遇, 挑戦与中越合作方向――」『東南亜縦横』第10期.

祁懐高・石源華 (2013)「中国的周辺安全挑戦与大周辺外交戦略」『世界経済与政治』第 6 期.

Hamre, John J. (2017) "Overview: An American Perspective on US-China Relations,"

Joint US-China Think Tank Project on the Future of US-China Relations: An American Perspective, July 2017.

包霞琴・黄貝（2017）「日本南海政策中的“対衝戦略”及其評估――以安倍内閣的対華政策為視角――」『日本学刊』第3期.

穆希芭，沙菲雅　F（2015）「印尼海洋主張如何対接“一帯一路”？」『社会観察』第12期.

（2019年12月10日翻訳）

コラム 2

「一帯一路」をどう見るか

滝 田　豪

その提起から5年以上が経過した「一帯一路」について，これまでに行われた議論をあえて単純化すると，図のようにまとめられるだろう．

	経済	政治・安全保障
プラス評価	① Win-Win の経済発展	②新しいグローバルガバナンス
マイナス評価	④不採算・債務の焦げ付き	③米中対立

この図からはまず，①→②→③という論理展開が見てとれる．「一帯一路」が沿線国と中国の経済発展につながると，中国主導の新しいガバナンス秩序が広域的に成立する．しかしこの秩序が米国主導の既存秩序と矛盾すると考えられると，米中対立の原因となる．また④→③の流れも，「債務外交」などといわれ人口に膾炙（かいしゃ）している．

ただし現実の「一帯一路」は，①と④の中間に止まっている．「中国版マーシャル・プラン」などといわれることもあるが，「米国版」が先進国を対象としていたのと比べると，経済的には困難が予想される．他方で「債務外交」を思わせる現象は実際に見られるが，意図的なものかは不明である．つまり「一帯一路」が③に至る展開は，あくまで「推測」に過ぎない．

もちろん③の立場からは「証拠」が示されている．例えば「一帯一路」の公式文献に「人類運命共同体」や「公正で合理的な国際秩序」を目指すとか，社会制度の選択は国によって異なるなどと書かれていることである．前者は中国による新しい広域支配を目指す雄大な「野心」を示すものであり，後者は民主主義を重視する米国主導の既存秩序に対抗して権威主義的な新秩序を作る「野心」の現れであると解釈され，批判されている．

しかし，これらは「野心」の現れというより，従来のスローガンの繰り返しに過ぎないとも解釈できる．「人類運命共同体」は，二国間関係の深化のために使われていた「運命共同体」を単純に拡大しただけにも見える．「公正で合理的な国際秩序」も，1980年代から唱えられていた「国際政治経済新秩序」を言い換えただけに思われる．また「一帯一路」の有無にかかわらず，中国が自国や他国に民主主義的規範を適用しないのは当然のことであるし，沿線国の多くも初めから権威主義体制である．

結局，③に至る議論は，「一帯一路」以外の領域における中国の行動から「類推」

して，「一帯一路」も同様だろうといっているに過ぎない．そうした行動は，それ自体として批判されるべき点はあっても，やはり「一帯一路」の有無にかかわらず行われるものであり，「一帯一路」それ自体を批判する根拠にはならない．

　他方，「一帯一路」それ自体については，従来から行われている各種プロジェクト（「一帯一路」の有無にかかわらず行われる）の総称に過ぎないとの議論もあり，筆者はそちらの方がより実態に近いと考えている．例えば「星座」説（高原明生）や「キャンペーン」説（Yuen Yuen Ang）である．これに対し，複数の最高幹部がコミットし，党規約にも書き込まれた以上，何らかのグランドデザインとしての性格を持つはずとの見方も確かに成立し得る．しかし，「一帯一路」が最高指導者肝いりのスローガンである以上，そのような扱いを受けること自体は不思議ではない．

　とはいえ，これにも明確な「証拠」はなく，やはり過去の事例からの「類推」に過ぎない．中国政治の透明性を前提とすれば，「類推」に基づく「推測」は避けられない．現時点で懸念すべきなのは，「推測」が行われることではなく，特定の「推測」が自明視され，政策の選択の幅が狭まり，結果として図中で③だけが実現しつつあること，すなわち「予言の自己実現」であろう．

（2019年11月8日脱稿）

第Ⅲ部　国際秩序

第9章
一帯一路と国際法
—— 主権尊重と平等互恵の視点から ——

岩 本 誠 吾

は じ め に
——一帯一路構想の概要とその課題——

習近平中国国家主席（以下，習近平国家主席）は，2013年9月7日にカザフスタンのナザルバエフ大学での講演において「シルクロード経済ベルト」構想を，そして，同年10月3日にインドネシア国会での演説において「21世紀海上シルクロード」構想を提唱した．後者の演説では，当該構想を財政的に支援するアジアインフラ投資銀行（Asian Infrastructure Investment Bank：AIIB）の設立も提言した．そして，習近平国家主席は，2014年11月9日には，アジア太平洋経済協力会議（APEC，北京）の基調講演で，上記2つの構想を合体させた「1ベルト，1ロード（One Belt One Road：OBOR）」建設とAIIBの早期運営開始を宣言した．APEC講演前日の11月8日には，バングラデッシュ，タジキスタン，ラオス，モンゴル，ミャンマー，カンボジア，パキスタンとの「相互接続パートナーシップ強化対話会議」において，インフラ整備（鉄道，パイプライン，通信網など）を援助するために，400億ドルの「シルクロード基金（Silk Road Fund）」の創設が表明された（表9-1参照）．

中国主導の経済圏構想である一帯一路構想の具体的な内容は，2015年3月25日に国家発展改革委員会，外交部及び商務部が共同で発表した「シルクロード経済ベルトと21世紀海上シルクロードの共同建設推進のビジョンと行動」において示されている．それは，序言で，21世紀において「平和協力，開放・包容，相互学習，互恵・ウィンウィン」のシルクロード精神（Silk Road Spirit）の伝承が重要であると指摘した後，8節に分けて，一帯一路構想を詳述している．

第1節の時代背景では，複雑かつ深刻な変化を経つつある世界において，一

表 9-1 一帯一路年表

年 月 日	事 項
2013年 9 月 7 日	習近平がカザフスタンでの講演でシルクロード経済ベルト構想を提唱
10月 3 日	習近平がインドネシア国会で21世紀海上シルクロード構想を提唱
2014年11月 8 日	相互接続パートナーシップ強化対話会議でシルクロード基金の創設表明
11月 9 日	習近平が APEC（北京）での基調講演で一帯一路建設と AIIB 創設を宣言
12月29日	シルクロード基金が正式に業務開始
2015年 3 月25日	一帯一路の共同建設推進のビジョンと行動が公表
6 月29日	AIIB 設立協定の調印
12月25日	AIIB 発足
2016年 1 月16日	AIIB 開業
2017年 5 月14日	習近平が「一帯一路」国際協力ハイレベルフォーラム（北京）での演説
6 月，7 月	AIIB が格付け会社より AAA を獲得
10月 1 日	中国の国際投資紛争仲裁規則が施行
10月10日	BCBS が AIIB に 0 ％リスク・ウェイトの適用を容認
2018年 6 月27日	「『一帯一路』国際商事紛争解決メカニズムと機構設立に関する意見」公布
6 月29日	第一国際商事法廷（深圳）及び第二国際商事法廷（西安）が設立
7 月 3 日	「一帯一路」法治協力国際フォーラムが成果文書発表
8 月26日	最高人民法院の国際商事専門家委員会が発足
9 月17日	2018中国仲裁サミット開催
2019年 4 月25日	第二回「一帯一路」国際協力ハイレベルフォーラム開催（〜 4 ／27）

（出所）筆者作成.

帯一路構想はグローバル・ガバナンスの新モデルを探ることであるという.

　第 2 節の共同建設の原則では，国際連合(以下，国連)憲章の主旨と原則をしっかり守り，平和五原則（領土・主権の相互尊重，相互不可侵，相互内政不干渉，平和共存，平等互恵）を遵守する．さらに，開放と協力，調和と包容，市場による運営，互恵とウィンウィンを堅持するという.

　第 3 節の枠組み構想では，重点方向として，シルクロード経済ベルトは，① 中国から中央アジア，ロシアを経て欧州（バルト海）まで，② 中国から中央アジア，西アジアを経てペルシャ湾，地中海まで，③ 中国から東南アジア，南アジア，インド洋までの陸上 3 ルートである．21世紀海上シルクロードは，① 中国沿岸港から南シナ海を経てインド洋，さらには欧州まで，② 中国沿岸港

から南シナ海を経て南太平洋までの海上2ルートである[7]. 本経済圏構想は, 対象地域・国家が北東アジア1カ国, 中央アジア5カ国, 東南アジア10カ国, 南アジア8カ国, 西アジア18カ国, 独立国家共同体7カ国, 中東欧16カ国の7地域65カ国におよぶ壮大なものとなる (大西, 2017: 3).

第4節の協力の重点では, 政策疎通 (経済政策上の意思疎通), 施設の連結 (交通インフラ, エネルギーインフラ, 光ケーブルの連結), 貿易円滑化 (投資・貿易の障壁廃止), 資金融通 (資金の調達), 人々の心の疎通 (民心の相互疎通) が列挙されている.

第5節の協力メカニズムでは, 二国間及び多国間協力メカニズム (上海協力機構やAPECなど) の役割を強化して, 一帯一路構想への参加を促すという. そして, 第6節の中国各地方の開放態勢, 第7節の中国の積極的な行動, 第8節の明るい未来の共同創出が, それぞれ詳述されている.

習近平国家主席は, 2017年5月14日での演説で[8], その建設理念として,「ウィンウィン協力を核とする新型の国際関係の構築」, すなわち, 「対話はするが, 対抗はせず, パートナーとはなるが, 同盟は結ばないというパートナーシップの確立」を提言した. そして, 全ての国家は, 「相互の主権, 尊厳, 領土保全を尊重し, 互いの発展の道と社会制度を尊重し, 互いの核心的利益と重大な関心を尊重すべき」と発言した. さらに, インフラの連結に関して, 陸, 海, 空, サイバー空間の四位一体の連結及びその連結を高める制度上の保護を提供するために政策, 規則, 標準の三位一体の連結を促進すべきであるという. 開放的な世界経済の維持発展に関連して,「国際貿易及び投資規則の公正・公平・透明なシステムを構築すべき」と主張した. 中国の一大経済圏構想への参加呼び掛けの成果として, 2013年から2017年までの4年間で100以上の国家及び国際機関が一帯一路構想を支持している.

一帯一路構想の提言と同時並行して, その資金協力のために, 主として2つの金融機関が設立された. 1つは, 2014年12月に, 中国の国家外貨管理局, 中国投資有限責任公司, 国家開発銀行及び中国輸出入銀行が共同出資して設立した「シルクロード基金」である. 当該基金は, 複数の国家によって設立された国際開発金融機関 (Multilateral Development Bank : MDB) ではなく, あくまで中国国内の金融機関である. もう1つは, MDBに該当するAIIBである. 2015年6月29日に創設メンバー57カ国のうち50カ国が当該設立協定に調印し, その後[9], 10カ国の批准と批准国の応募済資本が応募済資本全体の50%以上という発

効条件 (同協定59条) を満たしたことから，AIIB が同年12月25日に正式に MDB として発足し，2016年 1 月16日に正式に開業した (本部は中国・北京，現在の当事国数は93カ国・地域)[10].

　中国が打ち出した一帯一路構想は，中国経済が持続可能な中高速成長の新たな段階の新常態 (New Normal) にある中で，中国と沿線国 (＝関係国) との経済関係の拡大，そして，沿線国との経済・産業協力の拡大を通じた中国国内の地域振興を目指す経済発展戦略である (佐野, 2017). 同構想の具体的な政策は，貿易，投資，重要プロジェクト，国外経済貿易合作区 (工業団地)，及び自由貿易区の設定である (梶田, 2018).

　中国と沿線諸国の経済関係の拡大は，一般的には，相互の経済発展及び人的・文化的交流の拡大という正の側面を有する一方で，国家間，国家と企業間，企業間，または各国の個人間の経済的・政治的・社会的なトラブルの発生という負の側面も併せ持つ. 例えば，ヒトの移動は，出入国管理，国内の治安，外国人労働者，文化摩擦など様々な諸問題を引き起こす[11]. モノ・サービスの移動(貿易・通商) も，受入国によっては同種の国内産業に打撃を与えるリスクが指摘される. カネの移動 (通貨・金融) も，投資に絡む紛争や各国の経済・金融政策への影響を引き起こす.

　発生し得るトラブルを未然に防ぎ，発生した係争事案を迅速にかつ平穏裏に解決するために，各プロジェクトの利害関係者 (ステークホルダー) が納得する公平で公正なルールの事前形成及びプロジェクトへの投融資に関する事前審査の透明性が必要となる(梶田, 2018: 3). ましてや，一帯一路構想の関係地域・国家は，歴史，文化，宗教 (キリスト教，イスラム教，仏教等)，法制度 (大陸法，英米法，イスラム法)，政治制度 (資本主義，社会主義) 及び価値観が非常に多種多様にわたることから，当該諸国に共通の国際的な行動準則又は法規範の共有が，同構想の成功のための必要不可欠な条件となる.

　本章の目的は，国際法の観点から，一帯一路構想の行動原則 (平和五原則)，その金融支援制度及び国際商事・投資紛争の解決メカニズムを考察することで，一帯一路構想の課題を明確にすることである.

1　平和五原則の両面性

　習近平国家主席は，2017年 5 月14日の演説で，一帯一路の建設理念として，

国連憲章とともに，平和五原則（または平和共存五原則，Five Principles of Peaceful Co-existence）に言及した．平和五原則の起源は，1954年4月29日の中国チベット地方とインド間の通商交通に関する協定の前文に初めて明記され，そして，同年6月28日の中国の周恩来首相とインドのネルー首相が共同コミュニケにおいて，二国間だけでなく国際関係一般に適用されるべきであると表明した外交上の原則である（国際法学会編1975：611；桑原，1959：76-85）．その後，当該原則は，多くの条約，共同宣言，国際会議の決議等の中で言及された．その内容及び意義並びにその特徴は，次の通りである．

1）　平和五原則の内容及びその意義

　第1に，領土保全・主権の相互尊重（Mutual respect for each other's territorial integrity and sovereignty）原則は，国連憲章に規定されており，「加盟国の主権平等」（2条1項）及び「領土保全又は政治的独立」（2条4項）に含意される国際法原則である．第2に，相互不可侵（Mutual non-aggression）原則は，「武力による威嚇又は武力行使の禁止」（2条4項）に対応する国際法原則である．第3に，相互内政不干渉（Mutual non-interference in each other's internal affairs）原則は，国際慣習法上の法原則であり，国家間の場合ではなく国連による場合だが，「国内問題不干渉の原則」（2条7項）に関連している．第4に，平等互恵（Equality and mutual benefit）原則は，「加盟国の主権平等」（2条1項）の一側面を示しているが，それは単なる形式的な法の平等ではなく，特に，経済関係における実質的な平等を意味する．第5に，平和共存（Peaceful Co-existence）原則は，国家行動を規制する新しい規則ではなく，前述の4原則の論理的帰結であり，国際関係，特に，経済的・文化的関係における協力義務を意図したものである．それは，国連憲章での「諸国家間の平和的且つ友好的関係に必要な安定及び福祉の条件を創造する」（55条）に関連している．以上，平和五原則は，国連憲章規定に基づき直接的及び間接的に関連する国際法原則を繰り返したものに過ぎない．

　しかし，当該原則は，国連憲章で重要な規定である個別的・集団的自衛権（51条）や集団的行動のための地域的機構（52条）を故意に除外していることから，より反軍事同盟的・中立主義的な姿勢が鮮明に浮び上ってくる．実際，社会主義諸国や新興独立諸国（第三世界諸国）が1960年代以降それを資本主義諸国への対抗概念として声高に主張してきた歴史がある．主権や領土保全及び内政不干

渉の主張は，資本主義諸国による軍事的だけでなく，政治的・経済的・文化的な侵略及び干渉を排除するためにしばしば主張された．平等互恵は，反植民地主義的な意味を持ち，資本主義諸国との経済関係において実質的な平等を求め，一方的な経済的搾取に対抗するための法的根拠として言及された．平和共存は，それらを包括して，反帝国主義及び反植民地主義を訴え，東西対立間での平和共存及びに南北対立間での経済協調を目指す政治的・経済的な意味合いが強く含まれていたと思われる．

　中国は，平和五原則を提唱してから60年にわたり，一貫して，その積極的な提唱者・着実な実践者であると自負し，当該原則を外交政策の礎としているという[12]．では，中国が一帯一路構想を進める上での平和五原則を敢えて主張する相手国はどこなのか，そして，その含意は何か．中国が同原則を主張する相手国として念頭にあるのが，おそらくアメリカであろう．中国が2010年に国内総生産（GDP）で世界第2の経済大国となり，2013年6月7・8日の米中首脳会談で習近平国家主席がオバマ大統領に「新型の大国関係」を提言した．それは，米中2国（G2）が，衝突せず対抗せず，相互尊重を基本とし，互恵協力を目指すという考え方の現れである．また，平和五原則は，覇権主義に対抗するものであり，米中関係が，「衝突せず，対立せずに，相互に尊重する，協力・ウィンウィンの関係を構築する新型の大国関係であるべき」ともいわれている（蘭辛珍, 2014）．「新型の大国関係」という用語は，あまりにも露骨に覇権主義的な用語であるためか，その後は使用されず，現在では，2017年5月14日の演説のように，一般的に，「新型の国際関係」の用語に取って代わられた．しかし，用語の変更によっても，中国が常にアメリカを強く意識し，G2による国際秩序形成の政策を放棄せず，追求していることは明らかである．

2）　平和五原則の自己拘束性

　中国は，世界の覇権国といわれるアメリカとの関係において，平和五原則及び相互の「核心的利益」の尊重を主張することで，衝突せず対抗せず，干渉されず，平和共存しながら，一帯一路構想を実現したいとの期待を念頭に置いている．他方で，中国は，今や経済大国（GDP2位），政治大国（国連常任理事国），そして，軍事大国（世界軍事力ランキング3位）[13]である．さらに，中国は「海洋強国」の建設を目指し，現在，すでに「科学技術大国」[15]とも称される．中国は，一帯一路沿線国から見れば，もはや第三世界（発展途上国）の代表ではなく，確

固たる超大国であり，地域的な覇権国となり得る存在である．中国は，平和五原則の遵守をアメリカに要求する立場であると同時に，一帯一路沿線国から同原則の遵守を追及される立場でもある．

　例えば，スリランカは，ハンバントタ港の建設費用13億ドルを中国から融資を受けたけれども，債務の返済が不可能となり，2017年12月に当該港の運営権を中国国有企業に99年間譲渡した事態が発生した[16]．本件は，「債務の罠（Debt Trap）」の典型例として，国際社会から強く批判された．特に99年間の運営権の譲渡は，イギリスに99年間租借されていた香港を彷彿させる事案であり，中国による「債務の罠」政策は平和五原則のうちの「領土保全の尊重」や「平等互恵」に反するとともに，新植民地主義そのものであると非難された．中国も，ハンバントタ港案件では建設プロジェクトの不透明さや現地経済への寄与が少ないなどの問題があると反省し，海外インフラ投資の主体である国家開発銀行も新興国へのインフラ投資の開放性，透明性，財政健全性を高めることなどこれまでのインフラ投資のやり方を見直そうとしているという（昌新, 2018）．

　さらに，習近平国家主席は，2017年5月14日の演説で「核心的利益の尊重」に言及している．中国の「核心的利益」とは，あらゆる手段を用いて守るべき絶対的な国家利益であり，具体的には，主権・領土保全にかかわる問題として，台湾，チベット，新疆ウイグル自治区や南シナ海が指摘されている[17][18]．中国は，これら地域の核心的利益の尊重を主張することにより，中国の領土保全に対するアメリカの介入を排除しようとしている．

　しかし，中国は南シナ海を自国の核心的利益であると主張するが，他方で，ベトナム，フィリピン，マレーシア及びインドネシアなどの東南アジア諸国も，当該海域を主権・領土保全に関わる死活的な問題，いわゆる「核心的利益」として捉えている．そのために，フィリピンは，2013年1月に国連海洋法条約に従って常設仲裁裁判所に中国を提訴した．2016年7月12日に，南シナ海での領有権問題に関する「中国対フィリピン事件（国連海洋法条約附属書Ⅶによる仲裁裁判所）」の判断が下され，中国の主張する九段線内の海域に対する歴史的権利は全面的に否定された．それに対して，中国は，同判断の無効を主張し，それを承認しなかった[19]．南シナ海領有権問題は，現在でも引き続き，東南アジア諸国連合（ASEAN）の懸念事項のままである[20]．中国が他国にその核心的利益を主張することは，当然，他国の核心的利益（＝主権・領土保全）の尊重を伴うものでなければならない．もし相互の核心的利益の衝突があれば，当該国際紛争は，

平和的解決義務（国連憲章2条3項）に従い，解決されなければならない．中国が平和五原則を一帯一路構想の行動原則とすることは，自国の主権及び領土保全を米国に尊重させるよう要求するとともに，一帯一路沿線諸国の主権及び領土保全を尊重しなければならないことでもある．

2　金融支援機関の国際比較

　国際社会には，発展途上国の開発のために融資する代表的な国際機構として，国際復興開発銀行（International Bank for Reconstruction and Development : IBRD），通称「世界銀行（World Bank）」があり，アジア・太平洋地域にも，当該地域の貧困削減など経済社会開発を支援するアジア開発銀行（Asian Development Bank : ADB）が，既に存在している．そのような国際状況の中で，中国は，一帯一路構想での各種プロジェクトを支援するための金融機関として，新たにシルクロード基金及びアジアインフラ投資銀行（AIIB）を設立した．当該機関が，既存の国際開発金融機関（MDB）と比較して，どのような特徴を有するのか，既存の機関とどのような関係性にあるのか，そして，どのように運営されるのか，を考えてみたい．

1）　AIIB の特徴

　MDB である AIIB の加盟国資格は，IBRD 及び ADB の加盟国に開放されている（AIIB 設立協定3条）．授権資本が1000億ドル（約12兆3千億円）であり（4条1項），アジアの域内加盟国に75％が，域外加盟国に25％がそれぞれ配分される（同協定別表A）．出資金の内訳は，1位の中国が297億8040万ドル（応募済資本比率31.34％），2位のインドが83億6730万ドル（同比率8.81％），3位のロシアが65億3620万ドル（同比率6.88％）となっている．

　各加盟国の総議決権は，基本議決権（総議決権の12％を全加盟国で均等配分した票数），授権資本議決権（各加盟国の持ち株数に比例した票数）及び創設加盟国議決権（創設加盟国に一律に配分される600票）の総和となる（28条1項）．本規定に従えば，中国の議決権比率26.93％，インドの議決権比率7.75％，ロシアの議決権比率6.11％となる．AIIB の創設以降，新加入国が増加することから，中国の投票権の比率は変動するとはいえ，中国は1カ国で3割以上の金額を出資し，4分の1以上の議決権を保有している．

　AIIB の運営機関は，他の MDB と同様に，総務会（Board of Governors），理事会（Board of Directors）及び総裁（President）の三機関から構成される（21条）．理事会は，12名の理事から構成され，そのうち域内から9名が，域外から3名が選出される（25条）．理事会は，特別な場合を除き，理事が本部・北京に常駐しないで（on a non-resident basis）運営され，電子方式の会議（electronic meeting, 例えば，テレビ会議や電子メール）が活用される（27条）．これは，金立群氏が2017年1月17日の総裁就任記者会見で「AIIB を無駄なく（lean），明瞭（clean）で，環境に優しい（green）組織として運営する」[23]と発言したように，理事会を効率よく運営し，運営コストを削減しようとする考えの表れであると考えられる．

　総務会の投票には，3種類の方法があり（28条），特別な場合を除いて，総務会での全ての事項は，投票数の過半数（a majority）により決定する．他に，総務の総数の3分の2以上で，その代表する投票数が総投票数の4分の3以上の多数で票決する超多数決（a Super Majority vote）及び総務の総数の過半数以上で，その代表する投票数が総投票数の過半数以上の多数で票決する特別多数決（a Special Majority vote）がある．理事会の投票では，特別な場合を除いて，理事会での全ての事項は，投票数の過半数によって決定する．但し，理事会構成の変更（25条2項）や総裁の選出（29条1項）など重要事項に関しては，総務会で超多数決が採用されているので，中国の議決権比率（4分の1以上の26.93％）は，重要事項に対して事実上の拒否権を有することを意味する．

　他方，ADB の場合，総投票権は，基本議決権（総議決権の20％を全加盟国で均等配分した票数）と比例議決権（各加盟国の持株数に比例した票数）の総和であり（アジア開発銀行設立協定33条1項），AIIB のような創設加盟国議決権という仕組みは採用されていない．日本は応募済資本の構成比が15.607％・投票権の構成比12.784％，アメリカは応募済資本12.784％・投票権15.607％，中国は応募済資本6.444％・投票権5.454％となっている（2017年12月31日現在．アジア開発銀行，2018：60）．総務会でも理事会でも，特別な場合を除いて，全ての事項は投票権数の過半数によって評決される（33条2項，3項）．ただし，銀行総裁は，総務会が総務の総数の過半数で加盟国の総議決権数の過半数を代表する票決によって選出する（34条）．それ故，日本もアメリカも，そして日米が共同しても銀行総裁の選出において事実上の拒否権を保持することはない．IBRD での議決権も，1位のアメリカが16.32％，2位の日本が7.04％，3位の中国が4.45％となっている[24]．

　また，理事会の構成に関して，ADB の理事会は AIIB と同じ12名から構成されるけれども，域内から 8 名が，域外から 4 名が選出される[25]．AIIB の理事会(域内9名・域外3名)は，ADB と比較して，アジア域内重視の構成比率となっている．

　AIIB では，出資比率及び議決権比率から，ADB や IBRD と比較して，最大出資国（ここでは，中国）が圧倒的な影響力を保持していることは，明らかである．初代 AIIB 総裁も，中国の金立群氏であり，本部も北京にある．さらに，アジア域内重視の AIIB の理事会も，中国の発言力が強くなる構成となっている．AIIB の理事会運営に関しても，理事が本部に常駐せずに個別の投融資案件を電子メールで承認する手続きは，効率性という利点がある半面，公平性，透明性及びガバナンス（統治）の面で国際社会から疑問視されている[26]．ADB の歴代総裁は最大出資国の日本から輩出されているが，本部は日本にはなく，フィリピンのマニラにあり，その運用も恣意的に行われていない．例えば，国際競争入札における ADB の投融資案件での2016年の各国受注割合(金額ベース)は，日本企業が0.56％に留まるのに対して，中国企業の受注率は23.39％である[27]．AIIB は，その構造上，中国から恣意的な影響を受けやすい危険性が十分指摘できることから，AIIB 締約国は，AIIB が公正かつ中立的な MDB として透明性をもって運営されるために，その運営を注意深く監視することが不可欠である．

　では，AIIB はどのような政策や審査基準でインフラ整備のために投融資するのか．IBRD は，それが拠出するプロジェクトの環境面及び社会面の影響(人権侵害など）に責任を負う．そのため，環境・社会被害を未然に防止し，拠出後もプロジェクトの適正管理を行うために，環境社会政策(Environmental and Social Policy : ESP）や環境社会基準（Environmental and Social Standards : ESS）などを策定するようになった．これらを総称して，IBRD の「セーフガード政策（Safeguard Policies)」と言われる[28]．投融資候補先の事前審査において，① 環境アセスメント，② 自然生息地，③ 森林，④ 病害虫管理，⑤ 有形文化資源，⑥ 非自発的住民移転，⑦ 先住民族，⑧ ダムの安全管理，⑨ 国際水路，⑩ 紛争地域の10分野が検討される．同様に，ADB も，環境及び社会の持続可能性がアジア太平洋地域における経済成長と貧困削減の要石であるとの認識から，環境，非自発的住民移転及び先住民の 3 分野を 1 つにまとめたセーフガード政策を公表した（ADB, 2009)．現在では，IBRD のセーフガード政策が，環境破壊や人権

侵害を防止するための投融資審査における国際基準となっている.

　AIIB も，IBRD や ADB に倣って，2016年2月に「環境・社会フレームワーク」を策定した（AIIB, 2019）. 当該フレームワークは，義務的な環境社会要件を述べた環境社会政策及び環境社会アセスメント・非自発的住民移転・先住民に関する環境社会基準が規定されている.「AIIB が，持続可能な開発目標と合致しながら，経済，社会及び環境という3側面での持続可能な開発に対応」(AIIB, 2019: 3）していかなければならず，国際基準に従った環境・社会フレームワークをどのように適用するかが検証されなければならない.

　2018年7月末までに AIIB が承認した投融資案件は，13カ国の28件で，総額54億ドル（約5860億円）となっている（梅原, 2018）. そのうち4分の3は IBRD や ADB などの既存の MDB との協調融資であり，残りの4分の1が単独融資である. このような運用方法は，AIIB に投融資案件を審査する人材やノウハウの蓄積がまだまだ不足していることから，既存の MDB との協調融資をする方が無難であるとともに，AIIB のガバナンスに対する不安を払拭し対外的信用を獲得する利点があると思われる. 今後，国際基準に基づいた投融資審査の実績を積みながら，AIIB による単独融資の事例も増加するものと推測される. このような協調融資に見られるように，AIIB と既存の MDB の関係は，対立関係にあるのではなく，補完関係にあるといえる. もっとも，AIIB と ADB が補完関係になるのは，AIIB が ADB の環境や人権に配慮した融資基準と合致して行動する場合に限られるであろう.

2）　シルクロード基金の特徴

　シルクロード基金[29)]は，中国国内の銀行などの共同出資により，中華人民共和国会社法に基づき，2014年12月29日に設立された中国国内の金融機関である. その目的は，「一帯一路」の枠組下での貿易経済協力及び連結（具体的には，インフラ整備）のための投資・金融を支援することである. 当該基金は，位置づけとして中長期（5年から10年）の開発投資基金であり，主としてエクィティ投資[30)]によって，インフラ，資源開発，産業設備協力及び金融協力の分野に投資される. その産業設備協力の中に，中国の余剰設備の輸出が含まれると思われ[31)]る. 授権資本は400億ドルであったが，2017年5月14日の習近平演説により1000億人民元（約160億ドル）の追加出資がなされた.

　同基金は，その投資原則[32)]によれば，市場原理に基づきながら，中長期的な持

続可能で合理的な投資利回りが見込まれるプロジェクトに投資し，株主の利益
を保護するという．もしシルクロード基金が中国「国産」の高速鉄道や原発な
どの製品・技術の輸出，海外投資支援などに期待されているのであれば，それ
は，いわば「ひも付き (tied, タイド)」援助機関となる可能性がある (津上, 2015).
さらに，当該基金が，「環境に優しく持続可能な発展 (environmentally friendly and
sustainable development) を促進するように努め，他の金融機関や企業と互恵的
な協力を追求する」ことになっている．しかし，そのような目標がどのように
履行確保されるか否かは，国際開発金融機関と異なり，中国一国の政策に全面
的に依存している．同基金が市場原理に基づき株主の利益を優先するあまり，
国際基準に準じた投融資の事前審査が十分に行われるのか，インフラ整備事業
が環境破壊や人権侵害にならないのか，といった懸念材料が残る．

3　紛争解決システムの法整備化

　中国主導の一帯一路構想に従って各種プロジェクトが実施されていく過程
で，国家，企業，個人の多様なステークホルダー間の関係性の中で政治的・
経済的・社会的・文化的な軋轢や摩擦が発生すると予測され，実際，発生して
いる．一帯一路構想が成功するためには，特に，国際商事紛争や国際投資紛争
が発生した場合に，当該係争事案を平穏裏にかつ迅速に解決する法制度 (国際
法及び国内法) が整備されていることが不可欠である．中国は，近年，一帯一路
構想に対する国際的な不信感や批判に対応して，紛争解決メカニズムに関する
法政策を次々と打ち出している．
　1）中国の法整備化の動向　中国の常設仲裁機関である中国国際経済貿易仲
裁委員会 (CIETAC) が制定した国際投資紛争仲裁規則が2017年10月1日から
施行されることが明らかになった[33]．国際投資の仲裁は，投資家と投資先国との
間の投資紛争を解決する主要な手段となっている．中国は，1982年にスウェー
デンと二国間投資条約 (Bilateral Investment treaty : BIT) を締結して以来，現在
まで145カ国と BIT を締結している[34]．中国と BIT を締結していない国家との
関係において，中国はこれまで国際投資紛争の仲裁規則がなく，中国企業と投
資先国との間の投資紛争を国際投資紛争解決センター (International Center for
Settlement of Investment Disputes : ICSID) に仲裁の請求を行っていた．中国の国際
投資紛争仲裁規則の施行は，国内法の空白を埋め，中国企業による投資を保護

する役割を果たすことになる（梶田, 2018: 7-8）.

　2018年6月27日に，中国共産党中央委員会及び国務院は，「『一帯一路』国際商事紛争解決システムと組織の設立に関する意見[35]」を公布した．この意見によれば，広東省深圳市に第一国際商事法廷が，陝西省西安市に第二国際商事法廷が設置される．さらに，国際商事専門家委員会の設立が予定され，「最高人民法院が国際商事法廷を設立し，国際商事専門家委員会の結成を牽引し，訴訟，調停，仲裁を効果的に結びつける多元化した紛争解決メカニズムの設立」が行われるという．その国際商事専門家委員会は，一帯一路沿線国などの国内外の専門家や学者を登用し国際性，中立性，専門性を有する組織にするという．実際，6月29日に第一国際商事法廷及び第二国際商事法廷が設立され，8月26日に国内外の専門家32人から構成される国際商事専門家委員会が北京で設立された[36]．本法制度も，国際取引で生じる紛争を解決しようとする中国の国内法整備化の一環と言える．

　2018年7月2・3日に，北京で中国外交部と中国法学会の共同主催による「一帯一路」法治協力国際フォーラムが開催された．王毅外交部長は，基調演説で「規則と法治は『一帯一路』が世界へ進むための通行証であり，様々な不確定のリスクと試練に対処するための安全弁でもある．『一帯一路』建設をよりよく保証するため，法治協力の強化に力を入れ，『一帯一路』のルールの接続，調整，連携を強化し，関係する法治保障システムを整備し，法治交流と国際協力を進化する必要がある」と表明した[37]．同フォーラムの成果である共同議長声明[38]は，「関係する国際ルールシステムを遵守・整備し，貿易・投資・金融・税制・知的財産権・環境保護など各分野の法的調整・協力を推し進めて」，「安定した公正で透明かつ非差別的なルールと制度の枠組みを構築する必要がある」．さらに，「既存の紛争解決制度の利用と新制度構築の検討を含み」，「『一帯一路』のために安定した公平で透明かつ予測可能な法治化されたビジネス環境を構築する」と指摘した．興味深い点は，王毅外交部長が，国内法の整備だけではなく，国際ルールシステムの遵守・整備にも言及したことである．

　9月17日には，「2018中国仲裁サミット（China Arbitration Summit 2018）」が開催され，その席上で，中国国際貿易促進委員会副会長が，同委員会と一帯一路沿線国の機構と共同で国際紛争の予防と解決を行う組織を設立する準備を行っていると明らかにした[39]．同組織は中立的で独立した非政府国際組織であるという．このように，中国国内の組織ではなく，国際的な組織の整備を今後目指す

動きは，注目に値する．

2）中国の法整備化の評価　法規則は，国際法であれ，国内法であれ，人間の活動領域（ここでは，国際取引や国際投資）において安定性，公平性，透明性及び予測可能性を付与することから，王毅外交部長の発言のように，規則と法治は，まさしく一帯一路が世界進出するための「通行証」であり，リスク対応のための安全弁であるといえる．注意すべきことは，単なる法制度の整備ではなく，中国が策定しようとする法規則の内容が国際標準の法規則に合致しているのか否かである．

諸国家は，通常，二国間協定，多国間協定又は自由貿易協定において，投資家と投資受入国との間の紛争解決に関する条項を挿入する．例えば，日中韓投資協定では⁴⁰⁾，投資紛争は，投資家と投資受入国との間の協議により友好的に解決できなければ，投資受入国の裁判所か，ICSID 条約による仲裁か⁴¹⁾，UNCITRAL 仲裁規則による仲裁かに付託される⁴²⁾（15条3項）．もっとも，投資家が受入国を相手取って当該国家の裁判所に訴えることは可能であるとしても，当該国家の法制度や裁判官に対する不信感から受入国相手国に当該国家の裁判所に訴えることは，事実上，想像しがたい．その点，ICSID その他の第三者機関による仲裁は，投資家にとって安心ができ，かつ公正な紛争解決が望める手段のように思われる．

ICSID による仲裁とは，次のように，公平な仕組みを採用している（ICSID, 2013）．ICSID 締約国がそれぞれ4名の仲裁人を指名し，ICSID 仲裁人名簿を作成する（4条）．通常，その名簿の中から投資家の任命する仲裁人1名，投資受入国が任命する仲裁人1名，及び両当事者の合意による任命され裁判長となる仲裁人1名の合計3名の仲裁人によって仲裁裁判所が構成され⁴³⁾（37条），仲裁裁定が下される．

国際商事仲裁は，当事者が合意する仲裁機関や仲裁手続きに従って進められる．国際商慣習や準拠法の適用に精通し国際商事仲裁を数多く取り扱っている常設仲裁機関として，日本の国際商事仲裁協会（JCAA），アメリカの米国仲裁協会（AAA），イギリスのロンドン国際仲裁裁判所（LCIA）及び国際商業会議所（ICC）の仲裁裁判所，前述した中国国際経済貿易仲裁委員会（CIETAC）等が該当する．そして，「外国仲裁判断の承認及び執行に関する条約（ニューヨーク条約）」が⁴⁴⁾，仲裁裁定の外国での執行を容易にしている．さらに，UNCITRAL がニューヨーク条約を元に1985年に制定し2006年に改正した「国際商事仲裁に

関するモデル法」は，多数の国家により受容され，世界標準となっている（李鎬元, 2018）.

　上記のように，国際投資紛争や国際商事紛争の解決法規則体系は，多数の諸国が加盟する ICSID やニューヨーク条約及び多数の諸国が受容した UN-CITRAL の仲裁規則や国際商事仲裁モデル法によって形成されている. そのような国際状況の中で，中国が新設した国際投資紛争仲裁規則，国際商事法廷及び国際商事専門家委員会が，従来の国際標準規則と合致しているのか又は公平性が担保されているのかを改めて確認しなければならない. 中国が独自の紛争解決メカニズムを構築したい理由の1つに，中国が ICSID の仲裁に対する公平・公正さに不信感を持っているとの指摘[45]が見られる. 今後，中国の当該紛争解決メカニズムが，従来の国際標準メカニズムと比較して，どのように運用されるのかを分析しなければならない.

お わ り に
──一帯一路の展望──

　2019年3月23日に，中国の習近平主席は，「海のシルクロード」の終着点と位置づけられるイタリアのコンテ首相と一帯一路構想の了解覚書（Memorandum of Understanding : MoU）を締結した[46]. これにより，同構想の参加に関して，イタリアは主要7カ国（G7）内の初めてであり，EU28カ国内の14番目，欧州諸国内の21番目，世界では124番目となった. 同時に，中国企業がイタリアのトリエステ港の鉄道インフラやジェノバ港の整備に参画することも合意された. この中伊関係を懐疑的にみる米欧州諸国がある. というのも，中国遠洋海運集団が，2009年10月にギリシャのピレウス港の第2・第3ターミナルの租借権（35年間）を取得し，2016年8月にピレウス港の港口事務所の経営を接収管理した[47]からである.

　2015年の一帯一路に関する「ビジョンと行動」や2017年の習近平国家主席の演説で特に強調されたのが，平和五原則に基づく「互恵（Mutual benefit）」や「ウィンウィン協力（Win-Win Cooperation）」というシルクロード精神である. 中国主導の一帯一路構想は，中国及び沿線諸国双方の経済発展に寄与するものでなければならず，一方による他方の経済搾取，政治的支配又は主権侵害（租借地化）であってはならない. 中国は，一帯一路構想においても，率先して平和五原則

を実践しなければならない.

　幸い, 一帯一路構想を金融支援する AIIB は, 2017年と2018年に世界三大格付け機関のムーディーズ・インベスターズ・サービス, フィッチ・レーティングス及びスタンダード＆プアーズから AAA（トリプル A, 安定的）を獲得した[48]. これは, IBRD や ADB と同格であると評価されたことを意味する. バーゼル銀行監督委員会（Basel Committee on Banking Supervision : BCBS）も, 2017年10月10日に AIIB に対して 0 ％リスク・ウェイトを適用することを容認することで合意した. ただし, AIIB は, IBRD や ADB よりも緩い融資審査基準やリスク管理を行えば, 格付け評価も下げられるであろう. 今後とも, AIIB が IBRD や ADB のセーフガード政策のような国際基準に従って運営されるよう注視する必要がある. もう 1 つの金融支援機関である中国国内のシルクロード基金は, MDB ではなく, 国際管理が及びにくい分, 中国政府は, 同基金が国際基準に準じた投融資を実施しているかを管理・統制する責務がある. 統制なき同基金の投融資が環境破壊や人権侵害を惹起した場合, 当然, 中国政府の民間企業に対する管理責任が問われるからである.

　国際商事紛争や国際投資紛争に関して, 中国は, 法的な紛争解決制度を整備してきた. 当該法制度それ自体及びその運用が, UNCITRAL の国際商事仲裁に関するモデル法や ICSID 条約による仲裁方法といった国際標準規則に合致しているのかも, 今後, 議論することが求められる.

　2017年 5 月の第 1 回フォーラムから 2 年経って, 2019年 4 月下旬に第二回「一帯一路」国際協力サミットフォーラムが北京で開催された[49]. このフォーラムにおいて, 正の面だけでなく負の面を含めて, 一帯一路構想に基づくプロジェクトなどをどのように評価するのか, 厳格に検証されなければならない.

注

1 ）『人民網日本語版』（2013）「習近平主席がカザフスタンの大学で講演」2013年 9 月 8
　　日〈http : //j.people.com.cn/94474/8393141.html〉, 2019年 2 月 2 日閲覧.
2 ）『人民網日本語版』（2013）「習近平主席がインドネシア国会で重要演説」2013年10月
　　4 日〈http : //j.people.com.cn/94474/8416969.html〉, 2019年 2 月 2 日閲覧.
3 ）『人民網日本語版』（2014）「習近平主席が APEC/CEO サミット開幕式で基調講演」
　　2014年11月10日〈http : //japanese.china.org.cn/politics/txt/2014-11/10/content_
　　34016057.htm〉, 2019年 2 月 2 日閲覧.
4 ） "The Belt and Road Initiative, BRI" とも称される.

5）　『日本経済新聞』（2014）「中国，4.5兆円超の基金創設へ，『シルクロード経済圏』」
2014年11月8日．本記事は，中国のインフラ外交が「中国版マーシャルプラン」と中国メディアでは呼ばれており，第二次世界大戦後，西欧諸国でのドルの流入によりドルの基軸通貨化が加速したように，中国のインフラ外交も人民元の使用を増やし，人民元の国際通貨化の戦略と一体化していると指摘する．

6）　中華人民共和国中日本国大使館ホームページ参照，そして，『人民網日本語版』（2015）「1ベルト，1ロードのビジョンと行動の要点20」2015年3月31日〈http：//j.people.com.cn/n/2015/0331/c94474-8871715.html〉，2019年2月2日閲覧．

7）　2017年5月14日の一帯一路国際協力ハイレベルフォーラム（北京）開幕式での演説で，習近平国家主席は，一帯一路構想はアジア，欧州，アフリカ諸国を焦点にしているが，全ての他の諸国（アジア，欧州，アフリカ，米州諸国）にも開放されていると発言している（『人民網日本語版』（2015）「『一帯一路』国際協力ハイレベルフォーラム開幕式での習近平主席の演説を抜粋」2017年5月15日〈http：//japanese.china.org.cn/politics/txt/2017-05/15/content_40815056.htm〉，2019年2月5日閲覧）．加えて，別の海上シルクロードとして，中国から日本，ロシアを経由して欧州に至る北極海航路，いわゆる「氷上シルクロード」も構想されている（『人民網日本語版』（2017）「習近平主席がロシアのメドベージェフ首相と会談」2017年7月5日〈http：//j.people.com.cn/n3/2017/0705/c94474-9237469.html〉，2019年2月2日閲覧）．2018年1月26日に国務院新聞弁公室が発表した「中国の北極政策」白書にも言及されている（『人民網日本語版』（2018）「中国が初の北極政策白書を発表」2018年1月27日〈http：//j.people.com.cn/n3/2018/0127/c94474-9420643.html〉，2019年2月5日閲覧）．

8）　『人民中国日本語版』（2017）「『一帯一路』国際協力ハイレベルフォーラム開幕式での習近平主席の演説を抜粋」2017年5月15日〈http：//japanese.china.org.cn/politics/txt/2017-05/15/content_40815056.htm〉，2019年2月5日閲覧．

9）　Article of Agreement of Asian Infrastructure Investment Bank.

10）　『人民網日本語版』（2018）「AIIBメンバーが93か国・地域に拡大　新たに6か国を承認」2018年12月20日〈http：//j.people.com.cn/n3/2018/1220/c94476-9530437.html〉，2019年2月4日閲覧．

11）　一帯一路沿線国が次第に中国移民の重要な目的地になるとの指摘もある（『旬刊　中国内外動向』（2018）「一帯一路沿線国が次第に中国移民の重要な目的地となる－シンクタンク報告」42（18）（No. 1357），2018年6月30日発行）．

12）　『人民網日本語版』（2014）「習近平主席　平和共存五原則60周年記念大会で基調演説」2014年6月29日〈http：//japanese.china.org.cn/politics/txt/2014-06/29/content_32805386.htm〉，2019年2月2日閲覧．

13）　「世界の軍事力ランキング　トップ25［2018年版］」〈https：//www.businessinsider.jp/post-179962〉，2019年2月9日閲覧．

14）　2012年11月の第18回中国共産党大会で国家目標に盛り込まれた（『人民網日本語版』

(2012)「党大会報告で提起された『海洋強国』，その重要な意義」2012年11月12日〈http：//j.people.com.cn/95952/8014987.html〉，2019年2月9日閲覧）.

15）『人民網日本語版』（2018）「中国はすでに世界的な影響力を備えた科学技術大国に」2018年2月27日〈http：//j.people.com.cn/n3/2018/0227/c95952-9430619.html〉，2019年2月9日閲覧.

16）中国政府は，フェイクニュースとして反論している（『人民網日本語版』（2018）「ハンバントタ港は『債務の罠』？ 外交部『フェイクニュースだ』」2018年7月4日〈http：//j.people.com.cn/n3/2018/0704/c94474-9477536.html〉，2019年2月9日閲覧）. 他方で，ハンバントタ港の運営権が正式に中国に引き渡されたことは認めている（『人民網日本語版』（2017）「『一帯一路』国際協力文書100件に調印」2017年12月25日〈http：//j.people.com.cn/n3/2017/1225/c94474-9308188.html〉，2019年2月9日閲覧）. ハンバントタ港の運用権の譲渡の経緯に関する詳細な記事として，Maria Abi-Habib（2018），"How China Got Sri Lanka to Cough Up a Port," *The New York Times*, June 25, 2018.

17）防衛省編（2011：117）.

18）2013年4月26日の中国外務省報道局長の記者会見で，尖閣諸島（中国名，釣魚島）が中国の核心的利益であると発言した.『日本経済新聞』（2013）「尖閣は『核心的利益』，中国，領土問題化へ圧力」2013年4月27日.

19）『中国網日本語版（チャイナネット）』（2016）「中華人民共和国政府の南中国海の領土主権と海洋権益に関する声明（全文）」2016年7月12日〈http：//japanese.china.org.cn/politics/txt/2016-07/12/content_38865304.htm〉，2019年2月26日閲覧.『人民網日本語版』（2016）「王毅外交部長，南中国海仲裁裁判に関する談話発表『裁判は法律の衣をまとった政治的茶番劇』」2016年7月13日〈http：//j.people.com.cn/n3/2016/0713/c94474-9085572.html〉，2019年2月11日閲覧.『人民網日本語版』（2016）「不法で無効ないわゆる南中国海仲裁『最終裁定』中国メディアの1面トップ記事に」2016年7月14日〈http：//j.people.com.cn/n3/2016/0714/c94658-9086087.html〉，2019年2月11日閲覧.

20）2018年11月13日のASEAN首脳会議の議長声明において南シナ海問題について環礁の埋立てや地域の安定を損なう活動に対する「幾つかの懸念に留意する」との表現が盛り込まれた. Chairman's Statement of the 33rd ASEAN Summit, Singapore, 13 November 2018, par. 45.

21）IBRD設立協定（IBRD Articles of Agreement）1945年12月27日署名・発効，1945年6月25日銀行業務開始，締約国数189カ国. IBRDは国連専門機関の1つであり，中所得国及び信用力のある貧困国の政府に緩やかな貸付条件で長期（15～20年）融資を行う.

22）ADB設立協定（Agreement Establishing the Asian Development Bank）1965年12月4日作成，1966年8月22日発効，同年12月19日銀行業務開始，締約国数67カ国・地域（香港，台北・中国を含む），本部はフィリピン・マニラ.

23) Liqun J.（2016）*The Asian Infrastructure Investment Bank Inaugural Ceremony*, Speech by AIIB President Jin Liqun, January 16, 2016, Beijing, China〈https://www. aiib.org/en/news-events/news/2016/20160119_001.html〉，2019年3月15日閲覧．

24) 海外投資情報財団（2017年）『JOI 国際金融機関便覧（IBRD）2017』〈https://www. joi.or.jp/modules/report/index.php?content_id=27〉，2019年3月3日閲覧．

25) 当初，理事会は域内から7名，域外から3名の計10名から構成されていた（30条）．

26) 中国は，AIIB の非常駐理事制度は欧州投資銀行のやり方を参考にしていると正当化している（『人民網日本語版』（2018）「グローバル・ガバナンスを改善する一陣の清風」2018年2月8日〈http://j.people.com.cn/n3/2018/0208/c94474-9425064.html〉，2019年3月3日閲覧）．

27) 産経ニュース「ADB　開発投資の半世紀（中）アジア屈指の開発銀行へ　日本色薄め地域に密着」2017年5月4日〈https://www.sankei.com/world/news/170504/wor1705040040-n1.html〉，2019年2月26日閲覧．もっとも，1967年から76年までの日本の受注率は40％を占め，徐々に受注率が減少し，2017年には0.4％になったという（小磯佳子（2018）『アジア開発銀行（ADB）の調達改革とビジネス機会』『海外投融資』11月号，p. 3）．

28) 世界銀行（2012）「セーフガード政策」2012年2月9日〈http://www.worldbank.org /ja/country/japan/brief/safeguard〉，2019年2月13日閲覧．2012年7月に現行のセーフガード政策の見直しが開始され，2016年8月4日に，新たな「環境・社会フレームワーク（Environmental and Social Framework, ESF）」が承認された（世界銀行（2016）「世界銀行理事会，新たな環境・社会フレームワークを承認」2016年8月4日〈http://www.worldbank.org/ja/news/press-release/2016/08/04/world-bank-board-approves-new-environmental-and-social-framework〉，2019年2月13日閲覧）．

29) シルクロード基金の概要について〈http://www.silkroadfund.com.cn/enwap/27365/27367/26761/index.html〉，2019年3月11日閲覧．

30) 投資には，債権や預金といった元本保証のあるものと株式や投資信託といった元本保証のないものがあり，投資を受ける側からすれば，前者がデット（debt，負債）であり，後者がエクイティ（equity，株主資本）となる．投資側からすれば，前者は返済期限や金利が決められており，安心できる商品である．他方，後者は事業が失敗すれば，出資金額を失うが，成功すれば相応の利益を得ることができる商品と言える．

31) 『SMBC Business Focus』（2018）「シルクロード基金──AIIB との比較から──」44，2018年2月27日〈https://www.smbc.co.jp/hojin/international/resources/pdf/hongkong_smbcbf028.pdf〉，2019年3月11日閲覧．

32) シルクロード基金の投資原則について〈http://www.silkroadfund.com.cn/enwap/27377/27379/27513/index.html〉，2019年3月11日閲覧．

33) 『人民網日本語版』（2017）「中国初の国際投資紛争の仲裁ルール　10月から施行」2017年9月20日〈http://j.people.com.cn/n3/2017/0920/c94476-9271543.html〉，2019年3

月20日閲覧.

34)　中国は, BIT を145カ国と締結したが, 署名のみで発効していない条約や終了した
条約を除くと, 現在, 有効な二国間投資条約の相手国数は109カ国である. UNCTAD,
Investment Policy HUB〈https：//investmentpolicyhub.unctad.org/IIA/CountryBits/
42〉, 2019年 3 月20日閲覧.

35)　JETRO（2018)「深センと西安に『一帯一路』国際商事裁判所を設立」『ビジネス短
信』2018年 7 月 5 日〈https：//www.jetro.go.jp/biznews/2018/07/220afb59faf92e9a.
html〉, 2018年10月25日閲覧, 中国国際放送局・日本語（2018)「『一帯一路』国際商
事紛争解決メカニズムと機構設立に関する意見」公布, 2018年 6 月28日〈http：//
japanese.cri.cn/20180628/5b628413-b540-2fd0-c644-6ce0873330ec.html〉, 2019年 2 月12
日閲覧.

36)　『JETRO 北京事務所知的財産権部　知財ニュース』2018／ 9 ／17号（No. 285) p. 12.

37)　『人民網日本語版』（2018)「『一帯一路』法治協力国際フォーラムが北京で開幕」2018
年 7 月 3 日〈http：//j.people.com.cn/n3/2018/0703/c94474-9477165.html〉, 2018年10
月25日閲覧.

38)　『人民網日本語版』（2018)「『一帯一路』法治協力国際フォーラムが成果文書発表」
2018年 7 月 4 日〈http：//j.people.com.cn/n3/2018/0704/c94474-9477554.html〉, 2019
年 2 月12日閲覧.

39)　AFP（2018)「中国, 『一帯一路』参加国と紛争予防・解決の組織を設立へ」2018年
9 月20日〈https：//www.afpbb.com/articles/-/3190203〉, 2018年10月25日閲覧.

40)　「投資の促進, 円滑化及び保護に関する日本国政府, 大韓民国政府及び中華人民共和
国政府の間の協定」2012年 5 月13日署名, 2014年 5 月17日発効.

41)　「国家と他の国家の国民との間の投資紛争の解決に関する条約（Convention on the
Settlement of Investment Disputes between States and Nationals of Other States, IC-
SID 条約)」1966年10月14日発効, 当事国数154カ国. 中国は1993年 2 月 6 日に加盟.

42)　国連国際商取引法委員会（United Nations Commission on International Trade LAW,
UNCITRAL) は, 1966年に設置された総会の補助機関であり, 総会が選出した60カ国
の代表から構成される. UNCITRAL は, 国際商取引法の調和を図るために条約, モ
デル法, 規則, 法的指針を採択し, 国際的な商取引の円滑化を図っている. 2010年及
び2013年に UNCITRAL 仲裁規則の改正が行われた.

43)　仲裁人は, 仲裁人名後以外から任命することができる（40条).

44)　Convention on the Recognition and Enforcement of Foreign Arbitral Awards, 1958
年 6 月10日作成1959年 6 月 7 日発効, 当事国数159カ国. 中国は1986年12月13日に加盟.

45)　梶田幸雄（2018)「"一帯一路"と貿易・投資紛争解決」2018年10月10日〈http：//www.
chinavi.jp/kkoramu365.html〉, 2019年 3 月30日閲覧. ICSID が受理した事案を審理する
仲裁人の約70%が先進資本主義国の仲裁人であり, 中国企業の契約の90%が国際仲裁
機関による仲裁が選択され, その90%で中国企業が敗訴している点が指摘されている.

46)　『人民網日本語版』(2019)「中国・イタリア関係は新時代に」2019年3月25日〈http: //j.people.com.cn/n3/2019/0325/c94474-9560305.html〉，2019年4月1日閲覧.

47)　『人民網日本語版』(2009)「中国遠洋，ギリシャ港湾の経営権取得　国内初」2009年3月10日〈http://j.people.com.cn/94476/6610651.html〉，2019年4月1日閲覧，日本貿易振興機構（ジェトロ）海外調査部欧州ロシアCIS課(2018)『欧州における中国の「一帯一路」構想と同国の投資・プロジェクトの実像』2018年3月，pp. 9-10,『新華網日本語』(2017)「中国遠洋海運グループが管理するギリシャ・ピレウス港」2017年4月7日〈http://jp.xinhuanet.com/2017-04/07/c_136189932.htm〉，2019年4月1日閲覧.

48)　『人民網日本語版』(2019)「国際協力の模範を築いたAIIB」2019年1月17日〈http: //j.people.com.cn/n3/2019/0117/c94474-9538742.html〉，2019年2月2日閲覧.

49)　『人民網日本語版』(2019)「第2回『一帯一路』国際協力サミットフォーラムが4月開催　政教記者会見」2019年3月2日〈http://j.people.com.cn/n3/2019/0302/c94474-9551699.html〉，2019年4月1日閲覧.『人民網日本語版』(2019)「世界の注目する『一帯一路』国際協力サミットフォーラム」2019年3月12日〈http://j.people.com.cn/n3/2019/0312/c94474-9555331.html〉，2019年4月1日閲覧.

参考文献

ICSID (2013)『国際投資紛争解決センター（ICSID）に関する基本情報』2013年9月18.

アジア開発銀行 (2018)『アジア開発銀行　年次報告2017』.

梅原直樹 (2018)「立ち上げ3年目を迎えるアジアインフラ投資銀行（AIIB）の現状と課題」『公益財団法人国際通貨研究所　Newsletter』9月4日（No. 15, 2018), p. 8.

大西康雄 (2017)「『一帯一路』構想の現状と課題」アジア経済研究所・上海社会科学院共編『「一帯一路」構想とその中国経済への影響評価』研究会報告書，アジア経済研究所.

梶田幸雄 (2018)「"一帯一路"構想推進のための国内外通商法整備」『平成29年度　中国型グローバリズムの発展可能性と世界経済体制への影響―――一帯一路構想と法整備の視点からの分析――』ITI調査研究シリーズ No. 64, pp. 1-3.

桑原輝路 (1959)「共存五原則と国際法」『一橋論叢』41（3).

国際法学会編 (1975)『国際法辞典』鹿島出版会.

佐野淳也 (2017)「一帯一路の進展で変わる中国と沿線諸国との経済関係」『JRIレビュー』4（43), pp. 26-30.

昌新 (2018)「ハンバントタ港の真相と中国の教訓」『世界経済評論』1210.

津上俊哉 (2015)「アジアインフラ投資銀行問題」『海外投資』（海外投融資情報財団）5月号, p. 30.

防衛省編集 (2011)『平成23年版　日本の防衛　防衛白書』ぎょうせい.

蘭辛珍 (2014)「『平和共存五原則』で『覇権主義』を弱める」『北京週報』2014年7月21日.

李鎬元著，吉垣実訳（2018）「国際商事紛争の解決方法としての国際仲裁について──国際仲裁手続の流れと国際仲裁の利点・問題点の検討を中心にして──」『愛知大学法学部法經論集』（214），p. 125.

ADB（2009）*Safeguard Policy Statement*, ADB Policy Paper, June　2009.

AIIB（2019）*Environmental and Social Framework*, approved February 2016（Amended February 2019）.

（2019年11月15日脱稿）

第10章
グローバル化，グローバル・ジハードと「一帯一路」構想

王　震

は じ め に

　2013年に中国政府が提案した「一帯一路」構想は，グローバル化時代の産物であり，「新型のグローバル化」ないしグローバル化の「中国的アプローチ（中国方案）」と思われている[1]．グローバル・ジハード運動と国際テロ活動は「一帯一路」構想とその発展理念，管理パターン及び協力プロジェクトにどのような影響を与えるだろうか．「一帯一路」構想はグローバル・ジハードや国際テロの被害を取り除くことができるだろうか．これらは私たちの深い思考に値する重要なトピックである．

1　グローバル・ジハードに対するグローバル化の影響

　グローバル化とは何か．王逸舟は，グローバル化は「人類が単一の社会に向かう長期的で大規模な社会変革プロセスである」，「グローバル化は複雑で多次元的なプロセスである．その表現の形式，原因と結果は単一ではない．そのようなプロセスは，『革命』というよりも『進化』に近い」（王, 1999 : 2-17）と述べている．蔡拓は「グローバル化は国境，国家，民族，領域などの様々な限界と境界を打ち破り，超え，人間が１つの主体として相互依存し，生存と発展を図り，徐々に新しい統一性がある文明を形成することを表している客観的な歴史的プロセスと傾向である」（蔡, 2017 : 15-20）と指摘する．

　ジョセフ・ナイ・ジュニア（Joseph S. Nye Jr）が指摘したように，「グローバル化は両刃の剣である」（奈, 2002 : 103）．

　冷戦終結後の急速に発展しているグローバル化プロセスは，テロリストの活

動を増加させただけでなく，グローバル・ジハード運動によって引き起こされた国際テロリズムが世界中に広がるための条件をも間接的に提供することになった．いわゆる「グローバル・ジハード運動」とは，行動と組織の面で国民国家の主権の境界を超えた「越境性」(trans-border) のあるジハード活動，例えば，国際ネットワークの形成，テロ活動の国際的展開，国際攻撃などを指す．思想の面では「ジハード」の思想と旗印の下での「国際的な」(international, transnational) 共同ジハードの展開を唱道し，または国民国家の主権を超越する国際主義の目標を，例えば想像上の政治コミュニティ──ウンマ (Ummah) などを追求する．グローバル化は現在の国際的なテロ活動が猖獗（しょうけつ）する主な原因および背景であるだけでなく，現在の国際的なテロ活動の重要な特徴でもある．この特徴は，特に中東のグローバル・ジハード運動に典型的である．例えば，「イスラム国 (Islamic State : IS)」，「ヌスラ戦線」，「アルカイダ」などの大規模な国際テロ組織は，グローバル化がもたらす利便性を最大限に利用し，国際ネットワークを構築する一方，一部の社会的弱者の反グローバル化と反西洋感情を最大限に利用してジハードの参加を煽り，これまでにない大規模な国際的テロを促す．

　グローバル化は，まず第1に，グローバル・ジハードと国際テロ活動の拡大と発展の足がかりを与えている．これは近年，西洋諸国が外国人移民および異なる宗教グループに対して寛容さを示さなくなってきたことからもわかる．例えば，一部のナショナリズム，極端な人種差別主義者，及び極右の勢力は，これを口実に「一匹狼 (Lone Wolf)」型のテロを起こしている．一方，グローバル・ジハード運動は非常に強力な反グローバル化傾向を持っている．ビン・ラディン (Usama Bin Ladin) は1996年の宣戦布告の中で，「イスラム教の信者は，シオニスト──十字軍同盟とその協力者によって課せられた侵略，不正，暴虐に苦しんでいる．彼らの血は非常に安くなり，彼らの財産も敵に奪われてしまった．……『人権』に関するすべての説教とプロパガンダは，世界中のイスラム教徒に対する虐殺によって暴露され，破壊された」(Bin Ladin, 2002 : 137) と述べた．ナイは「グローバル化に対する対抗は，イスラム原理主義の発展の促進を後押ししている」(奈, 2002 : 106) と指摘している．

　次に，グローバル化は，グローバル・ジハード及び国際的なテロ活動の台頭と発展に前例のない技術的利便性をもたらす．特に武器技術，長距離輸送と通信技術，ネットワークと情報技術，及び新しいメディア技術の進歩である（王,

2018). 先進国から発展途上国への技術移転が加速したことで，ジハード主義テロリストの国際活動のための条件が整ったのである．

　最後に，グローバル化はグローバル・ジハードと国際的なテロ勢力に幅広く活動可能な，存在感を示せる空間を与えている．グローバル化により，国際テロ活動の運営と影響力が主権国家の境界を越え始め，「グローバル性」の特徴を持つようになった．「イスラム国」を例にとると，オーストラリアのシンクタンクであるローウィー国際政策研究所（Lowy Institute for International Policy）が2016年9月に発行したレポートによると，イラクやシリアに入国する外国籍のイスラム過激派は，過去の規模と速度をはるかに超えているという．イラクやシリアに入ったイスラム過激派の数は，西ヨーロッパだけでもボスニア・ヘルツェゴビナの内戦，チェチェン紛争，アフガン戦争に参加した人々の総数を超えた（Khalil and Shanahan, 2016: 6）．

　無論，国際テロが逆にグローバル化の過程に重要な影響を与え，グローバル化の発展を遅らせる面もある．テロ抑止のため，主権国家が監督管理やコントロールを強化することで，グローバル化の進展は一定程度抑止されるからである．

2　グローバル化の背景におけるグローバル・ジハード運動

　現代のグローバルなジハード運動は前世紀，1970年代と1980年代のアフガニスタンの反ソ連戦争（アフガン戦争）から始まった．ある程度まで，それはアフガン民族抵抗運動の副産物である．イスラム世界と西洋諸国の支援を受けて戦争に参加するためにアフガニスタンに赴いた「聖戦士」は，アフガン戦争終結後すぐに，新世代のグローバル・ジハード主義者に成長した．グローバル・ジハード運動に対する影響は極めて深い．第1に，サイイド・アブル・アラ・マウドゥーディ（Syed Abul A'la Maududi）やサイイド・クトゥブ（Sayyid Qutb）などのイスラムジハード理論家の思想を実践するだけではなく，アブドゥッラー・アッザーム（Abdullah Azzam）などはさらに「グローバル・ジハード」に発展させ，グローバル・ジハード主義運動の台頭のための重要な理論的及びイデオロギー的な基盤を提供している．第2に，中東及び世界中のイスラムの過激派はアフガン戦争によって鍛えられ，あるいはパキスタンで軍統合情報局（Directorate for Inter-Services Intelligence: ISI）が提供する軍事訓練とジハード主義

の宣教を受けた．彼らはその過程で必要な軍事スキルを獲得しただけでなく，深い友情を形成し，巨大な国際ネットワークを形成し，グローバルなジハード主義運動のさらなる発展のために必要な人材，幹部と組織の基盤を提供した．第3に，これは初めて本当の意味で地域を跨ぐ性質をもった国際的なジハードである．その動員規模，地理的な範囲，複雑さの程度，国際的な影響力は，以前の国際的なジハード活動をはるかに上回っている．これにより，グローバルなジハード運動の新しい時代が開かれた．ある学者は「アフガニスタンのジハードは『グローバル化した (globalized)』紛争であり，『グローバル化』という言葉が普及するずっと前に始まった」(Sidky, 2007 : 852) と指摘した．

　多くの「グローバル・ジハード主義者」が参加したアフガニスタン戦争は，人間の暴力的な衝突の新しいパラダイムを形成した．それはグローバル・ジハード運動と国民国家の内戦の間の有機的統合であり，戦争は非軍事化し，国家の手から離れるものとなった．様々な非公式の武装グループ及び武装した人員が関与しているため，前線と後方，兵士と犯罪者，戦闘員と非戦闘員を区別することは困難になる．「非軍事化」と国家の手から離れたことを特徴とするいわゆる「新戦争」のパターンでは，庶民は戦闘員であり，被害者でもある．残念ながら，この形式の戦争はすぐに世界の主要なホットスポットに広がり始め，冷戦後の国際的な武力紛争の一般的な形式になった．

　アフガニスタンでのソ連との戦争中に生まれたアルカイダは，過去の極度の暴力的な武装とは完全に異なっているという特徴を当初から示していた．これらの特徴は，後に国際テロの急速な成長を促進するための条件を提供する．まず，イデオロギー面では，アルカイダはサイイド・クトゥブやアブドゥッラー・アッザームの「ジハード」に関する思想を継承したが，後者とは明らかな違いがある．特に，ビン・ラディンはアイマン・アル・ザワヒリ (Ayman al-Zawahiri) をはじめとする「エジプトイスラムジハード」組織の影響を受け，「ジハード」思想をさらに過激化，拡大した．例えば，アブドゥッラー・アッザームはアフガニスタンのジハードを支援することを強調し，ザワヒリはアフガニスタンの内戦派閥に混じり合うのではなく，独立したアラブ武装の形成を主張している．次に，活動戦略と攻撃戦術において，前述のジハード主義の思想の実践として最も多く行われているのは「無差別攻撃」である．特に自殺攻撃の多用である．その過程で，アルカイダが提唱する「サラフィ・ジハード」思想が波瀾を巻き起こしたのは間違いない．「サラフィ・ジハード思想は宗教というよりもイデ

表10-1　イスラム世界の一部の紛争地域における外国籍戦士の流動状況(1945～2017)

地域	年	紛争当事者	外国籍戦士の到着時期	人数（人）	出身国
イスラエル	1967	アラブ連盟 VS. イスラエル	1968	＜100	スーダン，シリア，エジプト，イエメン
アフガニスタン	1978～1992	ジハード主義者（ゲリラ戦士）VS. ソ連，カブール政府	1980～1992	5,000～20,000	アラブ諸国の多く，トルコ，パキスタン，バングラデシュ，インドネシア，フィリピン，欧米諸国
	1992～2001	タリバン VS. 北部同盟；マスード VS. ヒクマティヤル	1996～2001	1,000～1,500	アラブ諸国の多く，中央アジア諸国，パキスタン，トルコ，欧米諸国
	2001	タリバン VS. アメリカ，NATO（ネイトー），カブール政府	2001～	1,000～1,500	アラブ諸国の多く，欧米諸国
ボスニア	1992～1995	ボスニア人 VS. セルビア人，クロアチア人	1992～1995	1,000～2,000	アラブ諸国の多く，欧米諸国
チェチェン	1994～	チェチェン VS. ロシア	1995～2001	200～300	アラブ諸国の多く，トルコ，欧米諸国
コ　ソ　ボ	1998～1999	アルバニア人 VS. コソボ人	1999	20～100	アラブ諸国の一部，欧米諸国
イ　ラ　ク	2003～2010	スンニ派イスラム教徒，アメリカ VS. イラクとシリアのシーア派政府	2003	4,000～5,000	アラブ諸国の多く，トルコ，欧米諸国
ソマリア	2006	Shabab VS. 暫定政府，エチオピア	2006～	200～400	アラブ諸国の一部，欧米諸国
イ　ラ　クとシ　リ　ア	2013～2017	スンニ派イスラム教徒，アメリカ VS. イラクとシリアのシーア派政府	2013～	27,000～40,000	近隣の中東諸国，旧ソ連地域，欧米諸国，南アジア，東南アジア諸国

注：この表のイラクとシリアに関する最新のデータは，著者によって補足されている．データは主に，2015年12月と2017年10月に Sufan Group が発行した評価レポートから取得している．残りのデータのソースは Hegghammer (2010).

オロギーのようなもの」だから，それは現在の国際情勢におけるムスリムの危機感を呼び起こすだけでなく，「ウンマ」コミュニティの一員としてのアイデンティティを構築し，現在の苦境を解決する方法，すなわち「武装ジハード」を提案した．最後に，組織管理と行動の運営の面で，アルカイダは新しい国際的な運用モデルの作成に成功した．コアメンバーは約3000人で，主に「アラブ系アフガニスタン人」で構成されている．また，アルカイダは，資金，設備，訓練を提供し，コンサルタントを派遣することにより，世界の他の地域でのテロ活動を支援し，世界中でその影響力を大幅に強化している．それは現代の多国籍企業の管理及び運用モデルに似ており，アメリカの9.11独立調査委員会が述べたように，「真にグローバルなテロリストネットワークの基礎が築かれた」（美国"9.11"独立調査委員会2005：82）．

2001年の「9.11テロ事件」の後，世界的な対テロ戦争の攻撃の下で，アルカイダに代表される国際的なテロ勢力は大きな損失を被った．しかし，2013年末以来，「イスラム国」がイラクとシリアで急速に発展し，グローバルな国際的ジハード主義運動の新しい標準的な担い手としてアルカイダに取って代わった．ある意味で「イスラム国」は，イデオロギー，運営方法，国際的な影響力の点で，アルカイダを完全に超えた．その本質は，宗教的過激主義と国際テロリズムの組み合わせである．特に，その理論構築能力と国際動員能力はアルカイダをはるかに上回っているため，国際安全保障への危害と影響もアルカイダとは比べものにならないほどである．このような特徴を踏まえ，一部の学者はテロの伝統的な定義はもはやこの組織には当てはまらないと考えている[2]．これについて，アメリカの学者オードリー・クルト・クローニン（Audrey Kurth Cronin）は「『イスラム国』はアルカイダではない．それは古い過激的なイスラム主義組織の派生物でもないし，その一部でもないし，進化の次の段階でもない．……それはアルカイダの後の時代のジハードの脅威を表している」とし，その組織はテロの戦術を使用しているが，本当の意味でのテロ組織ではなく，「正規軍の指揮下にある『擬似国家（pseudo-state）』である」（Cronin, 2015：87–88）と述べた．

3 「一帯一路」構想とグローバル化

2013年，習近平国家主席はカザフスタンとインドネシアを訪問した際，『シ

ルクロード経済ベルト』と『21世紀海上シルクロード』の構想を提唱した．その後，この２つの構想は「一帯一路」(Belt Road Initiative : BRI) と呼ばれるようになり，国際社会から幅広い注目を集め始めた．2015年３月，国務院に所属する国家発展改革委員会，外交部，商務部が共同で『シルクロード経済ベルトと21世紀海上シルクロードの共同建設推進のためのビジョンと行動』を発表した．これによると，中国は関係国と協力して，東アジアとヨーロッパを結ぶビジネスとインフラのネットワークを構築するという．この構想は古代シルクロードの名の下に，東西をつなぐ歴史的な交通路を回復するだけでなく，共同建設，共有，Win-Win の国際協力モデルを通じて，将来のグローバル・ガバナンスとグローバリゼーションに対する新しい考え方を提示した．

　習近平国家主席は，2017年５月に開催された「一帯一路」国際協力サミットフォーラムの開会式で「発展の不均衡，ガバナンスのジレンマ，デジタルのギャップ，所得格差などの問題を解決し，開放，包容，均衡，Win-Win の経済グローバル化を構築しなければならない」と発言した．2018年８月，「一帯一路」建設推進５周年座談会で習近平国家主席は，「『一帯一路』共同建設は中国がグローバル協力に参加し，グローバル・ガバナンス体制を改善し，世界の共同発展と繁栄を促進し，人類運命共同体の構築を推進する中国モデルとなっている．また，『一帯一路』共同建設は経済協力だけでなく，グローバル開発モデルとグローバル・ガバナンスを改善し，経済のグローバル化の健全な発展を促進する重要な方法でもある」と述べた．

　筆者は，「一帯一路」とグローバル化の間の論理的な関係を理解するには，３つの異なる側面から分析する必要があると考えている．

　第１に，「一帯一路」はグローバル化の産物だけではなく，近年のグローバル化がボトルネックや挫折に見舞われた状況で発生したものである．前述のように，冷戦の終結後，グローバル化は前例のない幅と速度で，世界中で急速に拡大した．しかし，2008年に西欧諸国で発生した金融危機はグローバル化の発展における重要な分岐点になった．例えば，トランプは2016年の選挙でグローバリゼーションに公然と反対し，非難した．米国大統領に就任した後，彼は貿易保護主義を世界中で実施することに力を入れ，既存の国際貿易規則を無視し，貿易戦争で他の国に圧力をかけている．ヨーロッパでは，政治的保守主義と貿易保護主義が同時に台頭し，かつて世界経済統合と地域協力のモデルと見なされていた欧州連合も，「英国の EU 離脱」などの「ブラックスワン」[1]を経験し

た．2017年2月，ドイツで開催されたミュンヘン安全保障会議の年次報告書では「ポスト真実(post-truth)，ポスト西洋世界(Post-Western World)，ポスト秩序？」と題された．「現在の世界は3つの大きな課題に直面している．それは西洋のポピュリズムと反グローバリズム，西洋の世界秩序の亀裂，及びポスト秩序の時代の訪れである．米国は国際安全保障の公共財の提供者から単独行動主義(unilateralism)，ひいては民族主義の外交を実行する国へと変化する可能性が高い」(Munich Security Conference, 2017) と考えられた．習近平国家主席は第1回「一帯一路」国際協力サミットフォーラムの開会式で講演した際も，「この構想は世界の状況に関する私の観察と考察から生じている．今日の世界は，大きな発展，大きな変化，大きな調整の最中である．……グローバル開発における根深い矛盾は長い間蓄積されて，効果的に解決されていない．グローバル経済成長の基盤は十分に強固ではなく，貿易と投資は低迷し，経済のグローバル化は挫折に直面し，開発の不均衡は激化している．戦争や紛争，テロリズム，難民移民の大規模な移住などの問題は，世界経済に大きな影響を及ぼす[7]」と断言した．

　第2に，現在のグローバル化の過程におけるリスクと困難に対して，「一帯一路」は実力，覇権，利己主義といったこれまでの考え方と違った中国的構想と「中国的アプローチ（中国方案）」を提供している．まず，前向きな姿勢でこれらの課題に直面し，極端な保護主義や自己利益によってこれらの課題を回避するのではなく，問題に対処し解決する道を求める．習近平国家主席は2017年初めに世界経済フォーラム（ダボス会議）に参加した際，「経済のグローバル化はアリババの洞窟と見なされていたが，今では多くの人にパンドラの箱とみなされている．経済のグローバル化は確かに新たな問題をもたらしたが，完全に否定することができない．経済のグローバル化に適応し，それを導き，そのマイナスの影響を解消し，各国，各民族に恩恵を与える[8]」と発言した．また，2019年4月，習近平国家主席は中仏グローバルガバナンスフォーラムに参加した際，4つ（ガバナンス，信頼，平和，発展）の「赤字」を解消する基本原則として，公正合理，相互理解，同舟相救う，Win-Win を打ち出した．彼は，「一帯一路」構想が国際経済協力の概念と多国間主義の含意を豊かにし，世界経済成長を促進し，共通の発展を達成する重要な方法を提供すると考える[9]．協力と Win-Win によってグローバル・ガバナンスを改善し，グローバル化を促進することは，中国政府が公平無私な外交政策を選んだのではなく，中国の指導者たちは，今

日の世界のどの国も, 最も強力な覇権国家であっても, 国際情勢で勝手に行動することはできないことを明確に知っていることを示している.

第3に,「一帯一路」構想は過去のグローバル化の推進モデルを変え, 新しい道を提供し, 過去の欠点を軽減させている. 冷戦後のグローバリゼーションの急速な発展は, 主に3つの主要な要因, つまり資本, 市場, 技術によるものである. しかし, リベラル派が提唱する単一市場の影響下で, 国民国家内および国民国家間の急速な貧富の格差は避けられない. この種の格差はさまざまな社会的矛盾, 民族紛争, さらには国家間紛争の温床である.「一帯一路」構想は従来の3つの推進要因に基づいて,「政策」要因をグローバリゼーションの発展の新たな推進力にしようとしている. このやり方は実際には, 過去40年間における中国の社会経済成長の成功体験, つまり科学的先駆的な政策計画により経済発展を促進することに由来する. このアプローチは, 市場と資本のみに依存することによって引き起こされる深刻な経済的不均衡と発展上の不均衡を効果的に回避できる. 国際社会は中国の国内社会とは異なるため, 中国政府は「5カ年計画」または「経済開発戦略」を通じてこの構想を推進することはできない. しかし, 関連する概念, 発展計画の提供, 協力と導きによって, 他の国がこのプロセスに参加することを奨励し, 共同発展とWin-Winを実現することができる.

同時に,「一帯一路」構想は「危機」と「脅威」に関する過去の認識を突破した.「一帯一路」構想は西洋の自由経済学における市場の神聖な崇拝を突破し, 利益を追求する国際資本が関与したくない発展途上国を経済協力の対象として選んだ. これらの発展途上国は, 投資環境が良くなく, 投資収益の不確実性が高いが, 国家主導の経済開発戦略を通じて, 経済の近代化を比較的迅速に達成することもでき, その過程で巨大な市場と投資の機会が形成される. 同時に, 沿線の低開発国は,「一帯一路」の機会を利用して, 中国の経済開発の経験から学び, 工業化を達成することもできる (Wang and Ye, 2019). 一方,「一帯一路」は現在のグローバル化プロセスで浮かび上がってきたさまざまな新しい課題, 特に「一帯一路」沿線諸国の社会と政治安定に影響を与える各種の急進勢力に対して, 単なる軍事的手段ではなく, 共同発展とWin-Winによって地域のガバナンスを促進することを強調する. これにより, 国際社会が今日直面しているテロや過激主義の急進的な傾向を根本的に解決する. イランのモハマド・ジャワド・ザリフ (Mohammad Javad Zarif) 外相は最近,「イランのチャ

バハール港から，アフガニスタンを結ぶパキスタンのグワダル港まで，この地域のテロの大部分は経済発展の遅れに起因している．『一帯一路』構想を通じて，地域の経済を発展させることができれば，パキスタン，アフガニスタン，イランの過激なテロリズムに大きな打撃を与えることになる」と発表した.[10]

4　グローバル・ジハード運動の「一帯一路」構想への影響

　長期的には，「一帯一路」構想は，共同発展，Win-Win と国際ガバナンスの改善を通じて，従来のグローバル化プロセスの欠点を軽減し，過激主義とテロリズムを生み出す社会的土壌と経済的基盤を排除しようとするが，この目標は短時間で実現することはできず，依然として多くの不確実性が存在する長期的で複雑なプロセスである．短期的には，「一帯一路」構想はグローバル・ジハード運動と国際テロリズムを含むグローバリゼーションによってもたらされる様々なマイナス要因に依然として直面している．概要をいえば，グローバル・ジハード運動の「一帯一路」構想への影響は以下の点に表れている.

　第1に，「一帯一路」国際協力プロジェクトの人員と投資の安全を脅かし，それによって企業の社会保障費とプロジェクトの投資コストを引き上げる．「一帯一路」沿線地域はグローバル・ジハード活動の最も活発な分野であり，近年，大規模なテロ攻撃，「一帯一路」の国際協力プロジェクトまたはその人員に対する暴力的な攻撃が多く行われている．2016年8月30日，キルギスタンの中国大使館は自動車爆弾に見舞われ，3人の大使館職員が負傷した．その後，中国国外で活動している「東トルキスタンイスラム運動」がシリアとトルコなどのジハード・テロ組織と協力して，このテロ攻撃を共同で計画していることが分かった.[11] 2017年5月，2人の中国国民がパキスタンのビストロ州の首府クエッタで拉致され，死亡した．「イスラム国」組織はその後，この事件への関与を宣言した.[12] 2019年4月21日，スリランカのコロンボとネゴンボで一連の爆発が発生し，250人以上が死亡し，中国の多くの科学者を含む500人以上が負傷した．事件の直後，「イスラム国」は一連の爆発への関与を発表した.[13] キルギスタン，スリランカ，パキスタン，その他の沿線国家も「一帯一路」の建設の鍵となる．例えば，「中国パキスタン経済回廊（China-Pakistan Economic Corridor : CPEC）」の建設が順調に進められるように，パキスタン軍は約2万5000人の部隊を特別に設置している．重要なプロジェクトがあるシンド州とカイバルパクトゥンクワ

州には，数千人の新しい警察部隊が編成された[14]．

　第2に，地域の社会保障と安定性に影響を与え，地域の投資環境を悪化させる．「9.11テロ事件」以来，国際反テロ戦争によってもたらされた「スクイーズ効果」と「デモンストレーション効果」の二重の影響下で，グローバル・ジハード運動によって引き起こされた国際テロ活動は発展途上国に急速に広がり始めた．一部の社会ガバナンス能力が弱く，経済発展が遅い，宗教思想の保守的な国家と地域，特に，混乱や内戦が発生した発展途上国や地域は，国際テロの多発地域となり始めた．アメリカ国務省のテロ対策室が毎年発行する「国際テロに関する国別報告書」によると，2012年以来，イラク，パキスタン，アフガニスタン，及びインドは，世界のテロ攻撃を受けている国トップ4となり，それに続くナイジェリア，イエメン，シリア，エジプト，フィリピンも発展途上である[15]．ジハード主義テロ活動の影響を最も受けている国のほとんどは，「一帯一路」沿線地域に位置し，テロは地域の社会的安全と安定性に影響するだけでなく，地域の投資環境を破壊した．

　パキスタンを例にとると，現在の「イスラム国」のホラサン支部と「ハッカーニ・ネットワーク」は，「バルチスタン解放軍（Balochi Liberation Army : BLA）」と並んで，パキスタン内の三大テロ組織となっている．2014年末，パキスタンのタリバンは内部で分裂し，ハフィズ・サイード・カーン（Hafiz Saeed Khan）はアブバクル・バグダディ（Abu Bakr al-Baghdadi）への忠誠を誓い，「イスラム国」がすぐに南アジアに定着した．南アジアのテロ監視ポータルサイト（South Asia Terrorism Portal : SATP）によると，2014～2017年のパキスタンでのテロ攻撃による死亡者数は，それぞれ5496人，3682人，1803人，および1260人だった[16]．一部の学者が述べたように，電力不足，政治的不安定などの要因だけでなく，ジハード主義テロの脅威によって引き起こされた政治的混乱と不安定性も外国投資を妨げる重要な原因となっている[17]．

　第3に，「一帯一路」沿線地域の民族紛争または国家紛争は複雑さを増し，沿線国家の長期的な政治的安定性を破る．グローバル・ジハード主義勢力の進出は既存の世俗的な矛盾と社会的対立をさらに複雑にし，解決がより難しくなる．例えば，「イスラム国」は，フィリピンのミンダナオ島で活動している組織，アブ・サヤフ（Abu Sayyaf）及びマウテ（Maute）などと共同で，海外拠点を設立しようとした．2017年，フィリピン政府は，国際社会の支持のもと，分離主義武装グループが占拠しているマラウイ市を5カ月以上包囲し，162人の

兵士・警察と数十人の民間人を犠牲にして最終的な勝利を勝ち取った．その後，警察は，インドネシア，マレーシア，インド，サウジアラビア，チェチェン，モロッコからの数十人の過激派を含む，地元の分離主義勢力と「イスラム国」との関係の証拠を見つけた[18]．

　近年，「イスラム国」は，積極的にアフガニスタンにも侵入し，タリバン組織と現在のアフガン政府を「背教者」として絶えず非難し，アフガン内戦を利用して両者の支配地域を侵食し，そこに足場を固めようとしている．この目的のために，「イスラム国」は地元のシーア派とスンニ派の対立を積極的に誘発し，シーア派をターゲットとして頻繁に攻撃した．2016年7月にはカブールでシーア派のハザーラ人デモ隊を攻撃，80人以上が死亡し，231人が負傷，2001年以来の「アフガニスタンで最も死傷者が多い爆弾テロ事件」となった[19]．ロシアのメディアによると，「イスラム国」はアフガニスタンにいる人数はすでに1万人を超えたということである[20]．アフガニスタンの政治和平交渉の見通しはさらに不確実になっている．

　第4に，「一帯一路」の相互接続によってもたらされる利便性を利用して，沿線地域での広がりを加速し，沿線地域の地政学的な競争を引き起こし，国際紛争の複雑さを高める．接続性[2]は「一帯一路」建設の中心内容である．中国政府「一帯一路」建設事業推進指導グループ事務室が発行した報告書によると，「一帯一路」構想が提唱されて以来，新ユーラシア大陸橋 (New Eurasian Land Bridge)，中国―モンゴル―ロシア，中国―中央アジア―西アジア，中国―インドシナ半島，中国―パキスタン，バングラデシュ―中国―ミャンマーを含む6つの主要な国際経済協力回廊は，前向きな進歩を遂げている．中国は「一帯一路」沿線の15カ国と18の二国間国際高速道路輸送促進協定，47カ国と38の二国間および地域海運協定，126カ国と地域および二国間政府間航空輸送協定に署名した．2018年末までに，中国とヨーロッパの国際定期貨物列車「中欧班列」は，アジアとヨーロッパの16カ国の108の都市を既に接続している．また，「一帯一路」沿線国と1239の国際航空線路を追加した[21]．接続性の分野における「一帯一路」構想の大きな成果は，沿線国と地域間の貿易と投資の促進に資するだけでなく，グローバル化のさらなる発展のためにより多くの物質と交通インフラを提供する．しかし，「一帯一路」沿線地域のグローバル・ジハード活動は猖獗を極めている．この進展は，これらのグローバル・ジハード主義勢力がこの地域での広がりを加速するために悪用される可能性が高い．さらに，沿線の

多くの国や地域には重要な地政学的戦略価値があるので，地域内外の勢力がこれらのグローバル・ジハード主義武装組織を利用して不純な動機を達成しようとすることも排除できない．例えば，近年，パキスタンで中国のプロジェクトや人員を繰り返し攻撃している「バルチスタン解放軍」の背後には，海外勢力の支持がある（Javaid and Jahangir, 2015）．

　要するに，短期的には，「一帯一路」沿線地域でのグローバル・ジハード活動は「一帯一路」構想建設において大きな挑戦になる．その中には「一帯一路」の協力プロジェクトと人員の安全に直接的な脅威があり，沿線国家の社会，政治の安定および地域管理に対する間接的な影響もある．ある面では，これらの挑戦はまさに「一帯一路」建設の必要性を表しているといえる．つまり，この地域の国々の協力によってこそ，地域の社会的および経済的発展を長い間妨げてきた過激なグローバル・ジハード主義組織などの極端な勢力を根絶することができる．また別の面では，これらの挑戦自体も「一帯一路」の建設に大きな潜在的機会を提供しているといえる．開放，協力，共同建設，Win-Win の発展モデルを提唱することによって，沿線各国は現地の投資機会と経済発展の潜在力を十分に発掘しつつ，新たな地域ガバナンスの協力モデルを見つけ出す可能性もある．

おわりに

　「一帯一路」はグローバル時代の産物であり，グローバル化の新たな歴史背景のもとでの新たな発展でもある．長期的に見ると，「一帯一路」が提唱する協力理念と協力モデルは，かつてのグローバル化の過程で生じた欠点を補うことができる．例えば，協力と互恵，共同建設と共有を通じて，発展途上国の経済発展を促進し，社会的貧困を削減し，それによって，グローバル・ジハードなどの過激主義思想を生み出す社会的土壌を排除する．しかし，この目標を達成するには長期的なプロセスが必要であり，不確実性もある．短期的にはグローバル・ジハード主義運動によってもたらされる厳しい課題に直面する．

　現在のグローバルなジハード運動がポスト「イスラム国」時代に入ると，グローバルなテロ対策の状況は将来さらに厳しくなる．従来の正規の戦力と固定支配区を失った「イスラム国」の残党はより多くのテロリズムに訴える可能性がある．その地域で戦った多くのジハード主義の退役軍人も，「タリバン」の

ように世界に急速に広がっている．一方，世界中のさまざまなテロリスト，信者，模倣者は，彼らの「国家の設立」の功績に触発されて，彼らの過激なジハード信条を守り，通常のテロ手段を実行する．これは，伝統的なテロ活動に加えて，将来，国際社会でより多くの孤立した，組織化されていない「一匹狼 (Lone Wolf)」型のテロ活動が行われることを意味する．

　グローバリゼーションの条件の下で，グローバル・ジハード組織はグローバリゼーションによって提供される輸送，通信，武器などの様々な施設とツールを利用して，世界中で情報収集，ネットワーク構築，資金調達，人材募集，攻撃計画，及びオンライン宣伝活動を行うと同時に，主権国家によって攻撃を封じ込められ，制裁を与えられることを，効果的に回避する力を持っている．一方，彼らはまたグローバル化を攻撃の口実にして，グローバル化の過程の中の文化交流，資本，技術と人員などの移動を洪水猛獣と見なしている．[3] このパラドックスは将来的に「一帯一路」を建設する過程における大きな課題であるだけでなく，将来の発展における潜在的な機会でもある．沿線各国が「一帯一路」を建設する過程で協力し，真の開放，協力，共同建設，互恵を実現できれば，過去のグローバル化のプロセスの欠点，特にグローバル・ジハード主義勢力のイデオロギー的基盤と社会的土壌を徐々に排除できるだけでなく，国際社会における新しいグローバル化の発展の道と地域ガバナンスの協力モデルを探求することができると考えられる．

注

1 ）　劉英・馬玉栄（2017）光明日報，張耀軍（2018）「 ‘一帯一路’ ──全球治理体系変革的中国方案──」，2018年10月10日などを参照．

2 ）　「イスラム国」の性質について論じたものとして，拙稿（2016）を参照されたい．

3 ）　新華社北京，国家発展改革委・外交部・商務部（経国務院授権発布）（2015）「推動共建絲綢之路経済帯和21世紀海上絲綢之路的願景与行動2015年 3 月」，2015年 3 月28日．

4 ）　新華社北京，習近平（2017）「携手推進 ‘一帯一路’ 建設──在 "一帯一路" 国際合作高峰論壇開幕式上的演講──」，2017年 5 月14日．

5 ）　新華社北京，趙超・安蓓（2018）「習近平出席推進 ‘一帯一路’ 建設工作 5 周年座談会併発表重要講話」，2018年 8 月27日．

6 ）　USA TODAY, David Jackson（2016）"Donald Trump targets globalization and free trade as job-killers," June 28, 2016〈https://www.usatoday.com/story/news/politics/elections/2016/06/28/donald-trump-globalization-trade-pennsylvania-ohio/86431376/〉，

2019年 8 月30日閲覧.

7)　新華社北京，習近平（2017）「開辟合作新起点　謀求発展新動力——在'一帯一路'
国際合作高峰論壇円桌峰会上的開幕辞——」，2017年 5 月15日.

8)　新華社スイスダボス，習近平（2017）「共担時代責任，共促全球発展——在世界経済
論壇2017年年会開幕式上的主旨演講——」，2017年 1 月17日.

9)　新華社パリ，習近平（2019）「為建設更加美好的地球家園貢献智慧和力量——在中法
全球治理論壇閉幕式上的講話——」，2019年 3 月26日.

10)　The Economic Times（2019）"Development through BRI can be a major blow to ex-
tremist terror in Pakistan, Afghanistan : Iran FM Zarif", Apr 26, 2019〈https : //
economictimes.indiatimes.com/news/defence/development-through-bri-can-be-a-major-
blow-to-extremist-terror-in-pakistan-afghanistan-iran-fm-zarif / articleshow / 69055361.
cms〉，2019年 8 月30日閲覧.

11)　新華社アスタナ，周良（2016）「吉爾吉斯坦法院厳判参与'東突'恐襲中国使館的
3 名嫌犯」，2016年 6 月27日.

12)　『人民日報』，閻子敏（2017）「外交部証実在巴基斯坦被紡架中国公民已遇害」，2017
年11月 1 日.

13)　新華社コロンボ，朱瑞卿・唐璐（2019）「斯里蘭卡23日進入全国緊急状態」，2019年
4 月22日.

14)　新華社イスラマバード，蒋超（2019）「巴基斯坦堅決為中巴経済走廊建設保駕護航
——訪巴三軍新聞局局長阿西夫・加富爾——」，2019年 5 月17日.

15)　2012年以来，毎年テロ攻撃に見舞われている上位 6 カ国は，2012年がパキスタン
（1404），イラク（1271），アフガニスタン（1023），インド（557），ナイジェリア（546），
タイ（222），2013年がイラク（2495），パキスタン（1920），アフガニスタン（1144），
インド（622），フィリピン（450），タイ（332），2014年がイラク（3370），パキスタン
（1821），アフガニスタン（1591），インド（763），ナイジェリア（662），シリア（232），
2015年がイラク（2417），アフガニスタン（1716），パキスタン（1010），インド（798），
ナイジェリア（589），エジプト（494），2016年がイラク（2965），アフガニスタン（1340），
インド（927），パキスタン（734），フィリピン（482）およびナイジェリア（466），2017
年がイラク（1951），アフガニスタン（1171），インド（860），パキスタン（574），フィ
リピン（483），ナイジェリア（411）である（カッコ内は件数）. U.S. Department of State,
"Country Reports on Terrorism" を 参 照.〈https : //2009-2017.state.gov/.j/ct/rls/crt/
index.htm〉，2019年 8 月30日閲覧.

16)　SATP, "Fatalities in Terrorist Violence in Pakistan 2003-2017," Data till December
31, 2017〈http : //www.satp.org/satporgtp/countries/pakistan/database/casualties.
htm〉，2019年 8 月30日閲覧.

17)　The Diplomat, Muhammad Mohsin Raza（2018）"What Can Pakistan Do to Attract
More Investment?," June 29, 2018〈https : //thediplomat.com/2018/06/what-can-

pakistan-do-to-attract-more-investment/〉，2019年 8 月30日閲覧.

18)　『聯合早報』（2017）「武装分子図控制馬拉維市，成立伊斯蘭国分化菲律賓」，2017年
　　　 6 月 8 日 〈http：//www.zaobao.com/news/sea/story20170608-769323〉，2017年12月
　　　10日閲覧.

19)　新華社，鄭思遠（2016）「阿富汗遇15年来最惨重恐怖襲撃　300多人傷亡」，2016年 7
　　　月25日.

20)　PRESSTV（2017）"10,000＋Daesh militants present in Afghanistan：Russia," Dec
　　　24, 2017 〈http：//www.presstv.com/Detail/2017/12/24/546653/Russia-Zamir-Kabulov
　　　-Daesh-Afghanistan〉，2019年 8 月30日閲覧.

21)　新華社北京，推進 "一帯一路" 建設工作領導小組弁公室（2019）「共建 "一帯一路"
　　　倡議──進展，貢献与展望──」，2019年 4 月22日.

訳注

［ 1 ］ 「想定外の出来事」の意.

［ 2 ］ 接続性とは，コネクティビティ（connectivity）とも呼ばれ，インフラの整備を通
　　　 じて，各国・各地域を繋ぐ（接続する），輸送，エネルギー，通信などのインフラネッ
　　　 トワークを構築することを指す.

［ 3 ］ 「甚しい災禍」の意.

参考文献

劉英・馬玉栄（2017）「 '一帯一路' 賦予全球化新的内涵」『前線』2017年第 5 期.

王逸舟主編（1999）『全球化時代的国際安全』上海人民出版社.

蔡拓（2017）「被誤解的全球化与異軍突起的民粋主義」『国際政治研究』第 1 期.

奈　約瑟夫・S 著（2002）『美国覇権的困惑──為什麽美国不能独断専行──』鄭志国等
　　 訳，世 界 知 識 出 版 社（NyeJr., Joseph S., *The Paradox of American Power: Why the
　　 world's Only Superpower Can't Go lt Alone*）.

王震（2018）「当前国際恐怖活動猖獗的科学技術維度考察」『国際展望』第 4 期.

Bin Ladin, Usama（2002）"Declaration of War（August 1996)," Rubin, Barry and Judith
　　 Colp Rubin（ed.），*Anti-American Terrorism and the Middle East: A Documentary
　　 Reader*, Oxford and New York: Oxford University Press.

Khalil, Lydia and Rodger Shanahan（2016）*Foreign fighters in Syria and Iraq: The day af-
　　 ter*, Sydney: The Lowy Institute, September 2016.

Sidky, H（2007）"War, Changing Patterns of Warfare, State Collapse, and Transnational
　　 Violence in Afghanistan: 1978-2001," *Modern Asia Studies*, 41(4).

Hegghammer, Thomas（2010）"The Rise of Muslim Foreign Fighters: Islam and the
　　 Globalization of Jihad," *International Security*, 35(3)（Winter 2010/11).

美国 "9.11" 独立調査委員会（史禺訳）（2005）『9.11委員会報告』世界知識出版社（The

National Commission on Terrovist Attacks Upon the United States, *The 9/11 Commission Report*).

王震（2016）「政治和解与軍事打撃同様重要」『社会科学報』2016年 9 月29日.

Cronin, Audrey Kurth（2015）"ISIS Is Not a Terrorist Group : Why Counterterrorism Won't Stop the Latest Jihadist Threat," *Foreign Affairs*, March/April 2015.

Munich Security Conference（2017）*Munich Security Report 2017: Post-Truth, Post-West, Post-Order?*, Munich, February 13, 2017.

Wang, Zhen and Feng Ye（2019）"China―Sri Lanka Relations in the Context of the 21st-Century Maritime Silk Road: Motives, Challenges, and Prospects," *Asian Perspective*, 43（3）, Summer 2019.

Javaid, Umbreen and Javeria Jahangir（2015）"Balochistan: A Key Factor in Global Politics," *South Asian Studies*, 30（2）, July―December 2015.

（2019年12月22日翻訳）

第11章
「一帯一路」構想の機能的論理[1]

呉　　澤　林

は じ め に

　2013年9月と10月に，習近平国家主席は，「シルクロード経済ベルト」と「21世紀海上シルクロード」(以下，「一帯一路」) 構想の共同建設を相次いで発表し，国際社会の高い関心と積極的な反応を得てきた．過去6年の間に，中国と国際社会は，「一帯一路」の総体的な骨格と協力の理念を共同で打ち立て，「一帯一路」を壮大な青写真から具体的な行動へと転換するよう共同で推進し，さらに活力を具備し，さらにオープンなものとし，さらに安定を兼ね備え，さらに持続性をもたせ，さらに多くを包摂したグローバル化経済を共同で形成するために注力してきた．筆者は，「一帯一路」構想は，中国が沿線国と特定の地理的な空間・環境に基づいて展開する機能的協力であり，機能的論理に従うものである，と考えている．[1]一面では，ユーラシア大陸の地理的な空間・環境は，相当程度インフラと生産能力協力を機能的協力の主要内容たらしめ，特に前者に重点がある．この両者の結合は，経済回廊建設を，「一帯一路」共同建設のための重要な拠り所たらしめている．別の面では，「一帯一路」構想下の経済回廊建設は，裏返していえば，ユーラシア大陸の地理的空間の地図をゆっくりと再編しているともいえる．これは2つの段階に区分することができる．第1段階は，インフラ協力を重点として，中国と沿線国の地理的な優位性を向上させ，ユーラシア大陸において強固な地理的接続を促進することに取り組むことである．[2]この一定の接続性の基礎の上に，第2段階では，生産能力協力を重点として，中国と沿線国の生産能力とイノベーション能力を向上させ，中国と沿線国が，欧州，東アジア及び世界のサプライチェーンと産業チェーンにさらに深く[3]溶け込むことを促進し，世界のバリューチェーンにおける地位を高め，ユーラシア大陸の貿易地図の比較的均衡ある発展を推進するよう取り組む．こうして，

ユーラシア大陸において，平等かつ遍く通ずる関係のネットワークの形成を推進するのである．

1 「一帯一路」構想の機能的協力
──ユーラシア大陸の強固な接続の促進──

　大型インフラは，ユーラシア大陸の複雑な地形と，地域供給ネットワークの接続性，速度，容量を変化させている．道路と鉄道は，より高い山とより広大な海を通り抜け，自然環境が一層過酷な地域を速やかにカバーしている．ますます長くなるエネルギー・パイプラインは，複雑な環境を通り抜けて，供給国と需要国を接続している．これらは，第1に，技術進歩を核心とする基本的な建設技術と設備製造技術に頼る必要があり，かつての技術がなし得なかった工事を可能にしている．中国はこの領域において非常に大きな力を有しており，「一帯一路」建設のために強力な技術支援を提供している．IoT（Internet of Things），クラウド・コンピューティング，ビッグデータなどの先進技術が物理的な世界のインターネット化，情報化，インテリジェント化を実現するにつれて，「IoE（Internet of Everything），インテリジェント・コネクティビティ[4]」は夢から現実へと変わりつつある．第2に，大型インフラは，やはり，巨額の資金に頼らざるを得ない．「一帯一路」建設の参加国の中には，多くの新興市場国家と発展途上国が含まれている．これらの国家は，一方では，経済発展と社会発展を促進するという非常に強い願望を持っているが，他方ではまた，資本力と資本蓄積が不足しているため，インフラの接続など重大プロジェクトの建設を推進する力がない．目下，中国は十分な外貨準備高を保有しているし，直接投資，商業借款，無償援助，無利息借款，ソフト・ローンなどの多様な手だてを組み合わせ，この問題を和らげる様々な方策を講じている．さらに同時に，資金のレバレッジ作用を利かせ，それによって，その他の国家と国際金融機関の資金及び私的資本をさらに上手く動員し，「一帯一路」建設のための資金を保証している．先進技術と資金の増加は，ユーラシア大陸がさらに広範なインフラ協力を展開するための新しい機会を提供した．「一帯一路」構想は，伝統的に地理的な優位性を持つ地域をより効率的に接続するだけでなく，それほど地理的な優位性がないとみなされていた地域の接続性を強化する必要もあり，強く接続されたユーラシアの地図を作り上げようと取り組んでいる．

1）　相互接続と多元性

「一帯一路」沿線には，今なお多くの「通じていない」地域がある．例えば中国―南アジアには未だに鉄道が通っていないし，中国―東南アジア国家の鉄道と道路では，接続が切れているところが少なくない．湾岸諸国の鉄道網建設の進展は遅々としているし，オマーン，バーレーン，カタール，クウェートなどの国には鉄道がない．果てしなく広い中央アジア地域では，道路距離はアジアの道路網のわずか19.3％を占めるに過ぎない．ウズベキスタン，トルクメニスタン，モンテネグロ，ジョージア，カンボジア，ラオスなどの国では，今なお，高速道路が通っていない（肖，2016：11．16）．アジア横断鉄道網，アジアハイウェイ，欧州横断鉄道網の建設は，依然として推進する余地がある．「一帯一路」沿線国間を迂回せずして往来するルートは，まだなお比較的大きく発展する潜在力がある．通信ネットワークとエネルギー・パイプラインの建設にはやはり巨大な需要があり，これらの流れを「阻害」することは国家経済の発展と国家間貿易の往来を厳しく制限し，接続されない場所は「発展の窪地」となる．「一帯一路」建設は，まず，まだ未通の，あるいは到達方法が1つしかない地域を接続することに注力する．従来，欧州，西アジア，南アジア，東アジアの間の貿易の往来には，マラッカ海峡の水路を通過することが主な手段であった．しかし現在では，中国・パキスタン経済回廊，「中欧陸海快線（China-Europe land-sea express line）」，中欧班列（China Railway Express），(中国西部から欧州西部までを結ぶ)「双西公路（Western Europe-Western China Road）」，中国・シンガポール（重慶）戦略的相互接続実証イニシアティブ，「氷上（北極）シルクロード」などの計画やプロジェクトが多元的な輸送経路を切り拓き[5]，ユーラシア大陸の運輸路のネットワーク化の発展を促進している．この他にもさらに多くのアイディアが提案され，実践されている．中国とウズベキスタンは，2014年の共同声明において，両国を最短で結ぶ鉄道と道路を建設する必要があると提案している[2]．カザフスタン，ロシアなどの国は，中国西部，カザフスタン，カスピ海，ユーラシア運河，および黒海を一直線に結ぶ輸送経路を造り出すことを一貫して提案しており，これらの輸送経路は，運輸距離の短縮とコスト低下に貢献するだろう[3]．イランは中国の重要な石油輸入国である．石油貿易は伝統的に海運であるが，貿易コストの低下のために，イラン，中央アジア，中国を一本に接続する陸路と航路の造設が目下計画中である．これによって，中央アジア国家がより機敏にペルシャ湾とアラビア海に入っていけるようにもなる．

2016年にネパールのオリ総理が中国を訪問してから後，両国を接続して跨ぐヒマラヤ鉄道計画が，加速して推進され始めた[4]．中国，ラオス，ベトナムの電力網の接続は，実質的な進展を見せている[5]．中国—パキスタン，中国—キルギス，中国—ロシアの国境を跨いだ光ファイバーケーブル情報通信協力プロジェクトは，顕著な成果を得た（王, 2018: 100）．2018年に開通した中国とネパールの国境を跨る電気ケーブルは，中国と東アジア国家に，中東とアフリカに通じる最短のインターネット経路を供給した[6]．一方，今まさに推進中の中国・ラオス鉄道，中国・タイ鉄道，中国・キルギス・ウズベキスタン鉄道は，アジア横断鉄道網の完備に資するだろう．ユーラシア大陸は，世界の総人口・経済全体・貿易額の3分の2を占めている．それでも，ユーラシアにおける相互接続の状態は，比較的原始的な状態にあり（康納, 2016: 173-174），総合的な運輸路の建設は，中国と沿線国の貿易と投資レベルを一歩引き上げることとなるだろう．「一帯一路」建設は，疑いなく，このプロセスを，まさに今，後押ししているのである．

2）時間とコスト

　もし，接続の多元性は地域全体の接続の密度の反映である，というのであれば，時間とコストの比率は接続の効率を反映している．企業は常に商品の特性と市場の需要に基づいて，適切な輸送方法を選択する．一方，輸送路の建設は，より短い時間とより安い輸送費を目標としている．一般的にいえば，海運のコストは比較的低いが，それなりに時間がかかる．空運の時間は比較的短いが，コストはそれなりに高い．鉄道と道路による運送は，その両者の間にあり，輸送コストは空運に比べて低いが，輸送時間は海運に比べて短い[7]．この優位性に基づいて，「一帯一路」構想は，鉄道と道路による運送を新たな次元へと向かわせており，これも地域接続の多元性を促進している．中国・パキスタン経済回廊の建設は，これまで1.2万 km だったルートを2395km にまで短縮することになる．この陸運の短縮は，時間と費用を半減させる．カスピ海を跨ぐ輸送路であれば，たった5日で貨物を中国の新疆からアゼルバイジャンのバクーまで運ぶことができる[8]．「中欧陸海快線」は，極東から中欧に至るまでの貨物の輸送時間を，これまでの経路と比べて，7日から10日短縮する[9]．「双西公路」全線がひとたび開通すれば，アジア太平洋諸国が欧州市場に到達する最短の輸送ルートとなる．中国の連雲港から出発して欧州の方へ運ばれる貨物は，10日

もあれば欧州西部に届けられる．新ユーラシア大陸橋は，ユーラシア第一大陸橋と比べて，輸送距離を2000から2500km短縮し，輸送費を海運と比べて20％から25％節約し，さらに，時間を1カ月前後短縮する（王, 2018: 6）．この他にも，改造が進むカラコルム・ハイウェイや，改修が行われる中国―タジキスタン道路，中国―キルギス―ウズベキスタン道路，中国―キルギス―カザフスタン道路，タジキスタン―ウズベキスタン道路などはすべて，類似した作用をもたらし得る．

　輸送時間を短縮し，輸送コストを低下させるには，政策間コミュニケーションでもって，「不完全な開通」の問題を解決する必要もある．例を挙げれば，国境が接していない国家として中国とウズベキスタンがあり，両国の間には道路の接続はあるが，貨物列車は長い間，相手方の国に入ることはできず，輸出入の貨物はキルギス経由で積み替えなければならず，片道8～10日かかっていた．双方が取り決めた「中国・ウズベキスタン国際道路運輸協定」を通して，国境を超える運輸の周期を既に2日前後にまで短縮しており，併せて，1トン当たりの貨物輸送費は以前に比べ300～500米ドル減少している[10]．中国・欧州間の線路は既に十数年にわたり存在しているが，中欧班列が提案された後にようやく，その経済効果が次第に現れ始めた．現在，中国はすでに，時速120kmの中欧班列専用の運行路線を敷き，開行当初は20日以上かかっていた全体の運行時間を，逐次，12日から14日程度にまで短縮し，全体の輸送費用は開行当初に比べおよそ40％低下した[11]．適時性が比較的高く，高付加価値製品を持つ企業や，固定的な輸送モデルを必要とし，キャッシュ・フローのプレッシャーがある企業にとって，その競争上の優位性はいうまでもなく明らかである[12]．沿線国[6]は，ポート・アライアンスを結ぶことに依然として力を尽くし，情報共有と技術共有を強化している．これ以外にも，中国は既に，沿線国と「国際道路輸送の利便性向上に関する上海協力機構参加国政府間協定」や「中国―ASEAN海運協定」などを含む，130余りの二国間の，または地域間の輸送協定に署名している[13]．2016年には，中国は，国連「国際道路運送条約」に加入し，70国目の締約国となった[14]．2018年5月，国際道路運送システムが中国で正式に実施された．これは国境を跨ぐ輸送の時間とコストを顕著に減少させ，貿易の利便性と地域経済の発展を促進することに重要な影響をもたらすだろう[15]．今後，中国と沿線国は，関税手続きの簡易化，情報の相互共有，インテリジェント・ロジスティクス等の領域でさらに深い協力を展開し，併せて，国境内の輸送条件を適

切に改善し，輸送費を低下させ，全体的な輸送効率を向上させるだろう．

3）　強力な中心

　　長距離の輸送経路は，ロジスティクス（物流）・クラスターを必ず生み出さなければならない．これは一種の経済地理現象としての，物流活動の地理上の集まりである．本来的な地理的優位性のために，早期のロジスティクス・クラスターは往々にして海側の地域に集中しており，「海洋型」のグローバル化に貢献してきた．各種のイニシアティブの中にある，また，予期される輸送経路の建設と貿易路線の変更に従って，新しいロジスティクス・クラスターは速やかに出現してくるだろう．それには鉄道の要衝となるクラスター，内陸の物流クラスター，マルチな連絡運輸型の物流クラスター，そして新しい港湾クラスターなどが含まれる．中欧陸海快線によって，ギリシャは海と陸が交差する枢要な結節点（ハブ）となるだろう．中欧班列の運行によって，中国内陸のウルムチ市，コルガス市[7]，重慶市などの地域は，開放型経済の高地となり，西と南に向けて開放する玄関口となっている．「双西公路」交通の大動脈の中枢であるカザフスタンは，国境を超える貨物だけから，毎年数億米ドルの収入を得ている（肖, 2016：15）．中国・パキスタン経済回廊は，グワーダル港の国際化の程度を不意に増大させることになるだろう．「一帯一路」協力は，モルディブとスリランカをインド洋貿易の中心にする潜在能力を有している．中国—中央アジア—西アジア経済回廊の建設は，ウズベキスタンを伝統的な内陸国から結節点（ハブ）となる国へと変化させることになるだろう．「一帯一路」構想が追求する強く接続されている展望図とは，まさに「末端」を「最前線」へと変化させるもの，と見ることができる．地政学でいうところの，いわゆるリムランド（辺縁地帯）は，まさに現在，東西を結ぶ中枢，物流が集結する中心，接続性の要衝となっている[16]．当然，貿易量の拡大と輸送手段の規模の経済が発展するにつれて，交通手段の大型化の趨勢はさらに大きな能力を有する中心を求めることになる．これには，すでに存在する物流の中心と，新しく作られるそれが，持続的にインフラをアップグレードし，それによって魅力，適応力，競争力を高めることが要求される．今後は，物流の中心と中心の間の競争がさらに激しさを増してくるだろう．

　　以上を要約すると，技術進歩と資金供給の増加に従って，インフラ協力は全く新しい交通輸送回廊を造り，ユーラシア大陸の地理条件における多くの不利

な要素を少しずつ改変することで，これらの地域の地理的な優位性を顕現させ，高めることができるのである．中国と沿線国の目的は，ユーラシア大陸の輸送効率を高め，アジア―欧州間の，また，その両者の内部の貿易総量を拡大し，沿線の物流の中心を強大にすることにある．強く接続された発展の展望図とは，ユーラシア大陸を迅速に連結することで1つに繋がる市場を形成し，地政学的な地図から接続の地図へ，政治的な地理から機能的な地理へと向かうものである（康納，2016：12-16）．

2　「一帯一路」構想の機能的協力
――ユーラシア大陸貿易の均衡ある発展の推進――

　現在，世界経済は依然として深刻な調整期にあり，国際経済の構成は加速度的に変化し，各国はみな経済発展の新しい推進力を求めている．多くの発展途上国と経済新興国は工業化と都市化の推進を加速させており，先進国もまた再工業化を実施しているところである．40年にわたる迅速で安定した発展を経て，中国は既に工業化の中期ないし後期あたりまで進んでおり，あらゆる産業部門と，技術水準の高い産業システムを形成し，工業競争力指数（Competitive Industrial Performance）は，136カ国中，第7位に名を連ねている．発展途上国の資源は豊富であり，労働コストに関する比較的大きな優位性を有しているが，産業の基礎はかなり脆弱で，工業技術は大きく遅れをとっている．そのため，工業製品と工業力向上のための技術と設備に対する需要はかなり大きく，中国と途上国の双方はかなり大きな相互補完的な利点を有している．中国は，グローバル・バリューチェーンに真に深く参加する数少ない途上国の1つであるが，同時に，すでにグローバル・バリューチェーンにおける発展途上国のリーダーでもある．ただし，関連する産業全体は，依然としてグローバル・バリューチェーンの中間ないし下位にあり，多くの発展途上国と同じように，グローバル・バリューチェーンの上位に向かって上昇したいと考えている．2016年12月，商務部など7部門の連名で出された『国際協力を強化し，我が国の産業のグローバル・バリューチェーンの地位を高めることに関するガイドライン』は，「一国がグローバル化に加わることによって利益を得ることができるかどうかは，日を追うごとに，グローバル・バリューチェーンに入り込むことができるかどうか，グローバル・バリューチェーンの中のある特定のポイントにおいて新たな

競争優位を占めることができるかどうかにかかっている」[18)]ということを指摘している．このため「一帯一路」建設は，一定の接続の基礎の上に，インフラ主導から産業主導へと徐々に転回している．これには，中国と沿線国が，東アジア，欧州，そして世界のバリューチェーンの産業の分業体系と資源配分体系にさらに深く溶け込むことを促進する，という側面がある．また別の側面として，収益が相対的に均衡する地域貿易構造の構築を推進し，地域貿易の総額を拡大すると同時に，比較的均衡ある発展をとげるユーラシア貿易の構図を作り替えることに取り組んでいる，といえる．多くの港，道路，鉄道などのインフラ・プロジェクトが次第に工事を終え，運行を開始しはじめるにつれて，工業団地や科学技術パークの設置は将来的に推進の重点となり，[8]「一帯一路」建設の参加国の接続性が新たな発展段階に入っていく[19)]．こうして産業投資は国家間の生産能力協力に関連することになる．

　「国際生産能力協力」は，中国が提案する新しい概念である．これは，生産能力が新しく打ち立て，転移させ，向上させる国際貿易と経済協力をめぐるものであり，企業を主体とし，Win-Win を導きとし，製造業と関連インフラ建設及び資源エネルギーの開発を主な領域とし，直接投資・プロジェクト契約・設備貿易・技術協力を主要な形式としている（国家発展和改革委員会2017：8）．現在，中国国外の経済貿易協力地域は，すでに中国が展開する国際生産能力協力の重要な足掛かり，かつ経済回廊上の重要なハブとなっている．中国政府は積極的に海外パークの設立を推進しており，海外パークの建設を奨励・支援する一連の政策文書を出した（曾・趙・胡, 2018：107-110）．中国企業が中国国外の経済貿易協力地域で事業を行うイニシアティブは大いに強まっており，それによって，沿線国に対する国際投資の新しい成長点となっている．同時に，中国と協力し，産業パークの開発と建設に参加したいという国家もいくつかあり，中国国内の産業パークの経験はそのまま世界の他の場所で生かされる．多くの沿線国にとってインフラが申し分ないとはいえず，資本の要素はまだ不十分で，体制のメカニズムは依然として健全ではない．そのため，経済貿易協力地域を設立し，良好なインフラとビジネス環境を創造し，イノベーションを推進し，パイロット事業を行うことを通して，パーク内の優位性のある産業の集合的発展によって周辺地域と国家全体の経済発展をリードすること，これは依然として目下，比較的現実に実行可能な発展のアイディアである．空間的に企業が集積することの意味は，産業クラスターを形成することにあり，これは，伝統的

なクラスターとイノベーション・クラスターに分けることができる.

1）　伝統的なクラスター――生産能力の向上――

　伝統的なクラスターは, 一種の生産クラスターである. コストの不断の上昇
と, 製造業が本来的に有している比較優位が徐々に弱まっているという背景の
もと, 企業は生産活動を沿線の低コスト地域にまで広げるようになる. 企業が
地理的にそこに収斂し,それによって産業クラスターが形成されるようになる.
大多数の中国国外の経済貿易地域が伝統的なクラスターに属している. 投資国
についていえることは, 中国国外の経済貿易協力地域は, 企業がさらに低いコ
ストで, 川上で原材料を導入し, 川下で完成品を輸送することを助け, 投資受
入国とそのほかの国が締結した自由貿易協定と特恵貿易を通して, 投資国が関
税障壁を避けることをも可能にする. その効果は他国の市場へと波及する. 同
時に, 産業クラスターの中の企業は, 相互競争, 分業と協業, 資源の共有, 知
識交流において, 全体の競争優位と規模の経済の効果を獲得し, 市場に向けて,
低コストで, 高効率で, 多様化された製品とサービスを創造する. 全体の競争
優位がいったん形成されると, さらに多くの企業の参入を引き寄せ, 産業クラ
スターの規模のさらなる拡大を, コストのさらなる低下を促進することができ
る. ホスト国についていえば, 産業パークは製造業投資を促進し, 就業を拡大
することができる（Deborah and Tang, 2014: 80）. 伝統的なクラスターは, 往々
にして, 労働集約型産業を導き手として, 広範な就業機会を供給することがで
きる. 中国が沿線国に建設した経済貿易協力地域の多くには, 加工製造, 紡績,
機械金属などの業種が比較的集中しており, ホスト国のために大量の雇用を生
み出し, より遠い地域の労働力を引き寄せる.

2）　イノベーション・クラスター――イノベーション能力の向上――

　伝統的なクラスターは, 産業チェーンを打ち立て, 拡大させることに重きを
置いている. これは, 企業のコスト低下, 政府の財政収入の増加, 就業の拡大,
グローバル・バリューチェーンへの参加といった考慮に基づいたものである.
しかし, より大きな競争力を備えた製品を生産し, バリューチェーンの上位に
向かうためには, イノベーション協力を展開する必要がある. 中国国外の経済
貿易協力地域についていえば, 製造業に特化したパークと貿易物流パークを構
築する必要もあるし, 各国が優位性を持った産業に依拠し, 海外科学技術パー

クと海外の研究開発センターを共同で建設し，ハイテク産業と伝統産業の革新
的な分野での協力を強化する必要もある．この方面においては，いくつかの中
国国外の経済貿易協力地域はまだ初期段階にあり，曾剛などの学者が指摘して
いるように，中国国外の経済貿易協力地域は，決して先進国の海外パークのよ
うに，科学技術，R&D，保険，金融などの資本や技術集約型産業を引き付け
ることに重きを置いているわけではないし，産業発展における交通，物流，教
育，文化といった生産サービス業や生活サービス業の関連パッケージを提供し
ているわけでもない（曾・趙・胡, 2018：16）．次の段階では，イノベーション・
クラスターの構築と参入は，「一帯一路」を打ち立てる重要な内容となろう．
これは，発展途上国への依存を必要とするだけでなく，アメリカ，日本，EU，
イスラエルなどの先進国や地域組織と，先進製造業，戦略的新興産業，生産的
なサービス業など，先進技術領域での交流と協力を展開する必要がある[20]．現在，[9]
とりわけ省エネ・環境保全，新世代情報技術，生物医学・医療，ハイエンド装
置製造，新材料，新エネルギー，新エネルギー車などの戦略的新興産業の国際
分業形態は，未だに形成されていないという状況にある．中国はこの領域にお
いて，なかでも，先進国と協力し，専門化・現代化されたハイエンドの産業パー
クを構築し，多国籍企業のイノベーション産業と新興産業クラスターを打ち立
て，産業の転換とアップグレードを加速させ，グローバル・バリューチェーン
の上位に向けた飛躍的な向上を遂げなければならない．

　イノベーション・クラスターと伝統的なクラスターとの違いを表すキーポイ
ントは，アクター間の相互作用と協力である．ここでアクターとは，①企業，
②知的機関，例えば，科学研究機関，大学，イノベーションセンター，諮問機
関など，③サービス機関，例えば，協会，商工会議所，技術移転センターなど，
が含まれる．イノベーション・クラスターの指標は，これらいくつかのアクター
間の良性の相互作用であり，イノベーションの環境を共同で供給することであ
る．王緝慈は次のことを指摘している．伝統的なクラスターは一般的に，企業
集積地を企業経営の地点としてのみ使用し，企業間協力は偶然のみによって起
こる，あるいは存在さえしないものであり，企業家たちが地理的にかなり近い
範囲内でともに生活し仕事をしているにもかかわらず，情報の共有や，共通の
問題についての議論は少ない．イノベーション・クラスターは企業の相互作用
の場所として企業集積地を必要としており，公式・非公式にかかわらず長期的
な相互交流，特に，知識の相互作用を通して，イノベーションを実現する（王,

2010 : 16-21). グローバル化のうねりの中で，先進国の多国籍企業がグローバル・バリューチェーンの核心的な地位に身を置いているため，発展途上国の産業クラスターは，往々にして成熟した技術によって製品を産出している海外市場に頼っている．既存の技術障壁を打破し，イノベーションにおける密接な交流と協力の関係を作り上げることは，かなり困難である．このため，中国にしても，その他の発展途上国にしても，国外での協力を行うイノベーション・クラスターは決して多くない．しかし，中国はすでに，イノベーション・クラスターにおける産学連携を重視し始めている．2016年に開催された「中国―イスラエル・イノベーション協力合同委員会第2回会議」では，劉延東国務院副総理が両国のイノベーション協力に焦点を当て，4つのイニシアティブを提案した．そのうちの1つは，共同で難問に取り組む力を強化し，最前線で独創的な共同研究の強化を継続し，共同研究開発資金を増額し，共同実験室，共同研究センター，イノベーションや創業のインキュベーションと商業貿易協力のプラットフォームを共同建設し，グローバル・イノベーション市場を共同で開拓し，科学技術の成果をさらに大きな範囲へと拡げ，共有する，というものであった.[21] これこそまさに，イノベーション・クラスターの精髄，すなわち，イノベーションと相互作用である．中国と沿線国が国際競争力を高めることについていえば，生産能力の向上とイノベーション能力のどちらが欠けても成立しない．

　産業クラスターを，プラットフォームとしての生産能力協力とする，より一層の積極的意義は，貿易構造の非対称性を次第に改変させること，そして，貿易地図を均衡あるものへと推進することにある．大多数の沿線国は，資源依存型および簡易製造型の輸出国として，往々にして，欧州，中国，日本などの経済主体と，非対称的な貿易構造が存在している．伝統的なクラスターは低コストであることを競争優位として，工業基礎が脆弱な沿線国がグローバル・バリューチェーンの産業分業体系に次第になじみ，深く参加するための機会を提供している．生産能力協力は，中国と沿線国の自主生産能力を向上させることをサポートし，一部の輸入製品の代替的機能を形成し，同時に，原材料の輸出割合を減らし，既製品の付加価値を増強し，対外貿易構造を最適化へと導き，より均衡ある発展を遂げるユーラシア貿易の地図の形成を推進するための基礎を固める．

　より一層強く接続した地域の地図は，より一層均衡ある発展を遂げる貿易の相互作用を描かなければならない．これは，沿線国が「一帯一路」建設を支え

る能力を不断に強化することにもなる．また，貿易量の更なる拡大，国家の対外貿易構造の最適化，そして，地域貿易構造の均衡ある発展には，比較優位の生産能力協力に基づいた中国と各国の発展が必要である．無論，均衡ある発展もまた，貿易自由化と利便性の向上のための条件の改善，各国内の投資環境の最適化，特定の国家に対する輸入優遇措置などを拠り所としている．ただし，沿線国，特に資源依存型国家は，まずもって自国の事情に合わせた製造業の生産能力を有する必要があり，その後にはある程度高質な製造業の生産能力を持つ必要がある．これには，生産能力を高める伝統的なクラスターに依拠するだけでなく，イノベーション・クラスターをさらに重視し，高度な新技術産業と伝統産業の創造的な領域において，様々な国，特に先進国と関連するクラスターの設立に向けた連携を主導し，グローバル・バリューチェーンの高付加価値の部分を徐々に高めることが必要とされる．つまり，伝統的なクラスターはさらに効率的に製品とサービスを産み出すことを促進することができ，これに対してイノベーション・クラスターは，新しい付加価値をさらに高める産業の勃興を促進し，産業に対する要素の配置を，優れたものへと不断に向上させるのである．機能的協力においてインフラ建設主導から産業主導へと転換した後，「一帯一路」建設のために行わないといけないことは，伝統的なクラスターと創造的なクラスターを有機的に接続して共同で発展すること，あるいはまた，クラスター内部の良い相互作用の環境とメカニズムを促進すること，産業に基づきハブとなる交通輸送回廊を本物の経済回廊に向けて転換・発展させること，欧州と東アジアの外のその他の国家と地域がさらに深くユーラシア大陸の貿易と生産のネットワークに溶け込むことを促進すること，接続性が強化された地図の基礎の上に地域貿易を拡大し貿易構造を最適化すること，「高質な輸出入（優進優出）」の新モデルを育てること，ユーラシア大陸の貿易地図の比較的均衡ある発展を促進すること，平等かつ遍く通ずる関係のネットワークを構築するために努力をすること，これである．

おわりに

「一帯一路」建設が実務的に推進されるにつれて，その関連地域の範囲は次第に拡大し，現在すでに，ただユーラシア大陸だけを指し示すものではなく，世界の様々な国と地域にまで伸張し，中国が国際社会に提供する1つの重要な

公共財となっている．ただし，たとえ「一帯一路」構想がどれほどの国家と地域を含むものであったとしても，地理的な優位性を高め，生産能力とイノベーション能力を向上させ，地理的な地図における接続性を強化し，貿易地図の均衡ある発展を遂げることが，一貫した「一帯一路」建設の重要な目標である．「一帯一路」構想は，グローバルなインフラと生産能力協力の潮流の中に世界各国が参加するよう導いている．ユーラシア大陸では，類似した地域接続のイニシアティブが絶え間なく増加している．例えば，日本が提案する「質の高いインフラパートナーシップ」，インドの「アクト・イースト政策」と「中央アジア接続政策」，インドと日本が進める「アジア・アフリカ成長回廊」，EU が発表した「コネクティング・ヨーロッパ・ファシリティ計画」，そして多くの国が検討している「共同インフラ発展計画」や「南北輸送回廊」などがある．これらの地域接続のイニシアティブは，協力の領域，価値と規範，協力するパートナーの選択といった点において一定の差異が存在するものの，これらは等しく地域の地理的な地図の接続性を促進し，国家の自主発展能力を向上させるという内容を有するものである．『シルクロード経済ベルトと21世紀海上シルクロードの共同建設を推進する展望と行動』では，「一帯一路」建設は，沿線各国の開放協力の広大な経済ビジョンであり，各国が手を携えて努力し，相互利益と共同安全を目標として歩みよる必要がある，と述べられている．習近平国家主席もまた，「一帯一路」は開かれた協力と，協力における Win-Win を堅持する必要があり，牢屋のための下地を描いているものでも，高い檻を設けるものでも，排他的な準備を行うものでもなく，保護主義に反対しているのであると，これまでに何度も強調してきた[23]．これは実質的に，「一帯一路」建設があらゆる国家を受け入れることができるだけでなく，その他の地域接続のイニシアティブを決して排斥することなく併存させるということも表明している．このため，これらのイニシアティブの最新の進展に関する注意深い追跡研究に基づき，一方では，中国はこれらのイニシアティブが「一帯一路」建設にもたらし得る消極的な影響を過小評価することはできず，様々なリスクある挑戦を防ぐための施策を早いうちに制定し，これらのイニシアティブが「一帯一路」建設プロジェクトにもたらし得る競争と衝突に積極的に対応するべきである．他方では，地域と領域の多くの重なり合いのために，また，相互補完的な優位性に基づいて，中国は国益に符合するという基礎の上で，その国益と進行中のイニシアティブとの接続を試み，協力の可能性を探るべきである．接続性の時代

にあって，各国は互いに関連する利益という考えを持ち，コミュニケーション
と協調を強化し，一致協力して難関を切り抜け，国際社会の接続と繁栄発展の
ために，一緒になって取り組んでいかなくてはならない．

注
1) 本章は,『世界経済与政治』2018年第 9 期に発表した論考を再掲していることをお断
りしておきたい.
2) 中華人民共和国外交部（2014）「中華人民共和国和烏茲別克斯坦共和国聯合宣言（全
文)」2014年 8 月20日〈http : //www.fmprc.gov.cn/web/gjhdq_676201/gj_676203/yz_
676205/1206_677052/1207_677064/t1184077.shtml〉, 2018年 4 月22日閲覧.
3)『新浪財経』（2017）「Arasha：欧亜運河建成后将促進中国西部経済発展」2017年 5
月17日〈http : //finance.sina.com.cn/meeting/2017-05-17/doc-ifyfeivp5801394.shtml?cre
=financepagepc&mod=f&loc=3&r=9&doct=0&rfunc=50?〉, 2018年 3 月28日閲覧.
4)『中国財経』（2016）「両家中国企業有意建設尼泊爾鉄路網」2016年 7 月16日〈http :
//finance.china.com.cn/roll/20160706/3799785.shtml〉, 2018年 4 月23日閲覧.
5)『新華網』（2017）「中国老撾越南電網互聯互通取得実質性進展」2017年 9 月18日〈http :
//www.xinhuanet.com/energy/2017-09/18/c_1121678256.htm〉, 2018年 5 月31日閲覧.
6)『人民日報』（2018）「中尼跨境互聯網光纜正式開通」2018年 1 月15日.
7) 中国から欧州までの例でいえば，海運の場合，40ft コンテナでおよそ4500米ドルか
かり，輸送時間は35〜38日を要する．空運の場合，2 日しかかからないが，費用は最
高で40ft コンテナ 1 個当たり 4 万米ドル以上かかる．鉄道輸送の場合，輸送時間は10
〜20日を要するが，40ft コンテナ 1 つで8000〜 1 万米ドルかかる．崔ほか（2017： 3 ）
を参照.
8)『中国新聞網』（2015）「首列従中国新疆出発的集装箱貨運班列抵達巴庫」2015年 8 月
4 日〈http : //www.chinanews.com/cj/2015/08-04/7447523.shtml〉, 2018年 4 月22日
閲覧.
9)『新華網』（2017）「"陸海快線" 相逢，中欧携手逐夢 "海絲"」2017年 5 月 9 日〈http :
//www.xinhuanet.com/mrdx/2017-05/09/c_136267884.htm〉, 2018年 3 月27日閲覧.
10)『人民日報』（2018）「中吉烏国際公路貨運正式運行——中亜再拓一帯一路通道——」
2018年 2 月27日.
11)『人民日報』（2018）「中欧班列，唱響絲路新机遇」2018年 2 月 5 日.
12) 中国鉄路供応鏈物流（2017）「一帯一路下的鉄路中欧班列運輸線路及開行信息」2017
年 8 月 9 日〈http : //www.amiue.com/p/1761〉, 2018年 3 月28日閲覧.
13)『央視網』（2017）「交通運輸部——海上運輸覆盖 "一帯一路" 沿線国家——」2017年
4 月20日〈http : //m.news.cctv.com/2017/04/20/ARTIL129V6b6OBKJhcU8hP4u
170420.shtml〉, 2018年 3 月28日閲覧.

14) 「中国正式加入国際道路運輸公約」〈http：//news.gmw.cn/2016-07/28/content_
　　21173200.htm〉，2018年3月28日閲覧．現在，既に42の「一帯一路」関連国がその中に
　　加入している．

15) 『人民日報』（2018）「国際公路運輸系統正式在中国落地実施」2018年5月19日．

16) 『人民日報』（2016）「"一帯一路"超越地縁政治」2016年6月24日．

17) 『環球網』（2017）「国際組織連合報告：中国成発展中国家価値鏈領頭羊」2017年7月
　　12日〈http：//china.huanqiu.com/hot/2017-07/10970082.html〉，2018年7月6日閲覧．

18) 中華人民共和国中央人民政府（2016）「7部門下発《関于加強国際合作提高我国産業
　　全球価値鏈地位的指導意見》」2016年12月6日〈http：//www.gov.cn/xinwen/2016-12/
　　06/content_5144158.htm#1〉，2018年7月6日閲覧．

19) 李向陽（2018）「積極推進一帯一路合作机制建設」『人民日報』2018年7月16日．

20) 胡鍵による「一帯一路」沿線国のイノベーション力に関する量的分析によれば，「一
　　帯一路」沿線国は，その多くが発展途上国であり，そのイノベーション力はそれほど
　　強くなく，経済発展はこれらの国家の協働目標であり，願いであるという．中国と比
　　べると，大多数の国家のイノベーション力は，中国よりも明らかに弱い．したがって，
　　発展途上国とのイノベーション協力は重点目標である．上海社会科学院智庫建設処・
　　"一帯一路"信息研究中心（2018：119）を参照．

21) 『央広網』（2016）「劉延東提出深化中以創新合作四点倡議」2016年3月31日〈http：
　　//tech.cnr.cn/techgd/20160331/t20160331_521755018.shtml〉，2018年7月16日閲覧．

22) 向東・劉武通（2015）「創新推動国際産能合作」『人民日報』2015年8月17日．

23) 『新華網』（2017）「習近平在"一帯一路"国際合作高峰論壇円桌峰会上的開幕辞」2017
　　年5月15日〈http：//www.xinhuanet.com/politics/2017-05/15/c_1120976082.htm〉，2018
　　年8月16日閲覧．

訳注

[1] ここで「機能」とは，国際関係論における「機能主義」から来る言葉で，政治的領
　　域外の非政治的領域，すなわち，行政的・技術的領域を意味すると思われる．

[2] 接続性とは，コネクティビティ（connectivity）とも呼ばれ，インフラの整備を通
　　じて，各国・各地域を繋ぐ(接続する)，輸送，エネルギー，通信などのインフラネッ
　　トワークを構築することを指す．

[3] 産業チェーン（産業鏈）とは，中国人によって提起された経済学の概念であり（劉，
　　2006：9），「自然資源から消費財に至るまでの産業のグラデーション」（張，2002：
　　110），「関連企業が生産プロセスに基づいて形成する線形の，または，ネットワーク
　　形の組織」（呉・邵，2006：36）などと説明されている．

[4] 高速5Gネットワーク，人工知能（AI），モノのインターネット（IoT）の組み合
　　わせ・融合．

[5] 中国と欧州を結ぶ貨物鉄道．

［6］ 港湾の連携.

［7］ ウルムチ市とコルガス市は，新疆ウイグル自治区内の市.

［8］ ここで「パーク」とは，ある産業の発展を目的として形成される企業集積地を指す.

［9］ バリューチェーンには，製品の企画・生産から消費までの流れのプロセスが存在する．ここでは，デザインや販売戦略，あるいは高い技術力が伴う中間財の生産など，生産の初期段階に位置する高付加価値産業を「ハイエンド（high-end）」ないし「川上」と呼び，部品の組立や製造など付加価値の低い，生産プロセスの最終段階に近い産業を「ローエンド（low-end）」や「川下」と表現されている.

　　ただし，「ローエンド」と「ハイエンド」という言葉に関しては，高価格で優れた性能・性質を有するものをハイエンド製品（サービス），その逆の製品をローエンド製品（サービス）と呼ぶ使い方もある.

参考文献

肖振生（2016）『数説 "一帯一路"』商務印書館.

王潤球（2018）『新亜欧大陸橋経済走廊』中国経済出版社.

康納，帕拉格（崔傳剛・周大昕訳）（2016）『超級版図——全球供応鏈，超級城市与新商業文明的崛起——』中信出版社.（Parag Khanna, *Connectography: Mapping the Future of Global Civilization*）

崔艶萍・武靖宇・車探来編著（2017）『亜欧国際鉄路聯運』中国鉄道出版社.

Bräutigam, Deborah and Tang Xiaoyang（2014）"'Going Global in Groups': Structural Transformation and China's Special Economic Zones Overseas", *World Development*, Vol. 63, November 2014.

曾剛・趙海・胡浩（2018）『"一帯一路" 倡議下中国海外園区建設与発展報告（2018）』中国社会科学出版社.

国家発展和改革委員会（2017）『中国対外投資報告』人民出版社.

上海社会科学院智庫建設処・"一帯一路" 信息研究中心（2018）『"一帯一路" 智庫報告』2018年第 1 期.

王緝慈（2010）『超越集群：中国産業集群的理論探索』科学出版社.

訳注参考文献

劉貴富（2006）「産業鏈研究現状綜合述評」『工業技術経済』第25巻，第 4 期，pp. 8 -11.

張耀輝（2002）「産業創新的理論探索　高新産業発展規律研究」中国計劃出版社.

呉金明・邵昶（2006）「産業鏈形成機制研究——"4 + 4 + 4" 模型」『中国工業経済』第 4 期，pp. 36-43.

　　　　　　　　　　　　　　　　　　　　（2019年12月10日翻訳）

第12章
「一帯一路」は国際秩序への挑戦か？
——「ガバナンス」を手がかりとして——

中 岡 大 記

は じ め に

　本章の目的は，中国の「一帯一路」が，はたして既存の援助枠組みに対する新たなアプローチとしての「挑戦」であるのか，それとも既存の秩序を受け入れた上でのプレゼンスの向上を図るものであるのか，この近年とみに取りざたされている問題に，1つの解答を与えることにある．

　2012年に習近平国家主席が「中国の夢」を「中華民族の偉大な復興」と説明[1)]したことは，国際社会における覇権に対する中国の野心的な姿勢を世界に印象付けた．「一帯一路」はその翌年に公になり始めた構想である．「一帯一路」の要であるアジアインフラ投資銀行（Asian Infrastructure Investment Bank：AIIB）に関しても，「米国中心性（世銀）と日本中心性（アジア開銀）[2)]には従わない，自国中心の開発銀行をつくろうとする意思が明瞭にうかがわれる」（最上，2016：228）と評価されることもある．

　このような覇権争いの様相を呈す中で，日米は AIIB の参加を見送っている理由を次のように説明している．2015年3月，菅官房長官は「参加については慎重な立場」，「公正なガバナンスが確立できるのか[3)]」と述べ，2017年5月に至っても安倍首相は「公正なガバナンスが確立できているかなどの疑問点が解消されれば前向きに考える[4)]」との見解を表明している．2015年3月当時アメリカ財務長官であった Jack Lew 氏も「アメリカは，中国主導の開発銀行が既存の機関を補完し，高いガバナンスの規準を採用する限りにおいて，歓迎する準備がいつでもできている[5)]」と述べている．

　これらの発言に見られるように，しばしば中国の「ガバナンス」が懸念事項として取り上げられるが，「ガバナンス」を巡る対立は「一帯一路」の登場以

前から, 途上国への援助政策の文脈で生じていた. 中国の対外援助に関しては, 欧米諸国とは異なった方法を取り入れることで, とりわけアフリカに対するそれは「新植民地主義 (neo-colonialism)」とまで批判されることもある.

「一帯一路」にせよ「援助」にせよ, 中国はこれまで, とりわけ欧米や日本などの先進国によって培われてきた一種の国際的な秩序に対して, 独自の方式によって「挑戦」しているという印象を免れ得ないのである[6]. はたして, 中国の「一帯一路」構想は, 既存の秩序への「挑戦」なのだろうか.

本章の前半では, まず, 既存の秩序として, 開発援助委員会 (Development Assistance Committee: DAC)[7] が形成してきた援助方式を整理する. 次に, それに対して, 中国対外援助が, 何をもって「挑戦」と評されているのかを説明する. その後,「一帯一路」が, その中国対外援助と類似した特徴を持っていることを述べる.

その帰結として, DAC 援助 vs 中国「対外援助≒一帯一路」という図式が想定され得るが, 本章後半では,「一帯一路」は既存の秩序への挑戦というよりはむしろ, 既存の秩序に従ったプレゼンスの向上を図るものとなるのではないか, ということを論じたい.

1 「ガバナンス」をめぐる援助政策

1) 既存の秩序としての DAC 援助

DAC には, 3つの役割があるとされる. ① 先進国間の援助政策の協調の場, ② 各国の援助システム・実施を相互に比較検討する場, ③ 国際社会における開発問題・援助政策の将来的な方向性を探求し, 提示していく場, である (村田, 2000: 82-83). この DAC コミュニティが, いわば「望ましい対外援助」のあり方を議論し, 形成してきた. 例えば, DAC 加盟国がある一定の要件を満たして行う対外援助は政府開発援助 (Official Development Assistance: ODA) と呼ばれ, ODA の要件は, ① 政府または政府機関によって供与されるものであること, ② 開発途上国の経済開発や福祉の向上に寄与することを主たる目的としていること, ③ 資金協力については, その供与条件のグラント・エレメントが25%以上であること, と定められている[8].

DAC 諸国は無償援助が望ましいと考え, 有償借款を行うとしても高い譲許性を要求することで, 可能な限り途上国の負担とならない (とされる) 資金

協力を行ってきた.

　渡辺の整理に依拠すれば，DAC 援助には，次のような特徴が見られる. DAC
は援助条件の良さを重視するため，贈与を理想とし，借款の場合は，金利が低
く返済期間が長いものが良い (渡辺, 2013 : 102). 調達条件としては，被援助国
が援助プロジェクトをより自国の目的にかなうものとする余地が大きいため，
援助効果が高まる，との理由からアンタイド (ひも付きでない) 援助が好まれる[10]
(渡辺, 2013 : 102). また，1980年代には，世界銀行・IMF が構造調整融資を導入[11]
した際に，経済政策上のコンディショナリティ(融資条件) を付与した(渡辺, 2013 :
103). しかし，この構造調整融資の限界が露呈すると，経済成長よりはむしろ，
貧困削減が重視されるようになり，その結果，例えば2009年の DAC 諸国の二
国間 ODA では教育，保健，衛生などの社会インフラが最大となった(渡辺, 2013 :
103).

　ここで注意しておきたいのは，構造調整融資においては経済政策上のコン
ディショナリティであったが，近年，「ガバナンス」として語られるコンディ
ショナリティは「政治的コンディショナリティ」である. 例えば，ファーガソ
ン (2013) やアセモグル，ロビンソン (2016) などが，政治制度と経済成長の関
係について論じているが，これを90年代から「ガバナンス指標」として表現し[12]
てきたのが世界銀行である. すなわち，国民の声とアカウンタビリティ (Voice
and Accountability), 政治的安定性と暴力の不在(Political Stability and Absence of Vio-
lence), 政府の有効性 (Government Effectiveness), 規制の質 (Regulatory Quality),
法の支配 (Rule of Law), 腐敗の抑制 (Control of Corruption) という 6 つの指標を
高水準で達成することが，被援助国の成長に貢献するという.[13]

2）「挑戦」としての中国対外援助

　これに対し, 中国は DAC に加盟しておらず, 従って, 中国の対外援助を ODA
と普通は呼ばない. また, 中国は, 自身を「世界最大の発展途上国」と位置付
け, 途上国に対して行う援助を「南南協力」であると述べている. このように,[14]
DAC で培われた援助の様式とは異なる方法で中国が対外援助を行っているこ
とが問題視されてきた.

　その中国の対外援助に関しては, ① 自助志向, ② 内政不干渉, ③ 互恵関係[15]
(Win-Win), ④ インフラ重視, ⑤ 援助・貿易・投資の三位一体, という 5 つの[16]
特徴を備えているということが, 指摘されている (下村・大橋, 2013 : 264-266).

　この指摘は，「中国対外援助白書 (2011)」の内容と軌を一にしている.「まえがき (前言)」の「中国対外援助政策の基本内容」では，①「被援助国の自主発展能力をサポートする」，②「いかなる政治的条件もつけない」，③「平等で互いに利する共同発展」，という文言が出てくる. また「二，対外援助資金」では，援助資金の投入領域として，経済インフラ (61.0%)，工業 (16.1%)，エネルギー資源開発 (8.9%)，農業 (4.3%)，社会公共施設 (3.2%)，その他 (6.5%) という数値を公表しており，④ 経済インフラ重視の援助を行ってきたことを明らかにしている. ⑤ に関しては「一，対外援助政策」の「対外援助の歴史」において，「20世紀の90年代に……(中略)……対外援助に関する改革が行われ始め，その重点は援助資金の財源と方式の多様化を進めることにあった」と述べ，続けて「1993年には，中国政府は，発展途上国が返済した無利子借款の一部を利用して，外国援助合資協力プロジェクト基金を設立した. この基金は主に，中国の中小企業と被援助国の企業が，生産と経営の領域において，合資協力を行うために使用された」と，援助資金が中国中小企業及び被援助国企業に裨益していることが述べられている.

　長瀬は，このような中国の対外援助に対してしばしば指摘される問題点を「中国からの援助はタイド (ひもつき) がほとんどであり，コンサルタントから一般労務者まで中国から労務輸出するので，現地経済にプラスにはならない」，「OECD・DAC に加盟せず，情報公開も不十分で不透明であり，中国政府が関与する事業に関し，環境破壊や社会影響が発生している可能性がある」(長瀬, 2010：99) と整理している.

3) 中国対外援助とDAC援助の対立構造──「ガバナンス」の2つの意味──

　世界銀行の「ガバナンス指標」及び，長瀬の整理から，援助の文脈において「ガバナンス」は2つのことを意味していることが分かる. 1つは，「内政不干渉」に関する問題で，「政治的コンディショナリティ」の有無を指す. いま1つは，援助を供給する機関が自身の行ったことについてステークホルダーに説明する，組織の応答能力である. すなわち「政治的コンディショナリティ」を付与し，「アカウンタビリティ (accountability)」を徹底するという「ガバナンス」を既存の秩序とし，中国はそれに挑戦しているという図式によって議論がなされてきたのである.

　中国式の援助はしばしば批判にさらされはするのだが，「政治的コンディショ

ナリティ」の有効性については論争的である．「伝統的ドナーによる援助が本当に有効であったのだとしたら，中国等による援助の効果との差異が実証されるはずであるが，確たる証拠はなかなかでてきていない」(小林, 2012 : 30)．それどころか，モヨは，これまで先進国によって実施されてきた援助そのものがアフリカの成長を妨げていると痛烈に批判する．政治的コンディショナリティとしての「民主主義は，援助の擁護者が主張するように経済成長のための前提条件ではない……(中略)……逆に，経済成長が民主主義の前提条件なのである」(モヨ, 2010 : 60) との立場に立ち，中国による直接投資を肯定的に評価する．また，平野がアフリカの高賃金体質がアフリカ製造業を衰退させてきたことを指摘し，「競争力のない現地企業が，高価で質の悪い製品をほそぼそと供給してきたのがアフリカの国産品市場だった．そこに流入してきた安価で大量の中国製品は数百万規模のアフリカ人消費者に裨益したのであり，うしなわれた雇用の数とは比較にならない」(平野, 2013 : 48) と述べるように，肯定的な見解も少なくない．

さらに，「アカウンタビリティ」としての「ガバナンス」を強調する日本の援助手続き，すなわち，民主制下における意思決定の時間的コストは，被援助国にとっては不評である (小林, 2014 : 3)．他方，中国のそれは，早くて，安くて，柔軟性があると，被援助国からも好評である (小林, 2014 : 2-4)．

4) 「一帯一路」と中国対外援助との類似性
——共通項としての「ビジネス性」——

AIIB 設立および参加の是非が，このような援助の「ガバナンス」を巡る対立の上に語られているのであれば，「一帯一路」が中国対外援助と類似した性質を持つ構想であるとの認識に立っていることになる．そこで，この認識の正確さを，2) で述べた中国対外援助の5つの特徴と，中国の国家発展改革委員会，外交部，商務部によって2015年3月28日に共同発布された『シルクロード経済ベルトと21世紀海上シルクロードの共同建設推進のビジョンと行動』[19]とを比較することによって検証する．

①「自助志向」については，「沿線各国の多元的・自主的・均衡的・持続可能な発展を実現するもの」，「各国の発展の道とモデルの選択を尊重」と述べ，また，この文書を通して「相互」という言葉が頻出するように，途上国を含めて沿線国を独立した主体とみなし尊重している．これは②の「内政不干渉」に

通ずるものである．より直接的には，「二，共同建設の原則」において，平和五原則を引き合いに「相互内政不干渉」の遵守が述べられている．③「互恵関係（Win-Win）」については，全文を通して幾度となく言及されている．④インフラ重視，⑤援助・貿易・投資の三位一体に関しても，とりわけ「四，協力の重点」においてインフラ建設の重要性を繰り返しながら，「投資貿易協力は『１ベルト，１ロード』建設の重点内容となる」と言及されている．このように，「一帯一路」は中国対外援助の特徴を兼ね備えたものであるといって良い．

そもそも中国対外援助自体が，「国家のもちだしで融資やインフラ建設を約束し，それが中国企業の競争力になるとなれば，他国の企業はとてもたちうちできない……（中略）……企業進出と公的支援のあいだに区画がない」(平野, 2013：52) と指摘されていることからも，「一帯一路」を「対外援助」の拡大版であると解釈することには一定の合理性があるだろう．以上のことから指摘可能な「一帯一路」および「中国対外援助」に共通する特徴は，その「ビジネス性」にあるといえよう．

このように，「一帯一路」における中国の考え方や手法は，中国対外援助のそれと極めて類似していることが分かる．にもかかわらず，「一帯一路」は，既存の秩序を受容する方向へと動き，「ガバナンス」は収斂していくのではないかと考えられる．本章後半では，その可能性について検討する．

2　「ビジネス性」を媒介とした「ガバナンス」の収斂可能性

1）　レトリックとしての国際開発援助レジーム

AIIB に対する構造的な課題については，しばしば次の２点が挙げられる．① 理事会の議決が中国に単独拒否権があること，すなわち，中国が25％程度の議決権を持つことによって，実質的な拒否権を持ち得るのではないか，という懸念である．また，② 理事会のメンバーが本部のある北京に常駐しないことから，運営の中国人総裁の独裁や中国政府の過剰介入が懸念されている．

しかし，①に関しては，IMF ではアメリカが，ADB では議決権１位・２位の合計シェアで日・米が，実質的な拒否権を有していることを考えれば，中国が AIIB において拒否権を持つことは，それほど異質なことではない．②に関しても，田中が「AIIB の融資活動が世界的に公平で透明性のあるものが要求されるようになることから，中国の国益に大きく絡む政治性の高い融資案件に

ついては，中国単独の出資で運営される『シルクロード基金』（中国人民銀行主管）に振り向けられる割合が高くなるとみる向きがある」（田中, 2016: 15）と述べるように，無理に AIIB において DAC 諸国との摩擦を生むようなことを行う必要はない.

また，関根が「中国財政部は，AIIB 設立の段階から，① 世界銀行や ADB といった既存の国際開発金融機関は，ガバナンス，環境政策，社会配慮に関する保障条項，（プロジェクトの）機材調達，借入国の財政評価，インフラのプロジェクト管理等において，先進的な経験とベストプラクティスを積み重ねてきていること，② 既存の国際金融開発機関の基準及び手法を十分に尊重・借用し，厳格で実行可能性のある高いレベルの社会配慮に関する保障条項（政府による非自発的移住の際の住民への保障制度等）を制定すること，を言明」（関根, 2016: 7）していると述べるように，中国自身，ガバナンスや環境・社会に対して十分に配慮する姿勢を示している.

AIIB は，これまでの中国対外援助のイメージから，既存の国際金融機関への挑戦であるとしばしば認識されてきた. しかし，実際のところ，イギリスなどの DAC 加盟国が参加していることや，中国財政部自身が既存の国際金融機関によって涵養されてきた「ガバナンス」を尊重する姿勢を見せていることから，必ずしも中国が DAC 諸国にとって受け入れがたい方式をむやみに推進することにはならないだろう. そのような意味では，「国際開発援助レジーム」[20] が形成されつつあるといえる. なぜなら，中国はこれまでのように，必ずしも既存の秩序と調和的な援助政策を行う必要はないにもかかわらず，AIIB に関して，DAC 的な枠組みへの接近を見せているからである.

一方で，実のところ，DAC の一員であるアメリカが，長年，民主化，人権，良い統治について国際社会から低い評価を受けてきたエジプトのムバラク政権に対して自身最大の援助供与を行ってきたことから，「グッド・ガバナンス」よりも戦略的重要性を優先していると指摘されているように，実際には「ダブル・スタンダード」も横行し（下村, 2013: 178），必ずしも「レジーム」が形成されているとはいえない. しかし，中国にせよアメリカにせよ，内実が伴っているかどうか，「ガバナンス」が援助理論として有効かどうかはともかくとして，少なくともそれを遵守しなければならないという意志を国際社会に対して示している点において，「レトリックとしての国際開発援助レジーム」が形成されているといって良い.

　したがって，AIIB は，しばしば評される既存の秩序への挑戦というよりはむしろ，既存の国際金融機関秩序における新たなアクターとして理解するべきである．AIIB 初代行長の金立群は言う．「もしこの組織（筆者挿入：AIIB）が国際的なベスト・プラクティスに従わなければ，誰が将来，中国のリーダーたちを信用するだろうか？」[21]．

2）「一帯一路」におけるアカウンタビリティの実務的意義

　しかし，「一帯一路」では，「レトリック」を超えて，「ガバナンス」が収斂する可能性がある．「政治的コンディショナリティ」の有効性が論争的であることについては既に述べたが，「一帯一路」では「アカウンタビリティ」としてのガバナンスを遵守することが，実務的な重要性を帯びているのである．

　そもそも援助機関にアカウンタビリティが要求される理由は，その活動が究極的には各国の市民による納税によって集められた資金によって運営されているためである．したがって，AIIB のような国際機関の場合には，行長が少なくとも加盟国に対して，その資金が適切に使用されているかについての説明を果たさなければならない．これはいわゆるプリンシパル・エージェント理論に基づく見解である．そして，この「資金が適切に使用されているかどうか」は，すなわち，「AIIB の事業を請け負っている企業が適切な活動を行っているかどうか」ということに他ならない．

　さらに，DAC 諸国の返還を期待していない「無償」援助よりも，中国のリターンを求める「商業的な」対外援助や「一帯一路」の方が，場合によっては，中国側が巨額の損失を被る可能性があるため，事業進捗が滞っていないか，財務管理は適切か，汚職や危険行為はないか，などに関する関連企業のモニタリングが欠かせない．これがまさに，コーポレート・ガバナンスの役割である．対外援助や「一帯一路」は，関連国の繁栄を標榜する長期的なプロジェクトであり，回収しなければならない商業ローンも長期にわたる．そのため，企業が対象国と長期的な良好関係を築くことが肝要であり，中国政府や AIIB による現地企業のモニタリングが鍵となる．

　換言すれば，企業は，コーポレート・ガバナンスを強化し，AIIB が加盟国へのアカウンタビリティを果たせるような活動を行う必要があるのである．

　それでは，「アカウンタビリティ」や「コーポレート・ガバナンス」が「一帯一路」にとってなぜ重要なのかを，ごく簡単ではあるが，中国企業に関する

図12-1　AIIB のアカウンタビリティ構造

<small>（出所）　筆者作成.</small>

２つの事例を紹介することで説明する.

３）　中国企業の２つの事例

（1）　ザンビアの事例

中国のアフリカ進出に関しては,「主に鉱山などの危険を伴う現場では, 安全基準が不備であるという懸念もある」(モヨ, 2010 : 155) との指摘がある. 例えばザンビアでは,「鉱山現場における労務環境や労働条件の悪さはつねづね指摘」されており, その結果, 大衆レベルで反中感情が募ったという (平野, 2013 : 39).

これは, 就労者を含むステークホルダーに対するアカウンタビリティ及び就労環境の改善を欠いた結果であるといえるだろう. アカウンタビリティの欠如は, 長期的には悪評が出回り, 企業として生き残ることはできないし, その企業に委託した中国政府への不信に繋がる. それは最終的に, 途上国の経済成長に貢献せず, 最悪の場合には借款の債務不履行を生じさせ, 中国にとっても不利益となる構造へ転移していくことになるだろう.

（2）　アンゴラの事例

2005年に香港ベースの企業である中国国際基金 (China International Fund : CIF) がアンゴラへ戦後復興のための資金供給を行い, アンゴラ政府との間に様々なプロジェクトを実施する合意が成立した[22]. この案件を担当したのが, 大型投資プロジェクトをマネジメントし, 迅速なインフラ建設を確実にするために, 2005年に設立されたアンゴラ大統領直属の組織である国家復興本部 (Gabinete de Reconstrução Nacional : GRN) であった (Campos and Vines, 2008 : 9).

しかし, 2007年には多くのプロジェクトが停止された. その原因として Campos と Vines は，CIF の資金繰りの問題に加えて，GRN の技術者へのインタビューから，GRN 側にマネジメント能力が欠如していたことを明らかにしている（Campos and Vines, 2008 : 10）．また，CIF から GRN に流れる資金はアンゴラ財務省の管轄外で，資金の流れが不透明であった（稲田, 2013a : 121）．CIF の事業を請け負ったのは中国企業であったこともあり，そのような不透明性は「中国政府や受注企業にとってもけっして歓迎すべきものではなく，アンゴラ側の汚職・腐敗については懸念を示していた」（稲田, 2013a : 121）．

このケースでは，中国政府は CIF との関りはないとしているため（稲田, 2013a : 121），GRN のマネジメント状態や資金管理体制などについて，CIF が GRN との業務上の適切な関係を築けなかったという意味で，コーポレート・ガバナンスが欠如していたといえるだろう．その結果，CIF から請け負った「中国企業にとってもこの事業計画の縮小により少なからぬ影響を被ったとされる」（稲田, 2013a : 121）．

4）「一帯一路」への教訓

「一帯一路」では中国の政策銀行を通じた低金利融資が核となってくるが，上海のフィッチ・レーティングスの Jack Yuan 氏は，信用格付けが低く，採算性がない問題のあるプロジェクトに中国の銀行が資金を供給することに懸念を示しているし，また別の大手行幹部も「実のところ，商業銀行は乗り気ではない」と述べている[23]．

結局のところ，１つひとつのプロジェクトをいかに成功裏に達成し，資金を回収していくかということが，「一帯一路」を担う AIIB，政策銀行や企業にとって肝要である．上述した２つの事例から得られる「一帯一路」成功への鍵は，そのための手段として「アカウンタビリティ」や「コーポレート・ガバナンス」を徹底することにある，ということを示唆している．これらの遵守は，DAC と中国の対立という問題を超えて，中国自身にとっての死活問題なのである．このような「ビジネス性」に組み込まれた「ガバナンス」の可能性は，既存の秩序の受容に繋がるものである．

おわりに

本章では，レトリックと実務の両面のレベルにおいて，「一帯一路」が既存

の秩序としての「ガバナンス」へと収斂していく可能性を論じた．最後に，な
ぜ中国は「対外援助におけるガバナンスへの挑戦」から「『一帯一路』におけ
るガバナンスの遵守」へと舵を切ったのか，そして，「ガバナンス」を実践す
るにあたっての今後の課題，この2つについて若干の考察を加えることによっ
て，本章を終えたい．

　AIIBへのイギリスの参加など，この舵取りの要因については，本章でも折
に触れて述べてきたが，「覇権争い」という国際政治的観点に立ち戻れば，ト
ランプ政権の誕生が1つの要因として挙げられるだろう．トランプは2017年1
月20日に大統領の座に就き，アメリカ・ファーストを掲げ，自ら「世界のアメ
リカ」の看板を下ろした．トランプより前の世界において中国は，世界の規範
を形成してきた先進諸国，とりわけアメリカとの「覇権争い」のためには，欧
米的なものとは異なったオルタナティブを世界に提示しなければならなかっ
た．それが世界には「挑戦」と映った．しかし，トランプが自ら「世界のアメ
リカ」を辞した今，中国が既存の秩序内でプレゼンスを向上させることは，世
界各国と歩調を合わせ，安心感を与える上でも，極めて合理的な判断といえる．
中国が既存の秩序へ歩み寄りを見せているメルクマールとして先述した，AIIB
初代行長の金立群の発言が，2017年5月3日と，トランプの大統領就任以降で
あることは，この中国の舵取りを説明する1つの証拠たり得るだろう[24]．

　こうして，DAC諸国にとっても中国にとっても「ガバナンス」が重要なファ
クターとなってくるわけであるが，「ガバナンス」の実践には，それが本来的
に持っている難しさがある．通常，「アカウンタビリティ」としての「ガバナ
ンス」には，あるジレンマが存在する[25]．アカウンタビリティは汚職や腐敗を防
ぎ，より良い業績のために必要不可欠なものである．しかし，あまりにも徹底
しすぎれば，本来であればプロジェクトに充てられた資源（予算，人材，物品，
時間など）がアカウンタビリティのための監視コストに転嫁され，本来の目的
である「より良い業績のためのアカウンタビリティ」が，逆に業績不振に繋が
る可能性がある．

　1998年と少し古い論考ではあるが，次の描写は，このジレンマを端的に示し
ている．日本の会計検査院には，「政府活動の効率性・非効率性の程度を分析
し，非効率是正のための改善策を政府諸機関に勧告するという役割」（足立，1998:
5）が期待されている．「これまでのところ，会計検査院は，政府機関の公金
使用に違法性がなかったか，予算執行が適正に行われたかを会計検査の主たる

対象とし，その点に関する限り多大な成果をあげてきた．だが，政府活動の非効率に分析のメスを入れることは，それほど多くはなかった」（足立, 1998: 5）．しかし，決して多くないスタッフ・予算，あまりにも多岐にわたる監査対象，といった制約条件を考えれば，「会計検査院はむしろよくやってきたと言えるのではないか」（足立, 1998: 5）．

　会計検査院に限らず，どのような組織においても，同様のジレンマは付きまとう．このトレードオフを解消するためには，様々な制約条件下での「完全とは言い難いが，さしあたって最良と考えられる」アカウンタビリティ体制を確立することが求められる．換言すれば，現実に，実務的に十分に使用可能なもの，すなわち「使える（usable な）」制度として「ガバナンス」を構築していかなければならない．それは，組織ごと，事例ごと，領域ごとの，個別の文脈(context) に依存した判断をせまることになるだろう．

　それを成功裏に導き出せるかどうかは，ロゴス的争いの弁証法的対立およびその止揚としての論理的克服だけではなく，問題を生じさせている場それ自体を徹底的に考えぬき，双方を包摂する場を改めて見だすこと（中谷, 2017: 371），換言すれば，「無前提の対話」にかかっているのではないだろうか．[26]

注

1）　『人民網日本語版』（2012）「習近平総書記が『中国の夢』を語る」2012年11月30日〈http://j.people.com.cn/94474/8041295.html〉，2018年 1 月 4 日閲覧．

2）　アジア開発銀行（Asian Development Bank : ADB）．

3）　『日本経済新聞』（2015）「官房長官，中国主導のインフラ銀巡る麻生氏発言『従来の政府見解と同じ』」2015年 3 月20日〈https://www.nikkei.com/article/DGXLASFL20HKQ_Q5A320C1000000/〉，2018年 1 月 4 日閲覧．

4）　『産経ニュース』（2017）「安倍晋三首相 AIIB 参加『疑問解消されれば前向きに考える』米との連携強調」2017年 5 月16日〈http://www.sankei.com/politics/news/170516/plt1705160004-n1.html〉，2018年 1 月 4 日閲覧．

5）　REUTERS（2015）"U.S. stands ready to welcome the China-led AIIB : Treasury's Lew" MAR 31, 2015〈https://www.reuters.com/article/us-usa-china/u-s-stands-ready-to-welcome-the-china-led-aiib-treasurys-lew-idUSKBN0MR2HB20150331〉，2018年 1 月 4 日閲覧．

6）　無論，「欧米」が一枚岩ではないし，日本の援助方式も欧米諸国と類似しているとは言えない，いやむしろ，中国と類似している点もあるが，ここでそれを論じることはその範疇を超えている．本章では，各国毎に特徴があるとはいえ，DAC 加盟国として

合意してきた援助方式があるため，DAC を既存の秩序と措定して論を進める.

7)　DAC は経済協力開発機構（Organisation for Economic Co-operation and Development : OECD）の内部委員会である．DAC の加盟条件は，開発協力のための適切な戦略，政策，制度枠組みを有していること，（例えば，対 GNI 比で ODA の割合が0. 02％を超えている，あるいは，ODA 額が10億米ドルを超えているなど）取り組みに関して受け入れられた指標を有すること，パフォーマンスをモニタリングし評価するシステムを有していること，とされる．"OECD What are the criteria for joining the DAC ? "〈http : // www.oecd.org / dac / dac-global-relations / joining-the-development-assistance-committee.htm#Criteria〉，2018年 1 月 9 日閲覧.

8)　独立行政法人国際協力機構（Japan International Cooperation Agency : JICA）によれば，グラント・エレメントは「借款条件の緩やかさを示す指数．金利が低く，融資期間が長いほど，グラント・エレメントは高くなり，借入人（開発途上国）にとって有利であることを示します．贈与の場合のグラント・エレメントは100％となります」と説明される．グラント・エレメントの説明および ODA の定義は「ODA と JICA」参照〈https : //www.jica.go.jp/aboutoda/jica/〉，2018年 1 月 9 日閲覧.

9)　グラント・エレメントが高いことを「譲許性が高い」と表現する.

10)　「アンタイド援助とは，『すべての経済協力開発機構（OECD）諸国および実質的にすべての援助受取国からの安全かつ自由調達が可能な贈与または借款』のことをいう．タイド援助は，これらの調達先が，援助供与国に限定されるなどの条件が付くものを指し，日本語では『ひもつき』援助と訳されることがある」（外務省, 2018 : 240）.

11)　国際通貨基金（International Monetary Fund）.

12)　ただし加藤は，アセモグルらの見解は，中国の独自の経済システムの優位性──それを加藤は「包」に根差した「曖昧な制度（高い不確実性に対処するため，リスクの分散化をはかりつつ，個人の活動の自由度を最大限に高め，その利得を最大化するように設計された中国独自のルール，予想，規範，組織）」（加藤, 2016 : 30）と呼ぶ──を無視したものであり，必ずしも適切に説明されているとは言い難いと述べている（加藤, 2016 : 21-22）.

13)　無論，このような「ガバナンス」のあり方は，「内政干渉」であるとの批判もある．なお，世界銀行のガバナンス指標は "Worldwide Governance Indicators" を参照〈http : //info.worldbank.org/governance/wgi/index.aspx#home〉，2018年 1 月 4 日閲覧.

14)　『国務院新聞办公室网站』(2011)「《中国的对外援助》」2011年 4 月21日〈http : //www.scio.gov.cn/zxbd/tt/Document/1011345/1011345_1.htm〉，2019年 8 月15日閲覧．および，『国務院新聞办公室网站』(2014)「《中国的对外援助（2014）》白皮书（全文）」の「前言」2014年 7 月10日参照〈http : //www.scio.gov.cn/zfbps/ndhf/2014/Document/1375013/1375013.htm〉，2019年 8 月15日閲覧．中国は2011年・2014年に上記 2 つの「中国対外援助白書」を公表しているが，2019年 8 月現在では，第 3 弾は未だ公表されていない.

15)　原文では「自立重視」であり，筆者が「自助志向」と改めた．「自助志向」とは，「途上国自身の努力があって初めて持続的な経済成長が実現するという考えに立ち，さまざまなプロジェクトを実施するときには，支援が終わっても途上国の人びとが自らの手で事業を持続・発展的に行えるような協力をしていこうというもの」である．「JICA ６．世界の援助潮流と日本の取り組みについて」参照〈https : //www.jica.go.jp/aboutoda/basic/06.html〉，2019年１月25日閲覧．

16)　例えば稲田（2013a）のように，援助・貿易・投資に「中国人労働者の派遣」を加え，「四位一体」であると指摘する論者もいる．

17)　注14参照．

18)　アカウンタビリティは多義的であるが，ここでは差し当たり，「権限を委譲された人間は，権限を委譲した人間に自身の行為の説明をするという第一次的な責任と，その説明が不承認された場合に，正当化などの第二次的な責任を負うという二つの要素からなる」（蓮生，2010 : 15）と定義しておく．

19)　『シルクロード経済ベルトと21世紀海上シルクロードの共同建設推進のビジョンと行動』は，中華人民共和国駐日本国大使館の HP で日本語訳が公開されている〈http : //www.china-embassy.or.jp/jpn/zt/2015boao/t1250235.htm〉，2019年８月16日閲覧．

20)　ここで「国際開発援助レジーム」とは，「主要なドナーを中心とする，ある特定の開発思想とアプローチが，他のドナーにも影響を与え，そこに共通の規範とルールに基づく枠組みが形成されて，他のドナーもその規範とルールにのっとって開発途上国に支援を行うような制度」（稲田，2013b : 9）と定義される．

21)　Financial Times（2017）"AIIB chief unveils aim to rival lenders such as ADB and World Bank" May 3, 2017〈https : //www.ft.com/content/3a938ee4-0288-11e7-aa5b-6bb07f5c8e12〉，2018年１月４日閲覧．

22)　アンゴラでは1975年から2002年にかけてアンゴラ内戦が続いていた．

23)　REUTERS（2017）"Behind China's Silk Road vision : cheap funds, heavy debt, growing risk" MAY 15, 2017〈https : //www.reuters.com/article/uk-china-silkroad-finance/behind-chinas-silk-road-vision-cheap-funds-heavy-debt-growing-risk-idUKKCN 18 B 0 YO〉，2019年１月29日閲覧．

24)　本章では紙幅の都合上，触れることがかなわなかったが，2017年５月14日に行われた「一帯一路」国際協力サミットフォーラムの演説において，習近平国家主席は「中国はこの先３年間で，『一帯一路』建設に参加する発展途上国と国際組織に600億元の援助を提供」すると述べ，商務部（商務省）対外援助司の責任者が「600億元の援助は主に無償資金協力と無利子融資に充てられる」と説明したように，「一帯一路」における無償援助の役割の強調や，「中国対外援助白書（2014）」（注14参照）でのインフラ以外の領域への重点移動の傾向など，「アカウンタビリティ」以外の観点においても，中国は DAC の援助方式への接近を見せている．『中国網』（2017）「『一帯一路』の発展途上国と国際機関に600億元援助」2017年５月17日を参照．〈http : //japanese.china.

org.cn/business/txt/2017-05/17/content_40836133.htm〉, 2018年1月4日閲覧.

しかし, 本章のロジックからすれば, 無償資金協力や無利子融資への移行は, 逆にアカウンタビリティの欠如へと導く可能性もある. この点については推移を見守りつつ, 今後の課題としたい.

25) 山谷はこれを「アカウンタビリティのジレンマ」と呼んでいる (山谷, 2006).

26) このような実践的対話の場は形成されてきた. 例えば2009年に組織された中国・DAC研究グループは, 途上国の成長や貧困削減を促進する知識や経験を共有・交換することで, 相互学習を促す試みとして形成された. 無論, 大野が指摘するように, DACには中国を国際協調の枠組みに引き込む意図があることは確かだろう (大野, 2013: 202-203). しかし, 政治性を完全に排除することは不可能であったとしても, 技術的・学問的な問題として対話を行うことは無意味ではないし, 実際にいくばくかの成果も挙がっている. 今後はこのような取組を増やしていくことが期待される. その成果など, 中国・DAC研究グループについては "OECD The China-DAC Study Group" を参照されたい. 〈http://www.oecd.org/dac/dac-global-relations/china-dac-study-group.htm〉, 2018年1月10日閲覧.

参考文献

Campos, Indira and Alex Vines (2008) "Angola and China: A Pragmatic Partnership", *Working Paper Presented at a Center for Strategic and International Studies Conference "Prospects for Improving U.S.-China-Africa Cooperation" December 5 2007*, pp. 1-26.

アセモグル, D./ロビンソン, ジェームズ・A. (2016)『国家はなぜ衰退するのか 権力・繁栄・貧困の起源 (上) (下)』鬼澤忍訳, 早川書房.

足立幸男 (1998)「『政府の失敗』の是正に向けての会計検査院の役割」『会計検査研究』18, pp. 5-8.

稲田十一 (2013a)「中国の『四位一体』型の援助——『アンゴラ・モデル』の事例——」下村恭民・大橋英夫・日本国際問題研究所編『中国の対外援助』日本経済評論社.

———— (2013b)『国際協力のレジーム分析——制度・規範の生成とその過程——』有信堂.

大野泉 (2013)「中国の対外援助と国際援助社会——伝統的ドナーとアフリカの視点から——」下村恭民・大橋英夫・日本国際問題研究所編『中国の対外援助』日本経済評論社.

外務省 (2018)『2017年版 開発協力白書 日本の協力』.

加藤弘之 (2016)『中国経済学入門 「曖昧な制度」はいかに機能しているか』名古屋大学出版会.

小林誉明 (2012)「中国援助に関する『通説』の再検討——伝統ドナーからの乖離と途上国への開発効果——」日本国際問題研究所『中国の対外援助』日本国際問題研究所.

―――― (2014)「アフリカにおける新興国の開発協力――中国モデルは理想の協力か？
　　――」『SRID ジャーナル』6，pp. 1‐7.

下村恭民 (2013)「『アジア型援助モデル』の可能性」下村恭民・大橋英夫・日本国際問題
　　研究所編『中国の対外援助』日本経済評論社.

下村恭民・大橋英夫 (2013)「中国の援助の将来像と日中協力の可能性」下村恭民・大橋
　　英夫・日本国際問題研究所編『中国の対外援助』日本経済評論社.

関根栄一 (2016)「アジアインフラ投資銀行（AIIB）の発足と今後想定される融資活動」
　　『野村資本市場クォータリー』2016年冬号（ウェブサイト版掲載論文），pp. 1‐15.

田中哲二 (2016)「『一帯一路構想』と『AIIB』設立の背景等」『中国研究月報』70（1），
　　pp. 2‐17（講演記録）.

長瀬誠 (2010)「中国対外援助と課題」『ICCS 現代中国学ジャーナル』2（1），pp. 94‐
　　102.

中谷真憲 (2017)「無，間，和――日本の思想の問いかけるもの――」東郷和彦・森哲郎・
　　中谷真憲編『日本発の「世界」思想――哲学／公共／外交――』藤原書店.

蓮生郁代 (2010)「アカウンタビリティーの意味――アカウンタビリティー概念の基本構
　　造――」『国際公共政策研究』14（2），pp. 1‐15.

平野克己 (2013)『経済大陸アフリカ　資源，食糧問題から開発政策まで』中央公論新社
　　〔中公新書〕.

ファーガソン，ニーアル (2013)『劣化国家』櫻井祐子訳，東洋経済新報社.

村田良平 (2000)『OECD（経済協力開発機構）世界最大のシンクタンク』中央公論新社
　　〔中公新書〕.

最上敏樹 (2016)『国際機構論講義』岩波書店.

モヨ，ダンビサ (2010)『援助じゃアフリカは発展しない』小浜裕久訳，東洋経済新報社.

山谷清志 (2006)『政策評価の実践とその課題――アカウンタビリティのジレンマ――』
　　萌書房.

渡辺紫乃 (2013)「中国の対外援助外交――国際開発援助レジームにとっての機会と挑戦
　　――」『国際政治』172，pp. 100‐113.

（2019年10月3日脱稿）

コラム3

歴史的観点からみた一帯一路

玉木俊明

　おそらく18世紀に至るまで，中国は世界で最も豊かな国であった．ヨーロッパに
は中国に売れる商品はなく，中国の製品を輸入するために銀を輸出しなければなら
なかった．15世紀に採用された一条鞭法であれ，康熙帝の時代に導入された地丁銀
制であれ，税を銀で納入するシステムであった．しかし，中国は銀をあまり生産し
なかった．自国で生産しない金属で納税できた事実こそ，逆説的だが，中国の豊か
さを物語るのである．世界の人々は，中国の製品を欲し，中国に銀を輸出したのだ．

　中国が採用した貿易システムは，朝貢貿易であった．このシステムにおいては，
中国は宗主国であり，諸外国は藩属国とみなされた．そして，諸外国の君長が中国
皇帝の徳を慕い，貢物をもって訪れ，これに対し，皇帝は恩恵として回賜を与え国
王に任命するのである．このとき，諸外国は，自国船で中国を訪れる．したがって
このシステムでは，中国船は使用されない．朝貢貿易を採用した中国は，物流を軽
視した国だったのである．

　しかし，中国がずっと物流を軽視していたのではなく，事実はむしろ逆であった．
隋代の中国は，大運河（京杭大運河）を建設し，この運河の総延長は2500kmにお
よんだ．中国はこの運河により，大量の物資を輸送することに成功したのである．
これほどの大運河は，当時の欧州では建設不可能であった．

　宋代になると，中国では商品経済が確立し，さらに資源の開発と技術の革新が進
んだ．それがきっかけとなり，流通経済が発展した．宋銭（銅銭）が鋳造され，国
内のみならず海外でも流通した．東アジア，さらには東南アジアやインド洋にまで，
宋銭は流通した．

　いうまでもなく，宋代に海外貿易も成長した．市舶使（最初に置かれたのは唐代
の714年）が，泉州，明州，温州，杭州などにおかれ，海外との貿易を監督した．
宋は，軍事的には強くはなかったが，高度経済成長を経験し，経済的には非常に豊
かになったのである．

　元代になると，福建省の泉州は，南海貿易で大きな繁栄期を迎えた．それこそ数
え切れないほどの船が，この港に停泊していたのである．元は，基本的には陸上帝
国であったが，海上貿易もずいぶんと盛んになっていったのである．

　15世紀初頭には，明の永楽帝の命を受け，宦官でムスリムの鄭和が宝船によって
アラビア半島にまで遠征するなど積極的な対外政策をおこなった．このときの中国
船は500トンもあったといわれており，これほど巨大な船舶は，ヨーロッパでは建

造できなかった．しかし，1424年に永楽帝が亡くなると，中国は積極的な対外進出をやめてしまったのである．おそらく，対外進出する必要がないほど，中国は豊かだったからである．

　現在の中国は，朝貢貿易の時代とはまったく逆に，常に外界に出ていこうとしている．すなわち，中国の政策は，明代以前に戻ったのである．1990年代以降，中国は大きく経済成長し，現在のGDP総額は，世界第2位であり，経済成長率もきわめて高い．ただし同じアジアの大国であるインドの経済成長率は，2015年が8.01%，2016年が7.11%，2017年が6.68%であるのに対し，中国はそれぞれ6.90%，6.70%と，6.86%と，2017年を除いてやや低い．中国の経済成長に陰りが出ているようにも見える．

　おそらくそれを逆転させる政策として，「一帯一路」がある．「一帯一路」とは，明代以前と同様，中国が，ユーラシアの物流システムの中心になることを意図した政策であるように思われる．元来中国人は，物流の重要性を認識していた．しかしその後，物流を軽視する時代が長く続いた．それは，中国経済にはマイナスに作用した．物流から得られる巨大な利益を，失ってしまったからである．

　「一帯一路」はまた，アメリカと欧州からなる大西洋経済に対抗し，アジアの経済のプレゼンスを高める意味をもつ．それは世界経済の中心が欧米からアジアへと移行することを意味するからである．中国は物流を重視することで，世界経済の大きな転換の勝者になろうとしているのであろう．

（2019年11月8日脱稿）

終　章
日中共同研究
──噛み合う議論──

岑　智偉

　本書の最後にひと言所感を述べるにあたって，まず去来する思いは，6年あまりの共同作業をともに担ってきた上海社会科学院（中国側）及び京都産業大学（日本側）の同僚各位に対する深い感謝の気持ちである．その気持ちはこのあと「謝辞」で詳しく述べているが，ただ感謝あるのみである．

　そのうえで，最後に自ら問うておきたいことがある．世界情勢がさらに緊迫していく中で「等身大」の「一帯一路」構想を見出すべく日中共同で努力してきたわけであるが，私たちの努力はそれなりに成功したのかという問題である．

　この問題こそ本書の核心である．中国側研究者と日本側研究者の双方の顔が目の前に鮮明に浮かんでくる編者として，私の所感を述べておきたい．結論からいうなれば，日中双方の研究は，それなりに噛み合っているのではないかと思うのである．

　第Ⅰ部から振り返ってみたい．日本側論文は，紀元後の世界経済成長牽引役交替を伴う世界的経済変遷（世界的経済循環）における2回の「大分岐」はいずれも中国経済周期と重なり，第2回の「大分岐」では中国は新たな経済周期が始まっていることを論述し，シルクロード経済の現代版である「一帯一路」は新たな中国経済周期の上昇期における現象であるとする．「コラム」もまた背景分析は同一である．

　中国側は，中国との貿易関係の強化が「一帯一路」沿線国のバリュー・チェーン向上を帰結し，それによって沿線国経済の発展に裨益することができれば，中国と沿線国の相互補完的利益の強化に役立つと論じている．

　一見両者の間に関係がないようにみえるが，中国側論文は，日本側がいう世界的経済循環における中国の周期的経済発展が，沿線国の利益を生み出すことによって Win-Win（利益共有）していくことを示唆しているようにみえる．第Ⅰ部の議論は見事に噛み合っているといえるのではないだろうか．

　第Ⅱ部は，「地域」を軸とする分析を行っているが，本書で取り上げる地域

はどうしても選択的にならざるを得ない．日中研究者が期せずして取り上げたのが，東アジアという場である．ASEAN・RCEP(ASEAN プラス日中韓豪 NZ 印)・日本・ロシア，さらにはアメリカの影まで分析される．

　この半ば偶然的に選択された地域をみていくと，なによりも，いずれの論考も，「一帯一路」構想を固定的・不可逆的・断定的な現象とはみておらず，今後，中国，沿線国，さらには域外国がいかにこの構想に柔軟に対応していくかが，重要な意味をもってくると指摘していることに驚く．

　どの論考も，政治問題に帰着したときの困難さには鋭敏なアンテナを立てているようである．裏を返すなら，沿線国と中国との双方にはっきりした利益をもたらす経済面での協力の有用性を皆が指摘していることが注目される．地域分析から出発して，第一部で取り上げた経済分析で浮上した中国と沿線国との相互補完性の有用性が再確認された感がある．

　第Ⅲ部は，「国際秩序」が対象である．「一帯一路」構想は，その規模と性格をもってすれば，当然に，現下のより大きな「国際秩序」にどう関わるかの課題をもっている．ここでも，国際社会につきだす分析軸は選択的にならざるを得ない．4つの分析軸が論者の関心によって選ばれている．第1に，国際法，第2に，グローバル・ジハードの視点からみたグローバリゼーション，第3に国際関係論でいう「機能主義」，第4に国際政治におけるガバナンスである．

　さて第Ⅲ部の各章を読み返しながら私は，奇妙な感慨にとらわれたのである．仮に各章の著者が誰であるかを知らずに読み込んでいった場合，ふと「この章は日中どちらが書いているのかな」という思いに瞬間的にとらわれることがあったのである．この一事だけをもってしても，双方の議論がそれなりに噛み合ったものであることを示していると思う．

　もちろん最後まで丁寧に各章を読み込めば，日中どちら側が書いたかの見当はつく．しかもなお，国際社会に突き抜けていく基本的問題意識において各章では真に共通のものが多いと思う．どの章からも，「一帯一路」構想がまさに動き始めたところであり，それだけに今後への可能性をはらんでおり，アプリオリに既存の秩序に対立的であると結論するのではなく，いずれにせよ，今後の的確な舵取りが期待されていること等が指摘されているようにみえるのである．

　以上をもって終章を終えることとしたい．この終章の真偽は各読者の手に委ねられるわけであるが，その賛否に関わらず，本書が，日本国内において，また，日中間において，建設的な対話の一助となればこれに勝る幸せはない．

謝　　辞

　本書は，上海社会科学院と京都産業大学世界問題研究所との共同研究によって，日中の同時出版という形で上梓することを得た．まずもって，6年余りの間，粘り強く共同研究をすすめ，ここまで漕ぎつけることができた中国の同僚たちに感謝の気持ちを表したい．

　上海社会科学院では，王玉梅副書記長，王振副院長の下で全面的協力体制がとられ，劉阿明教授を始めとする執筆者は，真摯に研究の成果をまとめていった．

　中国の研究者として「一帯一路」についていま公に研究成果を発表するためにそれぞれ何を書くべきかということは，当然深く考えねばならないことである．私たちはそのことを十分に踏まえつつ，日本の読者に対して説得力をもつためにはどういう視点が必要かということを述べ，またこの日本語版作成にあたっては，相当量の短縮をお願いせざるを得なかった．

　中国側の研究者たちは，皆それぞれの立場を踏まえつつも最後まで協力を惜しまなかった．この6年余りの歳月の間，本件共同研究をしながら培ってきた上海社会科学院との人間的ネットワークこそ，私たちの大切な宝となった．心からの感謝を述べる次第である．

　次に本書作成の日本側の原動力となった世界問題研究所ほか京都産業大学の研究者各位に感謝を表明したい．日本側執筆者の全員は，中国とその発展，そのことが世界情勢に与える影響に強い関心をもっていた．しかし，「一帯一路」政策を専門的に研究してきたわけではない．その中で，6年余り，何回も原稿の修正を重ねながらここまで漕ぎつけた．それぞれの研究にとって意義のある論考となったことを祈るものである．誠にご苦労様であった．

　法学部中谷真憲教授には，本プロジェクト推進中一貫して一緒に作業してきたのみならず，本稿出版が当初の予定より1年半遅れた間，本稿とりまとめにあたる編者の相談役として緻密かつ骨身を惜しまない協力をいただいた．心から感謝したい．

　また中国語からの翻訳作業を担当してくれた方々には特別の謝意を述べたい．それぞれの原稿の翻訳を正式に担当してくださった方は，巻末の執筆者・訳者紹介でその旨明記させていただいた．しかしそれに加えて，いくつかの原稿の下読みをし，中国語との整合性についてコメントをし，また，日本語とし

ての整合性の部分を修正する等，表に出ないところで，法学部教授の中谷真憲氏，同じく法学部教授の滝田豪氏からたくさんの協力をいただいた．深謝する次第である．

　さらに，出版に向かって原稿の集約にあたり，刻々と変化する日本側作成の原稿と中国側作成の翻訳原稿を混乱なく整理保管し，それを一刻の遅滞もなく出版社たる晃洋書房にとりつぎ，最終原稿にまでもっていく事務を担ったのが当研究所の事務を担当する藤本興子職員であった．その貢献は誠に計り知れない．

　そしてこの錯綜する事務を常に助けていたのが，本稿作成の主要期間中，京都産業大学法学研究科博士後期課程在学中だった中岡大記氏であり，当研究所の活動に参加しながら，中国語の原稿の翻訳・日本語との整合性確認から，各種立論の組み立てに至るまで数えきれない課題に貢献をいただいた．本書上梓にあたって，欠くことのできないゴールキーパーの役割を果たしてくれた2人に心からの感謝を表すものである．

　決して忘れてはならないのが，この6年にわたる研究協力を事務的にしっかりと下支えしてきた京都産業大学と上海社会科学院の事務当局である．交流が密になればなるほど様々な案件が発生する．それを滞りなく実現できたのは，京都産業大学における研究機構，上海社会科学院における国際合作処の緊密な協力があったからである．心からの感謝を表明したい．

　英語に "Last but not least" という諺がある．「順番としては最後に述べることになったが，その意義や貢献は実は計り知れないものがある」といった意味合いだと思う．本書出版を担ってくれた晃洋書房と当研究所との対応を一手に担ってくださった編集部の西村喜夫氏に，心からこの言葉を贈りたい．西村氏は本プロジェクトの構想段階から数多くのアイディアを提示され，プロジェクト形成のために計り知れない力を尽くされた．特に最終原稿の作成が遅れる中で私たちを辛抱強く叱咤激励，何とか1年半の遅延をもって出版に漕ぎつけることができたのは，ひとえに西村氏のお力によるものである．西村氏の献身的な努力なしには，本プロジェクトは実現不可能であり，言葉に言い表せない感謝の気持ちでいっぱいである．

　　2021年8月20日

　　　　　　　　　　　　　　　　　　　　　岑　　智偉
　　　　　　　　　　　　　　　　　　　　　東郷　和彦

索　引

《執筆者・訳者紹介》(*研究員＝教授；副研究員＝准教授；助理研究員＝助教)

王　　振 (おう　しん) [序文]

上海社会科学院副院長・研究員*.
主要業績
『長江経済帯創新駆動発展的協同戦略研究』(共編著) 上海人民出版社, 2018年.『長三角協同発展戦略研究』(共編著) 上海社会科学院出版社, 2019年.

張　鵬飛 (ちょう　ほうひ) [第3章] (共著)

上海社会科学院世界経済研究所国際貿易室助理研究員*.
主要業績
「基礎設施建設対"一帯一路"亜洲国家双辺貿易影響研究——基于引力模型拡展的分析——」『世界経済研究』2018年.「中国企業参与"一帯一路"基礎設施建設PPP合作模式的影響因素研究」『新金融』2019年.

沈　玉良 (しん　ぎょくりょう) [第3章] (共著)

上海社会科学院世界経済研究所国際貿易室主任・研究員*.
主要業績
Research Report on China's Overseas Economic and Trade Cooperation Zones, 上海社会科学院出版社, 2018年.『中国与"一帯一路"沿線国家貿易投資報告2018』上海社会科学院出版社, 2019年.

趙　蓓文 (ちょう　ばいぶん) [第4章] (共著)

上海社会科学院世界経済研究所副所長・研究員*.
主要業績
『双向投資中的戦略協同』(共著) 人民出版社, 2019年.『外資的宏観経済効応伝導机制研究』上海人民出版社, 2011年.

金　　川 (きん　せん) [第4章] (共著)

太平年金保険株式会社オルタナティブ投資部投資ディレクター (上海社会科学院博士).
主要業績
「農村普恵金融亟待立法支撑」『人民論壇』35, 2018年.「貿易保護主義下中日韓FTA的机遇, 挑戦及可能前景」『価格月刊』10, 2019年.

劉　阿明 (りゅう　あみん) [第6章]

上海社会科学院国際問題研究所研究員*, 東南アジア研究センター主任.
主要業績
「浅析近年来東南亜地区恐怖主義発展及応対」『2018年恐怖主義威懾与有関問題』2019年.「中国地区合作新理念——区域全面経済伙伴関係与"一帯一路"倡議的視角——」『社会科学』2018年.

河原地 英武 (かわらじ　ひでたけ) [第7章]

京都産業大学国際関係学部教授.
主要業績
『ソ連と東アジアの国際政治　1919-1941』(共著) みすず書房, 2017年.『日中戦争と中ソ関係』(共訳著) 東京大学出版会, 2018年.

李　開盛 (り　かいせい)　[第8章]

　　上海社会科学院国際問題研究所副所長・研究員*.
主要業績
　　『第三方与大国東亜衝突管控』中国社会科学出版社，2018年.「東北亜地区砕片化的形成与治理──基于折中主義的考察──」『世界経済与政治』4，2014年.

岩本　誠吾 (いわもと　せいご)　[第9章]

　　京都産業大学法学部教授.
主要業績
　　『実証の国際法の継承──安藤仁介先生追悼──』（共著）信山社，2019年.『軍縮・不拡散の諸相──日本軍縮学会10周年記念──』（共著）信山社，2019年.

王　震 (おう　しん)　[第10章]

　　上海社会科学院研究員*，智庫建設処副処長，上海対テロ作戦研究センター及び中国中東学会理事.
主要業績
　　『一個超級大国的核外交──冷戦転転型時期美国核不拡散政策 (1968-1976)──』新華出版社，2013年.『全球反恐戦争問題新論』時事出版社，2018年.

呉　澤林 (ご　たくりん)　[第11章]

　　上海社会科学院国際問題研究所副研究員*.
主要業績
　　『中国跨国行政合作研究』上海人民出版社，2019年.「解析中国的全球互聯互通能力」『世界経済与政治』11，2017年.

中岡　大記 (なかおか　だいき)　[第12章][序文，第8章，第11章翻訳]

　　元京都産業大学世界問題研究所客員研究員，元上海社会科学院国際問題研究所客員研究員. 現在，GrowHub Japan 株式会社代表取締役 COO, Fund Japan 株式会社代表取締役 COO.
主要業績
　　『公共論の再構築──時間・空間・主体──』（共著）藤原書店，2020年.「ユネスコ『世界の記憶』をめぐる制度改革に関する一考察──改革は『脱政治化』をもたらすか？──」『京都産業大学世界問題研究所紀要』35，2020年.

趙　強 (ちょう　きょう)　[コラム1][第3章，第4章，第6章，第10章翻訳]

　　中国大連工業大学外国語学院日本語科講師（京都産業大学大学院経済学研究科博士後期課程）.
主要業績
　　「従生態翻訳視角看日本生態文学著作的漢訳」『魅力中国』46，2018年.「外宣翻訳与我国的文化輸出」『青春歳月』2017年.

滝田　豪 (たきだ　ごう)　[コラム2]

　　京都産業大学法学部教授.
主要業績
　　『ポピュリズム・民主主義・政治指導──制度的変動期の比較政治学──』（共著）ミネルヴァ書房，2009年.『中国における住民組織の再編と自治への模索──地域自治の存立基盤──』（共著）明石書店，2009年.

玉木 俊明（たまき　としあき）［コラム3］
京都産業大学経済学部教授.

主要業績
『北方ヨーロッパの商業と経済　15501-1815』知泉書館，2008年.『拡大するヨーロッパ世界　1415-1914』知泉書館，2018年.

《編著者紹介》

岑　智偉（しん　じえ）[第1章, 第2章, 終章]

　1961年生まれ．京都大学大学院経済学研究科博士後期課程単位取得満期退学，
京都大学経済学博士．現在，京都産業大学経済学部教授．
主要業績
『グローバルな危機の構造と日本の戦略』（共著）晃洋書房，2013年．『日本発
の「世界」思想』（共著）藤原書店，2017年．*Emerging Risks in a World of
Heterogeneity*（共著），Springer Nature Singapore Pte Ltd., 2018年．

東郷　和彦（とうごう　かずひこ）[序章, 第5章]

　1945年生まれ．東京大学教養学部卒業，外務省に入省．2009年ライデン大学人
文博士．2010年より2020年3月まで，京都産業大学教授・世界問題研究所長．
現在，静岡県対外関係補佐官，静岡県立大学グローバル地域センター客員教授．
主要業績
『北方領土交渉秘録』新潮社〔新潮文庫〕，2011年．『返還交渉』PHP研究所〔PHP
新書〕，2017年．『日本発の「世界」思想』（共編著）藤原書店，2017年．『公共
論の再構築』（共編著）藤原書店，2020年．

一帯一路　多元的視点から読み解く中国の共栄構想

2021年12月10日　初版第1刷発行　　＊定価はカバーに
　　　　　　　　　　　　　　　　　　　表示してあります

　　　　　　編著者　　岑　　　智　　偉 ©
　　　　　　　　　　　東　郷　和　彦
　　　　　　発行者　　萩　原　淳　平
　　　　　　印刷者　　藤　森　英　夫

　　　発行所　株式会社　晃　洋　書　房

　〒615-0026　京都市右京区西院北矢掛町7番地
　　　　　　電話　075(312)0788番(代)
　　　　　　振替口座　01040-6-32280

装丁　野田和浩　　　　　印刷・製本　亜細亜印刷㈱

ISBN978-4-7710-3364-1